TROIS MOIS CHEZ LES ZOULOUS

ET LES

DERNIERS JOURS DU PRINCE IMPÉRIAL

PAR

PAUL DELÉAGE

Portrait par Méaulle, types et vues par Ferdinandus
d'après des photographies de Kisch frères, de Natal.

PARIS

E. DENTU, ÉDITEUR
LIBRAIRE DE LA SOCIÉTÉ DES GENS DE LETTRES
PALAIS-ROYAL, 15-17-19, GALERIE D'ORLÉANS

TROIS MOIS
CHEZ
LES ZOULOUS

Clichy. - Impr. Paul DUPONT, 12, rue du Bac-d'Asnières. — 10.9.79

ZOULOUS DE NATAL.
HOMME MARIÉ ET SA FEMME. (Cafres de basse condition).

TROIS MOIS
CHEZ
LES ZOULOUS

ET LES

DERNIERS JOURS DU PRINCE IMPÉRIAL

PAR

PAUL DELÉAGE

Portrait et vues d'après des photographies

PARIS
E. DENTU, ÉDITEUR
LIBRAIRE DE LA SOCIÉTÉ DES GENS DE LETTRES
PALAIS-ROYAL, 15-17-19, GALERIE D'ORLÉANS

1879
Tous droits réservés.

TROIS MOIS
CHEZ LES ZOULOUS

CHAPITRE PREMIER

MA TRAVERSÉE DANS L'ATLANTIQUE
L'ILE DE MADÈRE

Grâce à la guerre du Zululand, grâce surtout, si pareille expression est applicable, aux deux drames terribles dont le pays des Zoulous a été le théâtre depuis quelques mois, — je veux dire le désastre d'Insalwana le 22 janvier dernier et la mort du Prince Impérial le 1er juin, — il n'est plus permis, je l'espère, d'ignorer à l'heure présente la configuration exacte de l'Afrique du Sud et, confondant à plaisir les différentes colonies anglaises qui se partagent la partie méridionale du continent africain, de désigner sous le nom de guerre du

Cap, l'expédition anglaise de *Natal*, faite absolument en dehors des intérêts directs de la colonie même du Cap.

Si, antérieurement, avant toutes les catastrophes dont la frontière qui sépare le Zululand de Natal et du Transvaal a été le théâtre, quelque erreur était excusable, j'estime que le moindre élève de sixième, fût-il même d'un collège universitaire, rougirait aujourd'hui d'envoyer en trois jours une estafette de l'endroit du Zululand par exemple où fut tué le Prince jusqu'à Cape-Town (ville du Cap), ainsi que j'ai pu le lire dans certains journaux prétendus bien informés; ou encore le premier pédant soucieux de l'honneur de son enseignement n'hésiterait pas à faire redoubler une année scolaire au moindre de ses disciples qui se permettrait d'écrire, ainsi que je l'ai vu avec stupeur dans les mêmes journaux, que le Prince fut tué à cent cinquante *milles* du camp.

Il suffit en effet d'une carte médiocre, avec une échelle peu exacte, pour calculer, même sans le secours d'aucun instrument de précision, que le Prince et son escorte auraient dû, pour parcourir cette distance, traverser non seulement le Zululand dans son entier, passant même par le *Kraal* royal d'Ulundi, mais encore une partie même des possessions portugaises, ce qui ferait tomber le Prince sous les assagays des Zoulous sur un point quelconque du rivage de Delagoa-Bay.

Quant à ce voyage de trois jours de l'estafette, ci-dessus rappelé, je dirai simplement qu'il y a exactement, par mer, le long des côtes de l'Océan Indien, c'est-à-dire par la seule route possible et topographiquement la plus courte, un peu plus de 700 *milles* de la ville même du Cap à la pointe extrême de la colonie de Natal et qu'on doit encore parcourir à cheval bien près de 300 *milles* de pays pour atteindre, en partant de Durban, le point même du Zululand où fut tué le Prince ; total 1,000 *milles,* c'est-à-dire en bon français près de 350 lieues de nos propres mesures de distance. J'ajouterai encore, pour la mesure du temps, qu'un bon steamer met près de quatre jours pour effectuer la traversée de Cape-Town à Durban, et que dix jours ne sont pas de trop pour traverser ensuite la colonie dans toute sa longueur.

Je ne veux parler que pour mémoire d'un voyage par terre en passant par le Transvaal ou même simplement l'État libre d'Orange ; je n'exagère rien en disant qu'un mois entier serait à peine suffisant pour effectuer pareil trajet qu'un reporter fait cependant parcourir sans sourciller à une estafette fantaisiste et probablement de haut-vol ; cela pourrait s'intituler : du racontar à vol d'oiseau.

J'ai tenu de prime abord à faire toucher du doigt, pour ainsi dire, ces erreurs plus que naïves, non pas que je veuille faire œuvre scolastique, je n'en ai ni le goût ni le tempérament, toute erreur surtout de ce genre est par certains côtés excusable, mais la chose a été tellement reproduite et sous toutes les formes dans un grand nombre de journaux, qu'on se prend à se demander comment, en face de cette publicité extraordinaire, il ne s'est pas trouvé un seul de nos érudits pour remettre sur pied la réputation de solidité de nos études géographiques.

— La géographie est bien peu en honneur en France, me dit un jour un employé des postes de la colonie, en me remettant un certain nombre de lettres dont la suscription portait : Cap de Bonne-Espérance, ALGÉRIE. — Cet employé ne connaissait pas comme moi l'habitude invétérée prise en France de parler à tout propos de l'armée d'Afrique, des guerres d'Afrique, d'un voyage en Afrique, alors que nous nous occupons de nos possessions d'Algérie ; mes correspondants avaient pris le contre-pied de l'expression populaire, et me sachant en Afrique, pour bien marquer la chose, pour qu'il ne puisse subsister la moindre erreur, avaient triomphalement écrit et souligné la désignation spéciale ALGÉRIE.

Mais me voilà bien loin de ma traversée ou plutôt bien après. De l'Afrique du Sud où cette digression nécessaire m'a conduit, je me hâte donc de revenir à mon point de départ avec la rapidité de l'estafette ci-dessus citée.

Ce fut le 13 mars, quinze jours après le départ du Prince Impérial, que je mis pied à Southampton sur le pont de « *l'Américan* » de la compagnie anglaise « *l'Union* » en partance pour le Cap.

« L'Américan » n'était pas à proprement parler un de ces paquebots merveilleux de confort, comme en possède chaque compagnie à titre d'exception ; mais comme aménagement et comme force motrice, c'est un steamer qui occupe une bonne place dans la moyenne des vaisseaux de transport.

A 4 heures, le jeudi 13 mars, notre paquebot levait l'ancre, et, longeant les côtes de l'Angleterre, allait mouiller le lendemain matin devant Plymouth.

A 3 heures de l'après-midi du 14 nous reprenions définitivement la mer, et bientôt, avec la nuit, disparaissaient les derniers contours de la terre.

Les premiers jours d'une traversée sont généralement silencieux et tristes, personne ne se connaît ou à peu près et chacun d'ailleurs a assez de s'occuper de lui-même et de son installation sans avoir à rechercher encore les embarras d'une sociabilité trop hâtive.

L'Anglais particulièrement a une propension naturelle à se tenir sur une réserve parfois ridicule, mais il gagne à cela une indépendance absolue de faits et gestes, qui lui permet partout où il se trouve de transporter avec lui tout ce qui est faisable de ses habitudes et de ses mœurs personnelles.

Je m'aperçus avec étonnement sur la liste imprimée des voyageurs qui nous fut distribuée le lendemain même de notre départ définitif de Plymouth, que notre compagnie de voyage comprenait une centaine de passagers. Je m'en étonnais, car une simple inspection du pont aux heures de promenade ne permettait pas de compter si nombreuse société.

Ce ne fut en effet qu'après plusieurs jours, alors que

plus faits aux mouvements du vaisseau, chacun put ressaisir l'équilibre de son organisme quelque peu ébranlé tout d'abord, que peu à peu le pont prit une certaine apparence de vitalité ; chaque jour surgissaient quelques figures nouvelles ; le beau temps survint un peu avant Madère et le premier malaise fut bien vite oublié.

Les principaux types du voyageur ou de l'émigrant étaient représentés à bord de « l'Américan, » à partir du lord et du cadet de famille allant offrir leur dévouement et leurs personnes au gouvernement colonial, jusqu'au chercheur d'or et de diamant.

Tous d'ailleurs Anglais et Irlandais, si j'en excepte deux Allemands, quelques juifs polonais et moi, seul et unique Français.

Il faut croire que le Français n'a pas très grand goût pour les aventures lointaines, j'étais le premier de ma nationalité, à ce qu'il me fut déclaré, ayant fait acte d'apparition sur le pont de « l'Américan », lequel compte cependant déjà nombre de voyages à son actif.

A première vue je ne trouvai rien de bien intéressant à glaner dans la société de mes compagnons de voyage, et je fis ce qu'il est de toute absolue nécessité de faire sur un paquebot anglais, — et cela d'ailleurs à l'exemple de tous les passagers, — je choisis sur le pont une place commode que je déclarai personnellement ma propriété par l'apposition de ma carte de visite, et dans le mètre carré dont je me déclarai possesseur pour tout le voyage, j'installai une chaise pliant pour me bercer dans mes longues heures de rêveries, et à portée de la main, je plaçai ma lunette d'approche pour interroger l'horizon, mon carnet de voyage pour prendre quelques notes ainsi que quelques livres anglais ou français, les uns pour familiariser mon esprit avec les idiomes de la langue anglaise, les seconds pour ne pas me laisser oublier les joyeusetés ou le doctrinarisme de nos écrivains, romanciers ou hommes d'Etat.

Je m'isolai autant que possible et en cela, je le répète, je ne fis que suivre l'exemple des autres passagers.

Je vous laisse à penser ce que doivent être vingt-cinq jours de traversée consécutive en semblables conditions et avec de pareils éléments de gaieté.

Mais il n'y a pas à choisir. Avec l'Anglais il faut devenir Anglais, et je m'appliquai pendant toute la durée du voyage à le devenir. Cela me fut une occupation à la vérité, mais une occupation monotone peu en rapport avec mes goûts et dont je me lassai à la longue.

Semblable existence ne doit pas manquer de charmes pour les esprits contemplatifs ; mais j'ai pour ma part trop de plomb dans l'aile pour me bercer au bruit des vagues.

La vue de quelque lande sauvage produit sur mon esprit plus d'impression que l'horizon le plus infini, quelque pur qu'il puisse se dévoiler à mes yeux.

Je préfère de beaucoup dans un autre ordre d'idées, le mugissement des vagues contre les flancs d'un navire pendant les heures de mauvais temps, au clapotement monotone d'une mer azurée et tranquille.

Mais là encore je devais éprouver quelques déceptions.

Ah! nous sommes loin de ces frêles esquifs qui portaient César et sa fortune, nous sommes loin de cette barque légère à la proue de laquelle, debout et frémissant, quelque grand génie poétique laissait flotter ses cheveux au vent et accordait les grosses cordes de sa lyre.

La science, et avec elle les progrès des constructions maritimes, ont nivelé bien des horizons ; le caprice des vents et des flots a trouvé, notamment dans la vapeur, un correcteur puissant qui laisse bien peu de place au pittoresque de cette ancienne navigation à voile, abandonnée exclusivement de nos jours au transport commercial des matières lourdes et encombrantes.

Le paquebot a été à la navigation ce que les chemins de fer ont été aux voyages par terre.

Avec le paquebot, la route est tracée d'avance, et il est rare que l'état de la mer fasse dévier un paquebot de la ligne indiquée. Que les vents soient favorables ou contraires, que la mer soit furieuse ou tranquille, la question se réduit de nos jours à un nombre de nœuds plus ou moins grand, suivant la force de résistance nécessaire. La soute au charbon déverse dans la fournaise une quantité plus ou moins grande de tonnes, voilà tout.

Quant au côté pittoresque du voyage, il n'existe plus que pour celui qui veut mettre à le percevoir une forte puissance de volonté. Les montagnes de vagues de l'ancien voyageur doivent se réduire, pour le voyageur de notre époque, dont l'imagination ne cherche pas à exagérer outre mesure les périls d'une navigation, à de fortes vagues plus modestes, de huit à dix mètres de hauteur, lesquelles se contentent de venir se briser par les temps d'orage sur les flancs des navires, faute de pouvoir balayer les ponts surélevés de nos grands bâtiments de transport.

Les Anglais, plus rebelles à l'imagination, désignent les « montagnes de vagues » de nos poétiques voyageurs, sous la dénomination très exacte de « chevaux blancs de la mer » ; j'ai pour ma part admiré sans réserve l'exactitude de cette expression ; il est certain en effet que les vagues « chevauchent » plus qu'elles ne s'élèvent.

Il demeure bien entendu que je n'entends parler ici de la mer que dans l'état habituel des choses ; j'excepte de tout cela les effets d'une véritable tempête, celle qui, dans les régions australes, par exemple, se manifeste sous la forme de cyclone. Cela est l'exception. C'est l'accident comme en toutes choses, en dehors de toute prévision ordinaire ; l'officier de marine compte les tempêtes qu'il a eu à essuyer dans sa carrière, comme le mécanicien de chemin de fer compte les déraillements ou les accidents de toute nature.

Cette petite digression, sans prétention aucune, permettra, je l'espère, de rectifier bien des exagérations plus nuisibles qu'utiles aux voyages et aux entreprises lointaines.

Sur un paquebot, la traversée de l'équateur et des régions tropicales ne paraît même plus qu'un jeu d'enfant ; l'aération vive et pénétrante que forme autour de vous la marche rapide et régulière du navire, ne permet de ressentir et de constater au thermomètre que des élévations de température relativement insignifiantes en pareilles latitudes.

Malgré tous mes soins pour réduire à ses moindres proportions cette cause permanente et constante de l'abaissement artificiel de la température ambiante, je n'ai jamais pu constater sous l'équateur plus de 87° à l'échelle Farenheit, c'est-à-dire à peu près 30° de nos mesures centigrades ; je dois ajouter d'ailleurs que je trouvai en même temps une minime différence entre la température adoucie que nous ressentions à bord et la température réelle de l'eau de la mer, ce qui faisait pressentir quelle pouvait être la température exacte au repos ; il n'existait pas non plus une sensible différence de degrés, trois ou quatre degrés tout au plus, entre les constatations faites au soleil et celles faites à l'ombre.

Quant aux habitants de la mer, à ces monstres marins si intéressants à étudier en pleine mer dans leurs évolutions, il faut faire son deuil sur un paquebot de contemplation si curieuse ; tous s'écartent à l'envi et très loin de cette énorme masse flottante qui vous porte : seuls, quelques troupes de gracieux marsouins (*porpoises* en anglais) continuent parfois à sauter insoucieusement de vague en vague ; ces bandes de marsouins et quelques *poissons-volants*, voilà tout ce qu'il nous fut donné de voir pendant toute cette longue traversée de l'Atlantique.

Un coup de vent poussa un jour dans ma cabine un de ces poissons-volants; le poisson-volant ressemble un peu à une sorte de longue sardine agrémentée de deux fortes et larges nageoires; quand le poisson-volant s'élance hors d'une vague, ces nageoires s'élargissent et forment deux longues ailes qui permettent aux *flying-fisches,* suivant l'expression anglaise, de raser les flots sur un espace assez étendu. Ces poissons-volants se montrent par centaines, leurs apparitions lointaines étaient toujours saluées par des cris de joie.

Si je résume bien mes impressions, avec les moyens de navigation mis actuellement en œuvre, on voyage de nos jours plus qu'on ne navigue; les dangers d'une traversée se réduisent à des accidents qui ne surprennent que ceux qui ne font pas dans leur vie une part nécessaire aux événements fortuits, heureux ou malheureux.

La navigation peut, je le reconnais, avoir perdu beaucoup de son côté pittoresque, mais le voyageur gagne à cette transformation, chaque jour en progrès, plus de sécurité personnelle et une rapidité vraiment extraordinaire.

Le côté merveilleux périclite, mais il ne faut pas s'en plaindre, si d'un bout du monde à l'autre bout les relations acquièrent plus d'activité et surtout plus de certitude.

Le trajet de la côte anglaise à la ville même du Cap

est de 6,000 *milles* anglais, exactement 2,000 lieues de France.

Trois et même quatre relâches sont possibles sur tout ce parcours : l'île de Madère, l'île Saint-Vincent du groupe du Cap-Vert, l'île isolée de l'Ascension et l'île fameuse de Sainte-Hélène encore plus isolée que l'Ascension.

Quant au groupe des îles Canaries, à peu de distance après Madère, les paquebots à destination du Sud de l'Afrique n'y relâchent jamais ; à temps calme, on traverse le groupe en longeant les deux petites îles de *Palma* et de *Hierro*, à temps incertain ou mauvais les steamers contournent le groupe à l'ouest ; dans les deux cas il est rarement possible de distinguer le pic du Ténériffe.

« L'American » se rendait directement au Cap, ne devant s'arrêter à Madère que le temps strictement nécessaire pour compléter ses approvisionnements.

Je regrettais ce contre-temps à cause de Sainte-Hélène, mais, à moins d'attendre huit jours de plus pour prendre la mer, je n'avais pas le choix, et force me fut de monter sur le premier paquebot qui s'offrait à moi.

Je renvoyai à mon retour en Europe le soin de choisir un paquebot qui fît relâche à ce rocher si intéressant pour un Français.

Hélas ! pouvais-je me douter que mon retour serait encore plus rapide et plus direct ; je ne pus visiter à l'aller le tombeau du premier Napoléon et au retour j'accompagnai pieusement les dépouilles du dernier rejeton de cette race de vaillants et de téméraires.

Le mercredi 19 mars, nous arrivions devant Madère, après avoir franchi sans trop d'encombre le difficile passage de la baie de Biscaye et subi quelques violentes rafales en face des côtes du Portugal.

Nous avions louvoyé toute la nuit à peu de distance de l'île, et il avait fallu attendre les premières lueurs du jour pour venir jeter l'ancre dans la rade.

En face de nous, serpentait au pied de l'île la petite ville de Funchal, la capitale de l'île ; la flore des tropiques pointait çà et là à travers les maisons blanches de la ville, et au-dessus, en amphithéâtre, s'étageait circulairement sur les pentes de l'île comme un immense parc au milieu duquel les volets verts des nombreuses villas qui s'y pressent formaient comme une seconde verdure artificielle sur les murs blanchis des habitations.

Puis, au-dessus de toute cette verdure, de toute cette végétation tropicale, de toute cette floraison multicolore, bien haut, tout à fait au sommet aigu de l'île, une épaisse et large couche de neige. La neige à Madère !

Chacun au premier moment doute de la réalité. De mémoire d'homme on ne sache pas qu'il ait été vu de la neige à Madère ; mais il est impossible de douter, l'hiver exceptionnel qui finissait avait tenu à marquer ses rigueurs jusqu'à Madère, vierge jusqu'alors de pareilles atteintes.

Je conserverai pour ma part de ce spectacle un souvenir impérissable.

J'ai revu Madère à mon retour en Europe, c'étaient bien là les mêmes maisons blanchies avec soin, les mêmes étages de fruits, de fleurs, de bananiers et de palmiers : les tons du tableau étaient même plus vifs et plus indiqués, et les charmes du spectacle me paraissaient d'autant plus appréciables que la traversée du retour avait été plus longue et plus fatigante.

Je pourrai revoir encore et admirer sincèrement cette ravissante station de l'Atlantique, mais il a manqué et il manquera toujours pour moi une chose : cette neige du haut, c'est-à-dire ce contraste merveilleux de la désolation au sommet avec la nature dans toute son exhubérance tropicale au pied.

Je descendis à terre après avoir jeté mon tribut de monnaie aux plongeurs de Madère.

Dès qu'un navire est signalé et à peine arrive-t-il en vue de l'île, qu'une nuée de barques quittent aussitôt les galets du rivage et viennent entourer le vaisseau, quelle que soit sa provenance et sa nationalité. Des enfants montent ces barques : les plus grands manient le gouvernail et les rames, les plus petits, entièrement nus, sollicitent quelques pièces blanches qu'ils iront chercher jusques au fond de la mer lorsqu'on veut bien en jeter quelques-unes ; ce sont les plongeurs de Madère.

A terre on ne tarde pas à être entouré par ces mêmes

petits plongeurs, lesquels vous offrent alors leurs services pour diriger vos courses dans Funchal.

J'eus le malheur de me montrer généreux, et j'avais fait à peine quelques pas sur les galets, qu'une véritable escorte se forma autour de ma personne.

Je ne pus l'éviter qu'en me jetant dans un char à bœufs, sorte de traîneau couvert, attelé de deux bœufs, le seul moyen de locomotion connu à Madère, où les chevaux sont rares et peu faits d'ailleurs pour traîner un véhicule.

Si, de la rade, la vue de l'île fait éprouver une impression agréable, la visite de Funchal n'affaiblit en rien cette première impression.

Il règne dans cette petite ville une propreté extrême. Est-ce nécessité de climat, est-ce propension naturelle? Je l'ignore, mais je constate le fait.

Les rues sont pavées avec de petits galets ronds aussi appropriés à la marche que le macadam le mieux établi : le luxe des devants de boutiques consiste principalement dans l'arrangement plus ou moins artistique de ces galets et cela est très agréable à voir.

Comme en Espagne et en Portugal, d'ailleurs, les rues sont étroites ; de balcon à balcon chacun peut se parler commodément, on dirait une conversation aérienne, si la voix forte et l'acccent commun des habitants ne détruisaient le côté poétique de l'expression.

Nombre de poitrinaires condamnés à bref délai bravent les fatigues de la courte traversée du Portugal à

Madère, pour venir retrouver souvent quelques années de plus d'existence dans ce climat merveilleux.

Je ne doute pas pour ma part de l'excellence de ce séjour; j'estime même qu'il ne serait nul besoin d'être atteint de la poitrine pour aller à Madère et je m'étonne que des services plus réguliers n'en facilitent pas davantage l'accès au voyageur lassé de l'Italie et de l'Europe.

Je quittai Madère le cœur bien gros, c'était la dernière étape des communications directes avec le continent; et on ne quitte pas impunément tout ce qui peut vous être cher sans éprouver une impression douloureuse. L'esprit aventureux doit toujours regarder droit devant lui, s'il ne veut pas faiblir au moment décisif.

CHAPITRE II

COLONIE DU CAP DE BONNE-ESPÉRANCE
CAPE-TOWN

Nous comptions déjà vingt-cinq jours de traversée sans autre interruption et sans autre repos que deux heures d'arrêt devant Madère, lorsque « l'*Américan* » prit place le dimanche 6 avril dans les docks de *Cape-Town*, le siège du gouvernement de la colonie du Cap.

Et nous, hôtes de ce paquebot pendant de si longs jours et parfois de trop longues nuits, nous pûmes enfin contempler un horizon plus borné il est vrai, mais du moins plus en rapport avec nos mœurs, nos habitudes et nos goûts; nous pûmes surtout réaliser ce rêve caressé durant de nombreuses heures : nous fatiguer à plaisir sur cette terre ferme, dont il n'avait pas été possible d'apercevoir l'image, même la plus lointaine, depuis l'île de Madère.

Vers dix heures du matin, les premiers contours des terres avancées du Cap se dessinaient dans la brume au milieu des cris de joie, et les matelots, pendus aux cordages, serrant aussitôt les voiles, entonnaient un chant d'arrivée.

Cela n'était ni grandiose ni bien émouvant, mais chacun applaudissait de bon cœur, et si les passagers ne mêlèrent pas leurs voix à celles des matelots, comme pendant nos longues et brûlantes soirées des régions tropicales, c'est que l'Anglais est méthodique et qu'il n'aime pas à faire deux besognes à la fois ; en ce moment voir la terre était sa seule préoccupation.

La ville du Cap, située sur la côte même de l'Océan Atlantique, se trouve à peu près à cinquante *milles* au nord de la pointe extrême du Cap : c'est la vieille ville des colonies du Sud de l'Afrique.

C'est le point de ralliement de toutes communications directes avec le continent.

Le mouillage en est fort mauvais et les navires qui ne peuvent trouver place dans les docks sont fort peu en sûreté à l'ancre dans cette baie ouverte de toutes parts.

Aussi la marine de guerre anglaise a-t-elle choisi de l'autre côté de la pointe, à l'entrée de l'Océan Indien, comme port militaire, une fausse baie (*False Bay*), étroite il est vrai, mais très profonde et très encaissée, protégée tout à la fois contre les violences de la mer et par les contours intérieurs de la baie et par la grande hauteur du rivage.

C'est au fond de cette baie et dans un repli très accentué de la côte que viennent mouiller les vaisseaux de guerre en face de *Simon's-Town* (ville de Simon), laquelle a donné son nom à la baie même *Simon's Bay*.

La rade et les docks de *Cape-Town* sont donc abandonnés exclusivement aux vaisseaux de commerce et de transport.

La première chose qui frappe la vue, ou du moins la première chose que je remarquai, moi, dès que les terres avancées du Cap m'apparurent d'une manière plus distincte, fut, vers l'extrémité de la baie, une large nappe de sable faisant ployer sous son poids la longue chaîne de collines qui descend vers la mer; on dirait la jonction de ces deux Océans, aussi terribles l'un que l'autre dans leurs fluctuations, l'Océan des sables de l'intérieur de l'Afrique, et l'Océan liquide qui en baigne les contours.

Puis la côte court aride et nue sur un espace de 5 ou 6 *milles*, jusqu'à la baie (*Table-Bay*), au fond de laquelle est creusé le port de *Cape-Town*.

La haute et large terrasse du *Table-Mont* domine cette capitale de la puissance anglaise dans le sud de l'Afrique ; en en contemplant la pente, taillée à pic et nue comme les flancs d'une carrière, il semble que cette petite ville, glissant subitement du haut de cette terrasse, a entraîné dans sa chute tout ce que la nature pouvait avoir déposé de fertile sur ces rochers aujourd'hui stériles.

Le dimanche est en Angleterre, et surtout dans les colonies anglaises — et j'ajouterai particulièrement à *Cape-Town* — un jour de recueillement. Nous nous trouvâmes donc, à notre arrivée, en présence de rues désertes et de maisons hermétiquement closes.

Je gagnai pour ma part à cette particularité l'avantage de voir la ville telle qu'elle est véritablement au point de vue de sa configuration réelle, abstraction faite de toute cette agitation journalière que créent les mœurs et les habitudes commerciales de ses habitants.

Le sol avait le teint jaunâtre de la terre brûlée.

Les grandes chaleurs qui venaient de cesser, avaient été, paraît-il, torréfiantes.

J'en jugeai à la douceur extrême des fruits, des raisins surtout : c'était l'époque de la vendange.

Il ne faut pas oublier, en effet, que, quittant l'Europe au printemps, je trouvai l'automne dans cette partie de l'hémisphère, et que tandis que l'été était sur le point de commencer en Europe, l'hiver s'annonçait déjà dans l'Afrique du Sud.

L'hiver, c'est beaucoup dire et j'eus à regretter, toute cette première journée, les vêtements de toile que j'avais remis au fond de la malle une fois la ligne de l'équateur franchie.

Malgré ses deux siècles environ d'existence, *Cape-Town* semble au premier abord, par la blancheur immaculée de l'extérieur des habitations, une ville neuve bâtie de la veille ; d'ailleurs, ce qui donne à cette apparence un certain côté de réalité, c'est le nombre considérable de maisons en construction dans toutes les parties de la ville.

L'annexion récente du Transvaal et la guerre de conquête que poursuit ou que semble poursuivre le gouvernement colonial dans le *Zulu-Land* (terre des Zoulous) font présager en effet une ère nouvelle pour l'activité anglaise dans le sud de l'Afrique ; l'émigration, prenant les devants, installe dès à présent ses premiers quartiers là où les émigrants jugent devoir être à l'abri des fluctuations possibles d'une guerre de conquête.

Cape-Town se trouve être naturellement le centre présent et futur de cette activité ; elle bénéficie d'avance, comme cité, de l'escompte de l'avenir.

La population de *Cape-Town*, qui compte à peu près, si je ne me trompe, 30,000 habitants, est un mélange bigarré et assez original d'Européens, cela va sans dire, de Malais et de Cafres.

Le teint bronzé de la race malaise, tirant plutôt sur le rouge que sur le noir, détonne singulièrement au milieu des types cafres qui encombrent les rues de la ville.

On admirerait volontiers les beaux et grands yeux des Malaises, si celles-ci n'avaient la funeste manie de s'engouffrer dans d'énormes ballons de cotonnade aux couleurs voyantes et de mauvais goût. L'œil est désagréablement impressionné et pendant que l'on se recule pour laisser passer cet ancien type de robes à ballon captif, on perd tout ce qu'il y aurait d'intéressant à étudier dans ces ardentes physionomies, chez lesquelles on ne peut plus trouver de la femme, telle que nous la comprenons sur notre continent, que ce que le soleil d'Afrique ne peut enlever à l'œuvre du créateur, ce je ne sais quoi de commun à toutes les femmes sur tous les continents : la grâce et le désir de plaire.

On se sent attiré par l'originalité du visage, mais l'accoutrement vous tient physiquement à distance.

D'ailleurs, la Malaise, si j'en excepte quelques filles égarées dans les quartiers qui avoisinent les docks, n'entend pas aisément toute plaisanterie ; il est nécessaire de ne considérer qu'à sa juste valeur ce demi-sourire à demi engageant qui illumine la physionomie d'une Malaise, lorsque l'on s'arrête quelque peu pour la contempler. La race malaise occupe un quartier particulier de la ville dans lequel d'ailleurs il serait imprudent de s'aventurer sans motif avouable.

Des Cafres, il serait inutile d'en parler — ce sont les bêtes de somme de la colonie — si l'on n'avait là, sous les yeux, tous les types de la race noire de la colonie : nez écrasé, dents blanches, cheveux crépus, ou encore narines saillantes et visages accentués ; on compte autant de types cafres qu'il existe de dialectes cafres et ce n'est pas peu dire.

J'ai rencontré au cours de mon expédition un Boër qui parlait huit dialectes cafres ; croirait-on qu'il avait souvent de grandes difficultés à se faire comprendre dans certaines contrées de l'intérieur.

Quant à la partie purement européenne de *Cape-Town*, elle se partage en deux catégories bien distinctes. D'une part les vieux colonistes qui de Hollandais sont devenus Anglais, et d'autre part les Anglais nouvellement venus ; que l'on ajoute à ces deux catégories un certain nombre de commerçants allemands, ainsi que quelques rares Français authentiques et l'on aura une idée à peu près exacte de l'élément européen.

Je dis quelques Français authentiques, parce que si l'on rencontre en petit nombre, une vingtaine peut-être, quelques Français venus directement de la mère-patrie pour travailler ou faire quelque commerce, par contre, les familles d'origine française s'y trouvent en grand nombre.

Je n'essayerai pas d'énumérer les noms français, de grands noms de familles illustres de notre pays, que j'ai lus sur un grand nombre de boutiques de toute sorte depuis l'épicier jusqu'au marchand de *gin* ou de *pale-ale*, et dont ceux qui les portent pourraient parler de leurs ancêtres des croisades, je ne veux en citer qu'un entre tous, parce que les membres de cette innombrable famille se trouvent parmi les plus grands comme parmi les plus humbles, c'est celui de de Villiers.

Tous ces marchands à noms retentissants, sont des descendants de calvinistes victimes de la révocation de l'Édit de Nantes ; lorsque la Hollande même ne suffit plus contre les menaces de Louis XIV, les proscrits vinrent se réfugier jusqu'à la colonie hollandaise du Cap.

Par les efforts des Hollandais d'abord et des Anglais ensuite, l'usage de la langue française s'est perdu peu à peu dans ces familles, mais les noms sont restés et avec eux un sentiment très vif pour tout ce qui rappelle la patrie d'origine.

Il me parait que l'élément coloniste du Cap n'a pas laissé toutefois dans l'esprit des voyageurs une très favorable impression, témoin ce quatrain plus ou moins correct, rimé par un Français, à son passage au Cap.

Au Cap, s'écrie l'auteur anonyme :

« Les oiseaux sont sans voix
« Les fleurs sans odeur,
« Les hommes sans honneur
« Et les femmes sans foi. »

Je crois le jugement excessif ; et, si j'en juge par les deux premiers vers, les derniers méritent plus ample informé.

Je ne séjournai que trois jours dans la capitale de la colonie du Cap et je ne puis être, comme on peut le penser, bon juge en pareille matière ; mais il m'est cependant permis de dire qu'en faisant la part aussi large que possible à tout ce que peut susciter d'atteintes à la morale, ou aux bonnes mœurs, l'existence forcément agitée et peu normale de ce point de relâche de tous les mondes, je n'ai rien remarqué personnellement qui puisse légitimer la vivacité d'un jugement aussi sommaire.

Quant aux oiseaux, il en existe une variété d'espèces à peu près infinie, et si certaines espèces sont sans voix, d'autres, par contre, m'ont paru en avoir suffisamment pour faire oublier le mutisme naturel des premiers.

Pour les fleurs, à vrai dire elles sont d'une extrême rareté, du moins à *Cape-Town* ainsi que jusqu'à plusieurs milles à la ronde, et j'estime qu'il est difficile de trouver des défauts à ce qui n'existe pas.

Ce n'est pas, à mon avis, que le sol soit absolument improductif ; j'ai perdu plus tard sur les côtes de Natal cette opinion que le littoral était impropre à la culture ou aux plantations ; mais la population marchande de *Cape-Town* ne cherche nullement à agrémenter un séjour que chacun à part soi ne considère que comme une réunion de comptoirs.

Or, comme le sable surtout ne produit rien sans un travail obstiné et de chaque jour, il en résulte que la nudité même du sol fait en apparence mal augurer de ses qualités végétales. Il n'y a d'ailleurs qu'à visiter le jardin botanique de la ville, pour se rendre compte immédiatement que si, moins occupés des soins d'une rapide fortune, les colonistes songeaient à un sérieux établissement et cherchaient à l'embellir, l'aspect de la ville même perdrait beaucoup de sa sécheresse.

On m'avait beaucoup parlé de ce jardin botanique, je profitai du calme du dimanche pour le visiter ; je n'y ai, à vrai dire, rien trouvé d'extraordinaire, si j'en excepte toutefois le charme extraordinaire que l'on ressent à errer dans cette sorte d'oasis verdoyante et fraîche au milieu de la nudité environnante; quant à la variété de sa flore, les conservateurs me parurent avoir fait exactement le contre-pied de ce que font leurs collègues européens.

Tandis que nos jardins nous offrent la vue de plantes exotiques amenées et entretenues à grands frais, le jardin botanique de *Cape-Town*, au milieu des cactus et palmiers du terroir, semble fait exprès pour étaler devant les indigènes africains les divers échantillons de la flore européenne ; j'ai remarqué entre autres parmi les espèces communes à nos contrées de très belles roses multicolores et d'énormes volubilis.

Entre temps je visitai la bibliothèque et le musée ethnologique de *Cape-Town*.

Le même monument les contient tous deux, près de l'entrée du jardin botanique. On traverse la grande salle de la bibliothèque pour pénétrer dans le musée. Sage disposition offerte au visiteur comme une leçon ou plutôt comme un avis : l'étude, avant l'analyse des choses et des espèces.

La bibliothèque contient 37,000 volumes anciens et modernes, 200 manuscrits très précieux, français, hollandais et anglais, et, tout au fond, dans un petit salon carré, renfermés avec soin dans des vitrines à hauteur d'homme, les chefs-d'œuvre de l'esprit humain de tous les âges et de toutes les nations. C'est dans ces vitrines que vivent côte à côte, serrés dans de riches et précieuses reliures, les poésies de Byron, les drames de Shakespeare, les tragédies de Corneille et de Racine, les fables de La Fontaine et les rêves de l'Arioste et du Tasse.

La bibliothèque de *Cape-Town* reçoit presque toutes les revues en renom de tous les pays du monde ; j'en ai compté jusqu'à 35 sur la table de lecture ; notre *Revue des Deux-Mondes* y occupe une bonne place et j'ai remarqué à ses pages, qu'elle était plus maniée par les habitués de la bibliothèque que beaucoup d'autres qui se trouvaient là.

Le musée renferme des spécimens de tous les animaux qui appartiennent au territoire du Cap ou qui y ont appartenu avant la colonisation ; ce sont des lions plus ou moins fauves, des éléphants de haute taille, et une collection remarquable d'antilopes de toutes tailles et de toutes formes ; la collection des oiseaux forme comme une bande multicolore tout autour de ces hôtes peu commodes, que la civilisation européenne a fait fuir bien avant dans l'intérieur.

Mais la merveille amusante du musée est sans contredit un squelette enregistré sous le n° 4 et étiqueté : *Squelette d'un soldat français tué à Wagram en 1809, offert par Jenken, esq.* On se prend à rêver devant ce soldat de Wagram dont les ossements font l'admiration des indigènes et la joie des Européens. Le donateur a laissé au visiteur intelligent le soin de deviner le régiment et même le numéro matricule de ce débris de nos armées. On ne s'expliquerait pas autrement l'oubli de ces renseignements sur cette facétieuse étiquette.

L' « *Américan* » ne devait reprendre la mer que le vendredi suivant 11 ; je m'impatientais déjà de tous ces retards, lorsqu'on annonça que le « *Danube* » de la même compagnie allait partir à destination de Zanzibar le mercredi 9, et qu'on laissait aux passagers de l' « *Américan* » le soin d'opter pour l'un ou l'autre départ.

Je fis immédiatement transporter mes bagages sur le « *Danube* », je précipitais mon départ d'abord et ensuite j'avais le précieux avantage de continuer ma traversée sur le même paquebot qui venait de transporter à Natal le Prince Louis-Napoléon.

J'espérais quelques détails sur la façon dont le Prince avait accompli son voyage. Ils ne furent pas longs d'ailleurs ; le Prince avait été aimable pour chacun et avait passé sa traversée comme un simple passager sans autre signe distinctif que son humeur de bon aloi. Ses journées se partageaient entre quelques lectures et des courses folles dans les cordages du paquebot ; entre temps, il arpentait fiévreusement la dunette avec l'officier de quart.

Le Prince mêlé aux passagers, dont il ne dédaignait d'ailleurs nullement le commerce, avait, paraît-il, un moyen infaillible de se débarrasser d'un importun ou d'un indiscret, il grimpait dans les cordages avec une agilité extraordinaire et personne, m'assurait-on, n'avait jamais songé à l'y suivre.

A *Cape-Town* où le Prince n'avait fait qu'un court séjour de 36 heures, on me parla naturellement de son passage dans la ville.

La réception avait été à la hauteur de la personnalité accueillie ; tous les bâtiments en rade étaient pavoisés, et le jour de l'arrivée du « *Danube* » avait été pour la ville entière un jour de fête et de réjouissances publiques.

Une grande soirée avait réuni dans le palais du gouvernement toutes les notabilités officielles et privées de la colonie, et chacun me parut avoir conservé un souvenir excellent de l'amabilité simple autant que naturelle de l'auguste visiteur. Son Altesse avait su avoir un mot aimable pour tous les hôtes de lady Frère.

Seul, l'élément purement français du Cap, infiniment restreint, il est vrai, avait jeté une note discordante dans ce concert unanime de respects et de louanges.

Pendant une promenade à pied qu'avait faite le Prince, un Français, de passage au Cap, avait dit en passant près de lui : « Tiens, il n'a rien de cassé ! » exclamation aussi ridicule que sans signification précise et, qu'heureusement pour notre réputation d'esprit, le Prince fut seul à entendre.

Chose plus grave, un des journaux de la ville avait publié sur la personne du Prince un article odieux et abominable, attribué à un des Français de la colonie. Dès que les premiers numéros furent mis en vente, l'indignation publique fit rentrer sous terre toute la rédaction et le tirage fut arrêté.

Je tiens à constater toutefois que chacun à l'envi désavoua l'article et que l'on ne put jamais dénommer l'auteur, en présence des dénégations de tous ; s'il y eut d'ailleurs quelque écart regrettable parmi nos quelques compatriotes au Cap, je reçus personnellement pendant mon séjour à *Cape-Town* nombre d'excuses et l'expression de beaucoup de regrets. Je fus même chargé de les transmettre, mais je n'accomplis jamais pareille mission. C'eût été insister maladroitement sur des incidents sans importance, lesquels d'ailleurs n'avaient pas fait sourciller le Prince une seconde.

Chose curieuse, des Zoulous et des progrès de l'armée anglaise sur les frontières du Zululand, il n'en était guère question, lorsque je débarquai à *Cape-Town*.

On ne s'occupait que de la male chance qui semblait peser sur les armes anglaises dans le sud de l'Afrique; de deux bâtiments de transport qui venaient d'arriver d'Angleterre à destination de Natal, l'un, « *City of Paris* » était venu se briser sur le phare même qui précède le port de *Simon's Bay* et le second la « *Cleyde* » venait de se perdre sur les côtes de l'Océan Indien. Les hommes furent sauvés, il est vrai, mais canons et approvisionnements étaient encore en ce moment au fond de la mer.

Une préoccupation plus grande encore agitait les esprits : je veux parler de l'attitude menaçante que prenaient les *Boërs* dans le Transvaal. J'écrivais à ce sujet au *Figaro* les lignes suivantes :

> Que feront les Boërs dans le Transvaal et jusqu'à quel point pousseront-ils les choses s'ils veulent essayer de reconquérir

l'indépendance récemment perdue? Ne profiteront-ils de la lutte que soutient Ketshwayo contre la puissance anglaise que pour essayer d'entamer avec le gouvernement anglais des négociations plus favorables pour leurs revendications, ou au contraire céderont-ils aux suggestions du roi des Zoulous qui demande d'eux une alliance immédiate et la jonction de leurs fusils de chasseurs aux *assagays* de ses guerriers? Les Anglais, qui ne se font aucune illusion sur les sentiments des Boërs du Transvaal à leur égard, redoutent la seconde éventualité qui diviserait leurs forces, assez peu suffisantes déjà en face des 60,000 hommes que compte l'armée des Zoulous; aussi le gouverneur général du Cap, sir Bartle Frère, pendant le voyage extraordinaire qu'il vient de faire près du gouvernement de Natal, a-t-il jugé utile d'entamer lui-même les négociations, en sa qualité de haut commissaire de l'Afrique du Sud. Et s'apercevant bientôt que les principaux Boërs ne paraissaient pas le suivre dans cette voie, le représentant de l'Angleterre a jugé que sa diplomatie obtiendrait plus de succès de près que de loin. De Natal, sir Bartle Frère s'est donc dirigé en personne dans le Transvaal.

Il y a douze jours à peu près que le gouverneur général court les grands chemins et que l'on n'avait plus de ses nouvelles; d'autre part, les dépêches venues depuis cette époque de Pretoria, capitale du Transvaal, indiquaient la situation sous un jour peu rassurant; elles annonçaient en effet que 3,000 Boërs s'étaient réunis armés devant cette ville gardée seulement par 350 hommes et en faisaient le siège en règle; on craignait donc, et les Boërs ne cachaient pas leur intention à cet égard, que, dès son arrivée, sir Bartle Frère ne fût fait prisonnier par les insurgés et gardé comme otage. Les dépêches d'aujourd'hui donnent enfin des nouvelles de la mission du gouverneur général : sir Bartle Frère prévenu à temps a rebroussé chemin n'ayant pu atteindre que la frontière du Transvaal; il revient sur Natal, décidé à envoyer de prompts secours à la petite garnison de Prétoria. Ces dépêches ajoutent que les esprits sont très surexcités et que par tout le pays de nombreux meetings poussent les Boërs à la résistance.

La seule nouvelle du retour précipité de sir Bartle Frère

semble donner aux bruits les plus pessimistes une certaine consistance, aussi va-t-on jusqu'à dire déjà que tout le Transvaal est à feu et à sang. Tout cela est peut-être bien exagéré, j'estime que si le gouverneur général est revenu subitement sur ses pas c'est que probablement il a jugé non pas que les choses étaient à toute extrémité, mais qu'il était du moins prudent d'étayer ses pourparlers sur la présence de forces plus imposantes autour de son autorité. Je ne crois pas, pour ma part, que sir Bartle Frère ait renoncé subitement à toute idée de négociations. Le haut-commissaire du gouvernement anglais, sous un aspect bonhomme et paternel, est un esprit très solide et très souple, suffisamment insinuant et assez pénétrant pour inspirer le respect à ses adversaires eux-mêmes, et chez lequel l'idée de l'autorité absolue évitera toute reculade définitive dans la voie qu'il juge bonne pour la réussite de ses projets. S'il a pensé que sa présence était utile dans le Transvaal, soyez persuadé qu'il s'y rendra, n'importent le moyen et le moment. Quoi qu'il en soit, la situation pour l'instant semble fort critique et je crois être arrivé à temps pour assister aux opérations définitives qui rendront, je le crois, incontestable pour l'avenir la domination anglaise dans cette partie de l'Afrique du Sud.

Sir Bartle Frère est allé dans le Transvaal, il en est même revenu depuis, sans être autrement inquiété et on connaît les importants succès qu'y ont remportés sa finesse et son tact politique, fruits de sa longue pratique des affaires dans l'Inde.

Ce qu'il y a de curieux entre le gouvernement de la métropole et le gouvernement colonial, c'est que s'il existe quelque communauté de vues sur le but à atteindre, c'est-à-dire l'extension nécessaire de la puissance anglaise dans le sud de l'Afrique, il y a divergence absolue quant aux moyens à employer et à l'opportunité d'une action immédiate et active.

Dès mon arrivée au Cap, et pendant mon court séjour au siège du gouvernement général, j'indiquais dans les termes suivants au *Figaro*, les causes qui paraissaient avoir déterminé sir Bartle Frère, non seulement à entreprendre une campagne contre le Zululand mais encore à appliquer tous ses efforts à la conduire à bien :

Maîtresse du Zululand à la suite de l'annexion récente du Transvaal, l'Angleterre peut aspirer à la domination absolue de l'Afrique du Sud tout entière ; la petite république d'Orange, le dernier refuge des Boërs indépendants, se prépare, en prévision de cette éventualité, à se soumettre de bonne ou de mauvaise grâce ; quant aux possessions portugaises qui se trouvent au-dessus du Zululand, des négociations habilement conduites font présager déjà que leur cession à l'Angleterre ne serait ni longue ni difficile dès la première victoire importante et décisive. Mais que les forces anglaises se voient obligées de reculer devant les forces de Ketshwayo, et les fruits de toutes ces longues années de patience, assurés aujourd'hui par certains coups d'audace comme l'annexion du Transvaal, se trouveront perdus en un seul jour ; ce ne serait plus, dès lors, devant Ketshwayo seul qu'auraient à résister les armées anglaises. La petite république d'Orange soutiendrait aussitôt ouvertement la suppression de toute domination anglaise dans le sud de l'Afrique, et aux Zoulous se joindraient immédiatement les insurgés du Transvaal et les déserteurs de la Cafrerie. Les dépêches officielles n'annoncent-elles pas déjà que de nombreuses et importantes défections se sont produites parmi les corps indigènes ? Des soldats cafres seraient passés avec armes et bagages dans les rangs ennemis.

L'origine de la guerre actuelle date de l'annexion du Transvaal. Le gouvernement colonial couvait cette proie depuis longues années. Des difficultés entre le Transvaal et le Zululand, relatives à la possession d'une zone frontière, amenèrent les Anglais jusqu'à Prétoria : les finances de la république du Transvaal périclitaient dans des mains inexpérimentées, l'Angleterre offrit sa médiation et son crédit.

Les créanciers de la république se contentèrent facilement d'une substitution de débiteur et il n'y eut rien de plus simple et de plus facile que de remplacer le président de la république par un représentant de l'autorité britannique ; un meeting et quelques signatures échangées lièrent les Boërs du Transvaal à la fortune coloniale de l'Angleterre.

Mais en présence des Zoulous, les rectifications de frontières se heurtèrent à des revendications devenues jusqu'à un certain point légitimes en face des nouveaux possesseurs.

Les représentants anglais n'avaient-ils pas déclaré à maintes reprises que les Zoulous avaient raison dans le conflit ?

D'un autre côté les Boërs du Transvaal ne s'étaient jetés dans les bras de l'Angleterre que pour mettre l'intégrité coloniale de leur colonie entre des mains plus aptes à en assurer le maintien.

Le gouvernement colonial prit un moyen terme, il offrit, il est vrai, à Ketshwayo la retrocession de la portion du Transvaal comprise entre le Buffalo et le Blood-River, mais il mit à cette offre des conditions telles que les guerriers Zoulous devaient préférer les chances d'une lutte à l'abaissement militaire de leur nation.

Les négociations traînèrent en longueur pendant quelques mois, mais les Zoulous restèrent en armes, et à plusieurs reprises manifestèrent le maintien de leur revendication par des excursions armées, sous prétexte de chasse, dans la partie même du territoire contesté.

L'Angleterre aurait facilement supporté le *statu quo*, s'en fiant aux événements futurs pour rétablir son crédit et sa puissance en face des Zoulous, mais le gouvernement colonial se trouva en butte non seulement aux reproches des Boërs qui n'avaient pas aliéné leur indépendance pour si peu de résultats, mais encore aux instances de ses propres nationaux de Natal, désireux pour l'extension même de leur fortune, de se débarrasser de voisins incommodes et entreprenants.

A cela le cabinet britannique répondait à son représentant : — Faites une confédération des colonies, la solidarité de toutes aura bientôt raison de cette poignée de sauvages ; n'est-il pas juste que les sacrifices que s'imposeront les colonistes soient en raison des grands intérêts qu'ils pourront en retirer !

Le raisonnement était logique, pratique même, mais il ne devait pas avoir grand succès devant tous les parlements coloniaux. Celui du Cap, notamment, résista non pas au principe de la confédération, mais à l'opportunité de la chose.

— A l'heure présente, disaient les députés réunis à *Cape-Town*, toute confédération est préjudiciable à nos intérêts personnels, et le but même que l'on poursuit en nous demandant la confédération des colonies est précisément la raison déterminante qui doit jusqu'à nouvel ordre nous en faire rejeter le principe. Notre colonie est prospère et sans embarras ; pourquoi irions-nous prendre une part quelconque dans les difficultés que crée aux deux colonies du Transvaal et de Natal la présence sur leur frontière d'une nation guerrière et turbulente ? Natal est considérée comme une colonie des plus prospères, à condition qu'elle soit entourée de barrières. Elevez des barrières, et nous verrons alors s'il y a matière à confédérer.

Sir Bartle Frère comprit alors que tous faux fuyants étaient impossibles et le moindre prétexte servit bientôt de *casus belli*. Le Haut-Gouverneur brusqua même les événements et bientôt quelques régiments prenaient la mer à destination de Natal.

Mais aux premiers pas sur la frontière du Zululand, le désastre d'Insalwana montra immédiatement que l'on n'avait déjà que trop tardé ; il ne s'agissait plus d'une poignée de sauvages à châtier promptement, on se trouvait en présence de toute une nation armée et aguerrie, prête à tout événement et qui montrait sa force brutale à la première violation de son territoire.

Quelque pénible que soit l'expression, on peut dire que le désastre d'Insalwana fut le triomphe de la politique de sir Bartle Frère contre les résistances pusillanimes des hommes d'État anglais.

Ce n'était pas un danger imaginaire contre lequel avait voulu marcher le Haut-Gouverneur après l'annexion du Transvaal, c'était bien là un danger réel dont le premier heurt mettait même en question l'existence de la domination anglaise dans le sud de l'Afrique.

Le carnage sans précédent du 22 janvier fit tomber l'indifférence de la nation anglaise pour les possessions du Cap, et l'élite de la société se précipita vers la guerre d'Afrique, entraînée plutôt par le désir de vengeance que poussée par la perception bien complète des grands intérêts engagés.

Un des condisciples du Prince, un de ses intimes, le lieutenant d'artillerie Wodehouse, vint ces jours-là à Camden faire ses adieux précipités à la famille Impériale. Le Prince ne dit mot, mais après le départ de son camarade il demanda ses gants et son chapeau et partit pour Londres. Le jour même il adressait au ministère de la guerre sa première demande pour rejoindre l'armée d'Afrique.

Le Prince Impérial suivait l'entraînement général; il vit dans cette expédition le moyen de déployer ses qualités personnelles, tout en payant de sa personne l'hospitalité respectueuse d'une grande nation : le cadet de Wolwich alla rejoindre ses camarades de l'artillerie.

Ce fut après tous ces événements que je parvins à *Cape-Town*. J'y arrivais au moment critique ; quelques jours à peine nous séparaient de la reprise des hostilités.

Le mercredi 9 avril je montais sur le « Danube » et le lundi de Pâques 14 avril je débarquais à la Pointe de Durban.

A *Cape-Town* je me promenais sur le quai d'embarcation en attendant le départ du « Danube » lorsqu'une affiche de théâtre attira mon attention. La représentation avait eu lieu quelques jours auparavant, et entre autres choses, le détail suivant me sauta aux yeux. Après l'annonce de différents *exercices* dramatiques, l'affiche ajoutait « After wich Offenbach's celebrated « Comic-Opéra « *The Rose of Auvergne* ».

La Rose d'Auvergne ! je rêvai de ce titre pendant toute la traversée, je n'avais nul souvenir de ce *célèbre opéra-comique d'Offenbach*. Peut-être le maëstro populaire aura-t-il meilleure souvenance que son oublieux compatriote.

COLONIE DE NATAL. — DURBAN. — UNE SECTION DE LA NOUVELLE LIGNE DE CHEMIN DE FER.

CHAPITRE III

COLONIE DE NATAL
DURBAN. — LA MISSION CATHOLIQUE FRANÇAISE
LE RÉVÉREND PÈRE SABON

Les navires d'un certain tonnage ne pénètrent pas dans la baie intérieure de Port-Natal. Ils s'arrêtent au large, à deux ou trois milles de la Pointe, et là, des petits vapeurs (*steam-launch*) viennent opérer l'atterrissement des passagers et des marchandises.

C'est que sans parler de la barre dangereuse qu'il faut traverser pour entrer et sortir du port, la masse d'eau est insuffisante dans la baie pour la navigation. Il faut ajouter à ces raisons l'exiguïté de l'entrée resserrée entre deux rochers, et par laquelle deux grands navires auraient peine à entrer de front. Seules, quelques légères goëlettes marchandes risquent parfois le passage et encore beaucoup viennent-elles échouer sur la côte par le mauvais temps.

Le transbordement s'effectua sans embarras pour notre compte; un large panier servit à descendre sur le *steam-launch* qui fait le service de port de la compagnie l'*Union*, les passagers du paquebot : on hissait le panier au moyen d'une poulie par-dessus bord, et, avec un mouvement de rotation, on le laissait glisser ensuite au moment où il se trouvait suspendu exactement sur le pont du petit vapeur.

Ce mode de transbordement ne présente qu'un inconvénient, c'est l'entrée et la sortie du panier. Les bras robustes des marins y précipitent pêle-mêle femmes et enfants, et on en est extrait avec la même brusquerie hâtive. Quant à nous autres, membres du sexe fort, nous devions nous laisser glisser le long de l'échelle fixe du navire, sans autre point d'appui qu'une grosse corde graisseuse.

A temps calme, l'opération est simple et sans péril; quand la mer est grosse, la chose est bien différente.

Parfois, au moment même où vous allez abandonner l'échelle, une vague survient qui repousse au large le canot tout à l'heure à vos pieds, vous même vous vous trouvez parfois enveloppé dans la vague et vous subissez un bain forcé, ce dont vos vêtements sinon vous se seraient bien passés. Mais ce n'est pas tout encore : il faut attendre que le canot ou le vapeur puisse se rapprocher du vaisseau, et pendant tout le temps d'attente, on doit rester suspendu entre le ciel et la mer, jusqu'à ce qu'enfin quelque bras vigoureux vienne vous enlever de cette situation dangereuse et ridicule. Bien heureux encore doit-on se proclamer, si à la place du bras protecteur, ce n'est pas l'embarcation elle-même qui, poussée par quelque forte vague, ne vient pas se jeter sur vous, vous broyant douloureusement le corps contre les flancs du navire.

Le transbordement des passagers du « Danube » s'opéra sans accident et avec une rapidité vraiment remarquable. Nous passâmes avant de franchir la barre, à côté de plusieurs transports de guerre encore chargés de troupes, et à dix heures du matin le lundi de Pâques je débarquai à la Pointe.

Pointe de Natal, Port-Natal, Durban, tout cela ne forme qu'une seule et même chose, qu'une seule et même ville, Durban.

Seulement le centre même de la ville se trouve à trois milles à peu près du lieu de débarquement. Il faut dix minutes au petit chemin de fer du port pour vous y transporter, à moins qu'il ne faille attendre plusieurs heures le départ d'un convoi ; un service d'omnibus pare aux inconvénients des départs espacés, on voit que la civilisation sait pénétrer et très vite avec les Anglais dans les possessions britanniques.

Le trajet de la Pointe au centre même de Durban est des plus riants ; on longe la baie, et la ligne du chemin de fer est encaissée dans d'épais massifs de verdure. En passant je saisissais des feuilles à pleine main : on ne sait pas ce qu'il y a de particulièrement enivrant après une longue traversée, de voir, de sentir, de toucher quelques produits de la terre.

J'avais quelques lettres de recommandation. Ma première visite fut au presbytère de la mission catholique française, dont le Révérend Père Sabon est directeur.

Cette première visite me valut une offre plus précieuse que je ne pouvais m'en douter au premier abord, l'offre d'une loyale et franche hospitalité.

Je dis une offre précieuse, car un de mes compagnons de voyage qui s'était chargé de me trouver une chambre dans le premier hôtel venu, me renvoya mes bagages bientôt après. Il n'y avait pas un coin de disponible dans toute la ville ; on commençait même à dresser des tentes dans les cours des hôtels et jusque dans les prairies voisines.

Lord Chelmsford venait de revenir du Tugela, après la bataille de Gingihlovo et s'était arrêté à Durban avant de remonter jusqu'au haut de la colonie.

Des officiers de tous grades avaient attendu le général en chef pour lui offrir leur concours, de là un encombrement extraordinaire et, cela va sans dire, absolument inusité. Que l'on ajoute à cela des arrivages constants de troupes, et l'on pourra se rendre compte de l'aspect fiévreusement animé de cette petite ville habituellement si paisible.

Je dois donc une double reconnaissance au Père Sabon, la première de n'avoir pas eu à m'inquiéter d'un gîte improbable, la seconde d'avoir pu retrouver un coin de la France dans cette extrémité des mondes.

On me donna la chambre de Monseigneur, c'est-à-dire la chambre qu'occupe habituellement dans ses voyages à Durban l'évêque de Natal, Monseigneur Jolivet, dont le siège épiscopal est à Maritzburg. Que l'on n'aille pas rêver par cette chambre de Monseigneur, de tentures et de sièges précieux. Si les premiers disciples du Christ connurent la pauvreté, nos lointains missionnaires ne cherchent guère à surpasser à ce point de vue les premiers apôtres de la foi. Deux chaises de paille et un lit de sangle, voilà l'ameublement de la chambre de Monseigneur. Seul dans un coin, un petit bureau assez élégant indiquait que les heures de travail savaient être honorées.

Evêque et prêtres de la colonie de Natal sont de l'ordre des Oblats dont la maison mère est à Paris même, rue de Saint-Pétersbourg.

Il y a vingt-sept ans que le Père Sabon débarqua à la pointe de Durban ; ce fut le premier missionnaire catholique qui parut dans la colonie. Le Père Sabon avait été d'abord prêtre séculier en France et curé d'un petit village de la Drôme, son département d'origine. Plusieurs missionnaires suivirent le Père Sabon à Natal, lui seul sut résister à toutes les premières privations, à toutes les misères.

Une Française me racontait à Durban les débuts de la mission, ils sont mêlés à ceux de la colonie. Durban comptait à peine une quinzaine d'habitations à cette époque, des huttes la plupart. Un peu de paille tressée et la terre pour couche, tel fut le premier presbytère ;

le ciel était la voûte sacrée du temple, l'horizon et la mer en formaient l'abside. L'Océan venait parfois mêler ses mille voix profondes ou aiguës aux prières des pauvres missionnaires. Ne dirait-on pas les premiers âges de l'ère chrétienne avec ces quatre pieux et cette planche qui servaient d'autel. Puis, après plusieurs années de cette vie tout à la fois simple et sublime, quelques améliorations devinrent possibles ; un peu de terre agglomérée consolida le toit de chaume et un jour les fidèles purent venir étaler devant leur curé et lui offrir une soutane et une redingote neuves.

A partir de ce moment tout sembla du prodige. Sous l'impulsion active des Anglais, les nouveaux possesseurs du sol, la colonisation prit des proportions dont les premiers arrivés n'avaient jamais osé espérer si prompt développement.

Sur le terrain concédé au Père Sabon furent jetées les premières bases d'une église, puis après l'église s'éleva tout à côté un spacieux presbytère où le Père Sabon put abriter de nouveaux missionnaires ; ce n'était pas encore assez, un couvent fut bâti et des sœurs furent demandées en Europe.

Et alors fut réalisé ce rêve tant de fois caressé par cet ancien curé de village, faire marcher de pair l'édification de l'âme et la culture de l'esprit.

Les sœurs accourues à l'appel de ce vaillant et humble champion de la foi chrétienne répondirent pleinement à ses désirs. Celles-ci n'épargnèrent ni la peine ni le labeur et bientôt se pressèrent dans les salles d'étude du couvent non-seulement les catholiques, mais encore la plupart des filles protestantes.

Les Boërs hollandais et les marchands anglais apprécièrent l'enseignement catholique mieux que ne paraissent l'apprécier de nos jours les gouvernants de la France chrétienne.

Depuis lors les sectes protestantes ont accumulé écoles sur écoles avec des institutrices amenées à grands frais de la mère patrie, rien n'a pu éloigner du couvent l'élément protestant qui fait en grande partie les frais de cet enseignement par le nombre et le prix ; le couvent voit chaque jour le nombre de ses pensionnaires augmenter en proportion des développements de la colonie. Quant à l'école des garçons, il a fallu songer sérieusement depuis quelques années à lui assurer un local convenable. Ce local sera la chapelle actuelle.

Dans son infatigable ardeur, le Père Sabon a trouvé en effet les moyens pécuniaires et autres de construire une nouvelle église : les fondations sont aujourd'hui terminées et dans quelques mois la mission de Durban comptera, outre le presbytère et le couvent, une spacieuse école pour les garçons et une nouvelle église proportionnée au nombre toujours croissant des fidèles dans la colonie de Natal.

Pour qui connait le rigorisme anglais et le zèle que déploient les nombreuses sectes protestantes jusque dans les possessions britanniques pour assurer leur prédominance, ne peut que rester émerveillé de ce qu'un seul homme a su faire, à la plus grande gloire de sa foi, dans un pays essentiellement hostile à la doctrine catholique.

Chacun d'ailleurs rend justice au Père Sabon, et je ne sache pas nom plus honoré et respecté sur toute la côte de l'Océan Indien, du Cap à Zanzibar.

Parler du Père Sabon dans toutes les colonies de l'Afrique du Sud, invoquer son patronage, pouvoir se dire son ami, sont les titres les plus précieux à la considération de tous, protestants ou catholiques.

J'ai tenu à m'arrêter longuement devant cette physionomie honnête et simple, parce que le souvenir de ce pieux missionnaire se rattache dans mon esprit à l'arrivée du Prince Impérial dans la colonie et au départ de ses restes inanimés.

Ce fut en effet le Père Sabon qui, le premier, amené d'ailleurs par les vœux de tous les colonistes, vint souhaiter la bienvenue au Prince sur le pont du « *Danube* » et ce fut encore le Père Sabon qui, sur le bord de la « *Boadicea* », vint avec les dernières prières déposer sur le cercueil de son auguste compatriote les adieux touchants de toute une colonie en deuil.

Personnellement j'avais désiré beaucoup que le Père Sabon accompagnât les restes du Prince jusqu'en Angleterre. Le Père Sabon le souhaitait autant que moi, mais il n'osa jamais, en l'absence de son évêque et sans son autorisation, prendre sur lui un si long déplacement.

Je crus un moment avoir vaincu toute hésitation, surtout lorsque j'appris à la Pointe, que le Père Sabon était allé, malgré une mer furieuse, jusqu'à bord de la « *Boadicea* ». Aussi mon regard dût-il indiquer bien des reproches, alors qu'au retour du vapeur je vis le Père Sabon reprendre terre. — Toutes mes prières seront pour la mémoire du Prince pendant toute la durée de la traversée, me dit aussitôt le brave homme, et toute distance terrestre est bien minime en présence de Dieu.

CHAPITRE IV

LE PRINCE IMPÉRIAL A DURBAN. — MON PREMIER ENTRETIEN
MES PREMIÈRES IMPRESSIONS

Dès mon arrivée dans la colonie, j'apprenais que le prince Louis-Napoléon était encore à Durban; j'en ressentis un certain contentement.

Non pas que je fusse outre mesure désireux de m'introduire auprès du Prince, mais amené inévitablement à rencontrer Son Altesse dans le cours de mes pérégrinations futures, j'étais très heureux de cette circonstance qui me permettait, dès le début, de voir de près ce que pouvait être ce jeune homme, et de juger par moi-même de la valeur personnelle d'un des prétendants au trône de mon pays.

Le Prince était depuis dix jours à peu près dans la colonie, et s'il se trouvait encore sur le littoral, c'est qu'après quelques jours passés, dès son arrivée, au camp de l'artillerie, à 4 *milles* de Durban, un léger accès de fièvre l'avait ramené dans la ville même, où d'ailleurs il devait se rencontrer avec lord Chelmsford et l'état-major.

Comme Français, je considérai comme un devoir d'aller présenter mes hommages à ce prince français; comme correspondant, je tenais à saisir au vif cette physionomie intéressante à plusieurs titres au moment même que de sa propre volonté le Prince était venu s'isoler dans cette armée étrangère, loin de son parti et de son entourage.

Je priai le Père Sabon d'être mon introducteur auprès du Prince; le Père Sabon accepta avec empressement, et le soir même de mon arrivée je recevais du Prince, en réponse à une lettre du Père, les quelques lignes suivantes d'une écriture ferme et allongée tracée de la main même de Son Altesse : « Le Prince Im-
« périal recevra avec plaisir M. Paul Deléage demain
« mardi à 1 heure et demie. »

Le croirait-on, l'attente de ce premier entretien fut pour moi jusqu'au lendemain le sujet d'appréhensions vagues et incertaines. Je n'éprouvai certainement pas la crainte ridicule de me trouver en présence d'une puissance du jour; on coudoie à Paris tant de puissances déchues ou naissantes, que l'esprit et les manières se façonnent bien vite à toutes les circonstances.

Mon appréhension venait d'une source plus élevée : quelles que fussent mes opinions personnelles à l'égard des idées politiques que représentait le Prince, mon amour-propre national se réveillait d'autant plus vif que la séparation de la France était plus lointaine.

Je désirais, loin de toutes les compétitions de parti, porter sur le Prince un jugement aussi impartial que pouvait le permettre l'équité de mon esprit, et je craignais d'autre part que la franchise dont je m'armais d'avance n'atteignît la personne même de cet auguste représentant de la société française encore plus que le chef du parti politique.

En un mot, je rêvais dans ce pays étranger un prince français prodigue de toutes les qualités qui caractérisent la nation française et je craignais d'un autre côté qu'à première vue le jeune Prince ne répondit pas à mes désirs.

Pour bien comprendre ce que j'éprouvais, je dois ajouter que je ne connaissais du Prince que les outrages personnels dont sa personne avait été en butte dans quelques feuilles de différents étages, et que je n'avais pour correctif que les louanges maladroites et ampoulées d'amis plus chaleureux qu'habiles.

De quelques années seulement plus âgé que le Prince, j'appartenais en outre à cette génération qui ne parut dans la vie publique qu'en présence de l'invasion étrangère, et si mon esprit se refusa toujours à oublier la part considérable qui incombe dans nos désastres aux excitations d'une opinion publique surchauffée outre mesure, il n'en est pas moins vrai que le souvenir de nos calamités nationales s'y mêlait confusément aux causes de la chute de l'Empire.

Depuis longtemps il est vrai, autour de moi dans les Chambres et dans la presse, je voyais peu à peu se relever le prestige de la légende Napoléonienne. Mais toutes ces manifestations étaient restées jusques-là circonscrites dans un petit groupe d'hommes jeunes et ardents, dont l'audacieuse vaillance, au milieu de beaucoup de pusillanimité et de compromis, venait seule affirmer encore à nos yeux, les qualités brillantes des compagnons d'armes du premier Napoléon.

Quant au petit neveu du grand homme, sa personnalité avait été tenue à l'écart dans les pénombres de Camden.

Comprendra-t-on un jour ce que peut coûter à un parti l'effacement systématique et étrangement prolongé d'un chef de race ! Le parti bonapartiste pouvait, lui, offrir pour excuse la jeunesse du Prince ; et le Prince ne devait-il pas montrer d'ailleurs lui-même à la première manifestation de sa volonté personnelle que ce rôle de prétendant résigné et patient ne cadrait pas avec ses aspirations purement françaises.

L'exil le plus noblement supporté peut convenir au repos des valétudinaires d'un parti, mais les jeunes, plus désintéressés et plus impatients, se lassent à la fin de tourner toujours la tête vers une terre étrangère et de n'y voir rien s'agiter.

— J'ai pour dix ans de patience, avait dit un jour le Prince sous les grands arbres de Chislehurst et bouclant sa valise il avait pris la route du Cap.

Ce coup de tête avait frappé mon esprit ; je m'embarquai bientôt après sur le premier paquebot en partance.

Ce qui m'étonne, c'est que beaucoup de Français n'aient pas suivi mon exemple; n'était-ce donc pas une expédition intéressante que cette guerre du Zululand où un Prince français allait lutter de sa personne non pas à proprement parler contre des sauvages, contre les Zoulous, mais bien surtout contre de grossières accusations qui avaient cherché à atteindre son caractère et son tempérament !

Telles étaient les dispositions de mon esprit à mon arrivée à Durban.

La personnalité du Prince avait tour à tour diminué et agrandi dans mon esprit, pendant tout le voyage, à mesure que se pressaient tous mes souvenirs des amis et des ennemis du Prince.

J'allais enfin juger *de visu*, et, comme en présence de tout événement décisif pour lequel on espère et on redoute tout à la fois, ma perplexité fut grande.

J'ai hâte de le dire, je sortis du court entretien que m'accorda le Prince, charmé et surpris en même temps.

J'avais trouvé non pas un jeune homme, mais un Prince dans toute l'acception du terme, avec toute la simplicité et le charme d'un esprit supérieur et distingué.

J'avais surtout trouvé un Français avec toutes les qualités de la race; et de plus le véritable enfant de Paris chez lequel l'exil n'avait pu effacer l'accent particulier du boulevard et certaines expressions familières de la capitale.

On en jugera par la correspondance suivante que j'adressai le jour même au « *Figaro* ».

«.Colonie de Natal, Durban, 5 avril 1879.

« Je sors à l'instant de chez le prince Louis-Napoléon. Le Prince habite à proximité de la baie une des habitations les plus luxueuses de la ville, celle du représentant de la Compagnie de navigation l'*Union*. Pendant que je visitais, ce matin, avec le Rév. Père Sabon, les camps, dont les tentes sont plantées aux portes de Durban, pour les troupes de passage, un messager était venu au presbytère, m'annonçant que le Prince me recevrait à une heure, au lieu de une heure et demie, mais la commission a été si mal reçue qu'elle ne m'a été transmise qu'à une heure précise, au moment même où je m'habillais; heureusement que le presbytère est à proximité de la maison de l'agent, de telle sorte qu'en faisant diligence, j'ai pu éviter une inexactitude trop marquée.

« Le Prince m'attendait déjà cependant sous la vérandah qui précède ici toute habitation, et dès qu'accompagné du Père Sabon, qui me servait d'introducteur, je suis entré dans le jardin ; avec une amabilité et un empressement que je n'oublierai jamais, le Prince s'est avancé immédiatement au-devant de nous jusqu'au milieu du jardin et nous a conduits lui-même, après nous avoir cordialement serré la main, dans une sorte de grand salon, meublé avec assez de recherche.

« D'un physique agréable, le prince Louis-Napoléon,

a une physionomie pleine d'expression et de franchise. Une vivacité naturelle anime, à certains moments, cette physionomie sur laquelle l'éducation a essayé d'imprimer plus de calme et d'indifférence que ne semblent le comporter le tempérament et la nature. On sent surtout le contraste, alors que, quittant les sentiers battus de la conversation banale, Son Altesse arrive à traiter un sujet particulier pour lequel chacune de ses paroles peut avoir un sens et une signification importante ; la gorge se contracte, et un sifflement particulier assez commun chez les personnes qui maîtrisent avec peine l'expression de leurs pensées, indique suffisamment que les préceptes rigoureux de l'éducation princière viennent mettre tout à coup un frein à la vivacité d'une opinion toute faite et prête à se dévoiler.

« Le Prince Impérial paraît tout heureux de la résolution qu'il a prise de venir s'isoler dans l'armée anglaise; ce qu'il cherche à acquérir ici le plus ardemment, c'est surtout l'habitude de la vie des camps avec ses dangers, ses alertes et ses privations de tout genre. Aussi Son Altesse se trouve-t-elle pour le moment très impatientée : l'armée opère certains mouvements de concentration qui nécessitent la présence de l'état-major à Durban, où chacun peut trouver facilement un confort assez convenable.

« En principe, le Prince a été attaché à une brigade d'artillerie, en qualité de lieutenant à la suite, sans brevet, et par conséquent sans commandement effec-

tif. « J'ai compris, m'a dit textuellement le Prince,
« alors que des raisons politiques ne me permettaient
« pas de prendre un brevet dans l'armée anglaise,
« que je ne me trouvais dans un corps spécial que
« *comme une cinquième roue à un carrosse,* et j'ai
« dès lors brigué et obtenu la faveur d'être attaché à
« l'état-major général et de suivre ainsi de plus près
« les opérations du gros de l'armée; ne pouvant avoir
« une lieutenance effective, j'ai jugé que l'état-major
« était pour moi un centre d'étude plus approprié à
« l'expérimentation de mes facultés et que je pourrais
« au moins y rendre à l'occasion quelques services, ce
« que je désire de tout mon cœur. »

« J'ai retenu à peu près textuellement cette partie de
la conversation, qui m'a paru fort intéressante, surtout
à cause de la chaleur que montrait le Prince à désirer
d'être mis le plus tôt possible à l'épreuve. Puis le
Prince a bien voulu le premier me questionner sur la
France et ses vicissitudes politiques; je n'ai pu malheureusement rien lui apprendre de bien nouveau qu'il
ne puisse savoir, n'ayant moi-même quitté l'Europe
que treize jours après son départ. La conversation sur
ce point a d'ailleurs été très vague. A part une expression assez vive sur la personnalité de M. de Marcère,
dont il connaissait la chute, le Prince s'est tenu dans
des formes générales qui ne peuvent rien apprendre
de bien nouveau sur ses intentions et ses vues personnelles.

« Toutefois, j'ai pu comprendre que le Prince ne se

faisait aucune illusion sur la situation du parti conservateur en France à l'heure actuelle. « — La France est
« présentement républicaine, m'a-t-il dit en propres
« termes, la chose est incontestable, et le parti répu-
« blicain n'a pas encore commis assez de fautes pour
« qu'il y ait lieu de songer de sitôt à un revirement
« d'opinion; le parti conservateur, a-t-il ajouté, est
« d'ailleurs tellement divisé qu'une période de transi-
« tion est nécessaire pour adoucir bien des rapports et
« effacer bien des divisions intestines. »

« La question des moyens de communication les plus rapides à employer dans ce pays a terminé ce long entretien ; le Prince a bien voulu me donner quelques conseils à ce sujet : « L'expérience de l'un, m'a-t-il
« dit très amicalement, saura toujours servir à l'autre;
« j'espère pouvoir vous être utile en certaines circon-
« stances dans les difficultés de chaque jour, et je serai
« très heureux de l'être ; j'ai été très heureux de pou-
« voir parler français avec un Français et j'aurai tou-
« jours beaucoup de plaisir à le faire, dans la suite, pen-
« dant cette campagne. »

« Puis le Prince s'est levé, et après m'avoir tendu affectueusement la main, m'a permis de prendre congé de lui. »

Je vis immédiatement le Prince tel qu'il n'a cessé de me paraître pendant toute la campagne.

Derrière ce sourire charmant de l'homme du monde, je lus dans cette physionomie ouverte et franche, la résolution fortement arrêtée d'aller jusqu'au bout dans la voie large et pleine de périls que le Prince s'était tracée.

Le départ pour le Cap n'avait pas été chez ce jeune homme un coup de tête, mais bien le fruit de longues méditations et le résultat d'une volonté immuable.

La précipitation de l'embarquement ne fut pour le Prince que le moyen d'écarter de son esprit les ennuis de sollicitations contraires : quant à lui personnellement, il se tenait prêt depuis longtemps, et ne fut nullement surpris par les événements, il les attendait : l'occasion se présenta, il n'y eut qu'à tendre la main.

Pendant toute la soirée, je restai étendu sous la vérandah du presbytère ; étaient-ce quelques secrets pressentiments qui vinrent assaillir mon esprit? je l'avouerai, en réfléchissant, j'avais été quelque peu épouvanté de la froide résolution que montrait ce jeune homme : — Je tiens à rendre des services, m'avait dit le Prince en trainant sur les mots avec une signification visible — et cette phrase revenait constamment à ma mémoire avec une persistance extrême.

Ce fut l'affaire de quelques instants de solitude ; à la première visite, je chassai bien loin de mon esprit toute idée chagrine, mais je changeai en même temps toutes mes dispositions personnelles.

J'avais reçu plusieurs invitations pour les environs de Durban, notamment pour visiter quelques usines à sucre, je renvoyai le tout avec force remerciments.

Il m'était resté de mon premier entretien avec le Prince la ferme conviction que ce n'était pas un simple voyage d'agrément qu'était venu faire Son Altesse dans la colonie de Natal ; le prince m'avait incidemment bien fait comprendre qu'on ne le trouverait qu'au premier rang, et je hâtai précipitamment tous mes préparatifs de marche pour ne pas être surpris par les événements et ne pas m'attarder sur les derrières de l'armée.

CHAPITRE V

DURBAN. — LES ZOULOUS DE NATAL
QUELQUES FRANÇAIS A DURBAN

Entre temps je visitai la ville, ce qui ne fut pas long, et je fis quelques visites officielles. En quittant le prince, j'avais été conduit le jour même à l'*office* du major-général de l'armée, le général Clifford. Ce fut auprès de ce charmant homme que j'expérimentai pour la première fois la cordialité simple et de bon aloi qui caractérise l'hospitalité anglaise. Avec le « *passe* » qui fut libellé immédiatement en mon nom pour franchir les zones militaires et pénétrer dans les camps, le général Clifford, de son propre mouvement, me donna des lettres particulières de recommandation pour les différents chefs de corps et notamment pour le commandant de la deuxième division, le général Newdigate.

Le soin tout particulier que mit le général Clifford à me

recommander au général Newdigate me permit, au milieu des bruits les plus contradictoires qui circulaient déjà sur la marche probable de l'armée, de me rendre compte immédiatement du but que j'avais à atteindre et quel devait être le centre futur des opérations générales.

Je pris bonne note de cet avis indirect ainsi que du conseil tout cordial que me donnèrent immédiatement les officiers de me garer de toute nouvelle à sensation. Le général Clifford m'offrit d'ailleurs, à n'importe quelle heure du jour et de la nuit, sa propre demeure comme centre de contrôle pour tous les bruits en circulation.

Cette offre n'était pas la moins précieuse; on ne saurait s'imaginer en effet le commerce de canards que faisaient à ce moment les journaux de la colonie sur les faits et gestes de l'armée d'opération.

Je m'étais déjà aperçu de la fertilité d'imagination des rédacteurs colonistes à Cape-Town, j'en fus stupéfait à Natal, c'est-à-dire à deux pas de la frontière.

Pour bien comprendre cette singulière anomalie, il faut connaître la profusion de journaux qui éclosent, meurent ou revivent de leurs cendres dans les colonies anglaises. Au point de vue du nombre et du format, beaucoup de nos plus grands chefs-lieux de France envieraient l'organisation du journalisme colonial.

Au Cap, à Natal et dans les moindres villes du littoral de l'Océan Indien, Port-Elysabeth par exemple, je n'ai pas trouvé moins de trois feuilles quotidiennes ou semi-quotidiennes à grand format : je ne compte pas dans ce nombre les journaux spécialement consacrés aux annonces commerciales, lesquels ont encore moins de scrupule dans le choix et l'appréciation des nouvelles de tout genre.

Il est donc nécessaire, pour l'existence matérielle de chacun de ces journaux, qu'il n'y ait aucun chômage de choses intéressantes en face de la curiosité publique. Le moindre événement donne lieu à des dissertations sans fin ; c'est ainsi que la première promenade de la cavalerie (dragons et lanciers), promenade qui n'avait pour but que de dégourdir les jambes de ces malheureux chevaux après un mois de traversée, fournit aux journaux de Durban de longues tartines sous les titres pompeux de « Démonstrations militaires ».

Il n'était pas jusqu'à l'arrivée du moindre personnage qui ne donnât matière à commentaire : c'est ainsi qu'alors que je ne savais pas moi-même quelle colonne de l'armée j'allais suivre, un des journaux de Durban s'empressait de m'expédier vers les rives du Tugela à la suite de la colonne Crealock, tandis que la feuille rivale, rectifiant le lendemain la nouvelle, me dirigeait au contraire sur le quartier général et me faisait chevaucher derrière l'état-major.

Une troisième feuille, mieux informée, suivant elle du moins, rédigea alors une petite biographie fantaisiste où j'étais offert à la curiosité des lecteurs, comme ayant déjà représenté le « *Figaro* » en Espagne et en Turquie.

Je cite ce trait personnel à cause du fou rire qui me prit à la lecture du secours inespéré que ma mince personnalité venait jeter en pâture aux rédactions aux abois. J'allai toutefois déposer gravement ma carte chez chaque rédacteur en chef et je me gardai bien de rien rectifier. Il paraît cependant que mon rire eut quelque écho dans la colonie, car à **Maritzburg** où j'arrivais quelques jours après, les journaux du crû affectèrent de ne pas s'apercevoir de mon passage ; mon nom fut relégué simplement dans l'énumération des voyageurs de marque descendus au *Royal-Hotel*.

En débarquant à la Pointe j'avais été frappé du mélange de couleurs et de races que présentait la population du Port. A Durban la même bigarrure s'offrait dans toutes les rues ; et, avec une attention plus soutenue, je pus en faire le démembrement : créoles, Indiens, Cafres et Zoulous. Non pas les Zoulous du Zululand, mais leurs frères de Natal plus rachitiques et moins indépendants.

Les Zoulous se distinguent des autres tribus Cafres par l'énorme trou dont ils percent leurs oreilles. J'avais rencontré, sur le paquebot, des *Amontogas*, naturels d'une tribu située au-dessus du Zululand : ceux-ci revenaient du Cap et après quelques mois de travail rejoignaient leur pays avec un petit pécule et quelques vêtements ; comme ils avaient à traverser au nord du Zululand un coin du pays des Zoulous, ils avaient fait préalablement percer leurs oreilles à la manière de leurs voisins ; avec ce passe-port nulle crainte pour eux d'être inquiétés en route.

Ces trous remplacent pour le Zoulou les poches absentes. C'est dans un de ces trous que le Zoulou passe sa pipe lorsqu'il en possède une; la seconde oreille supporte généralement une petite corne creuse dans laquelle le Zoulou serre avec soin les quelques bribes de notre tabac à fumer qu'il peut se procurer d'une manière ou de l'autre. Ce tabac à fumer il le prise ; il ne fume dans sa pipe que des débris de chanvre.

Quoique amoureux de tout vêtement, le Zoulou s'en passe facilement et sans honte : deux petits carrés de peau de bœuf, soutenus à la ceinture par une ficelle, et qui par-devant et par-derrière voilent en flottant ce que, dans tous les pays du monde, chacun cherche à cacher devant son semblable sont pour le Zoulou les concessions, mais les concessions rigoureuses qu'il accorde à la pudeur visuelle. J'ai rarement rencontré un Zoulou absolument nu, ce qui indiquerait que la décence est de mise même chez ces sauvages.

Outre ces deux carrés de peau de bœuf, le Zoulou protége les attributs de son sexe contre la poussière et les accidents de toute nature par une noix de coco exactement adaptée. Jamais, vous Européen surtout, vous ne verrez se détacher cette noix protectrice ; quand quelque besoin de la nature se fait vivement sentir, le Zoulou court bien loin se cacher dans les hautes herbes ou dans quelque repli de terrain et ne reparait qu'une fois la noix de coco remise en place.

La femme Zoulou jeune, de dix à quinze ans, a des ports de reine et des formes admirables; mais cette poitrine ferme et rebondie disparait bientôt après quelques mois de mariage ; les seins tombent jusqu'à la ceinture, le port se déjette, mais on reconnaît toujours dans la démarche de ces corps flétris et usés de bonne heure cette sorte de fierté native que la nature se complait à imprimer dans ces êtres nés pour la grande vie de l'espace.

Les signes distinctifs du mariage consistent pour l'homme dans un grand anneau noir qu'il fixe autour de ses cheveux et pour la femme dans une sorte de chignon tressé au-dessus de la tête et teint d'une matière rougeâtre.

Les jeunes hommes Zoulous tracent des sillons dans leur épaisse chevelure, ce qui leur donne l'apparence de coqs noirs à plusieurs crêtes parallèles ; quelques morceaux d'ivoire passés dans cette chevelure complètent une physionomie d'aspect assez original.

La jeune fille Zoulou n'accorde, elle, à sa coiffure que les soins de propreté ; les cheveux courts et sans ordre entourent en se bouclant cette jeune tête pleine d'audace et de feu. La crainte d'une mort immédiate peut seule, à mon avis, conserver dans cette race ardente les principes inflexibles d'une vertu proverbiale.

C'est que la règle est implacable ; la jeune fille qui a « manqué à ses devoirs » suivant notre expression commune, est aussitôt mise à mort par son père lui-même ; il est vrai que les préceptes de la morale n'ont rien à voir dans toute cette affaire.

Une fille Zoulou vaut tant de bœufs, de dix à vingt suivant la beauté et le rang, lesquels bœufs le demandeur doit payer au père au moment de la prise de possession, c'est-à-dire ce que nous appelons le jour du mariage dans nos contrées civilisées.

Mais la jeune mariée n'est prise et livrée qu'après expertise contradictoire. Si la virginité s'est envolée par-dessus les hautes herbes, le père se débarrasse de cette non-valeur et, suivant la formule consacrée dans les journaux à informations, le séducteur est vivement recherché. Ce dernier paiera lui aussi de sa vie cette atteinte grave portée à la fortune du père de famille.

Les cas sont très rares chez les Zoulous de pareils accidents. Mais, par contre, qu'au contact de la civilisation quelque fille Zoulou se convertisse à l'anglicanisme ou à tout autre précepte religieux, lequel puisse la protéger contre les coutumes primitives de sa tribu, — la chose est triste à dire, mais je suis obligé de la constater, — immédiatement celle-ci devient une fille perdue dont aucun enseignement ne peut arrêter les débordements.

L'esprit ne s'arrête-t-il pas avec épouvante devant cette négation absolue, parmi ces sauvages, de l'efficacité de notre morale et de notre enseignement? L'application des principes de notre civilisation chrétienne et sociale doit-elle donc avoir des bornes dans les mondes nouveaux! Pour ma part je n'ose y croire; mais en attendant et avant que plus ample expérience ne soit faite, ne serait-on pas tenté d'approuver ces autres Zoulous du Zululand, si jaloux de conserver dans leur intégrité les mœurs et les coutumes de leurs pères.....

Les Zoulous de Natal sont au nombre de 300,000, en

présence de 20,000 colonistes ; la plupart sont des Zoulous qui se soumirent aux Boërs hollandais, lorsque ceux-ci repoussèrent la nation jusque dans la région qui porte aujourd'hui le nom de Zululand (terre des Zoulous). Un grand nombre sont, en outre, des réfugiés plus récents qui, à différentes époques, vinrent sur le territoire de Natal demander aide et protection contre la tyrannie de leurs rois : le chef Panda d'abord et ensuite Ketshwayo, le roi actuel.

La race zoulou était loin, dès le principe, d'occuper comme population une si grande place dans la colonie, et le gouvernement colonial espérait davantage de l'accroissement de la population blanche qu'il ne songea même une minute à la fécondité vraiment extraordinaire dont les indigènes fournissent aujourd'hui la preuve palpable. Il y a là même un sujet très grave de préoccupation, effacé depuis les débuts de la guerre, mais que n'ont pas perdu de vue les hommes importants de la colonie.

Je parlerai plus loin, au cours de mon récit, des Zoulous vus dans leurs *kraals* mêmes ; je tiens à noter tout de suite la propreté native qui caractérise toute cette population. Chez le Zoulou, rien de répugnant ; on peut frôler la peau luisante d'un Zoulou, le toucher même, sans éprouver le sentiment de répulsion que l'on ressent au contact de certaines peuplades noires. J'ai pénétré pendant mon voyage dans bien des kraals, j'ai glissé sous bien des huttes ; à part cette vague odeur sauvage, inséparable de la race, je n'ai jamais éprouvé aucun sentiment de dégoût comme, par exemple, près du littoral alors que je m'approchais de quelques huttes de travailleurs indiens.

A côté de ces Zoulous de Natal, il paraîtra peut-être extraordinaire que j'aie énuméré quelques Indiens, je ne songe pas à étudier la race indienne d'après les quelques échantillons qui errent dans l'Afrique du Sud, mais je tiens à constater les services très grands que ces pauvres *coolies* rendent aux colonistes.

Les uns, comme hommes de peine, font tout le travail du port; les autres cultivent quelques jardins potagers qu'on leur concède dans l'intérieur des terres.

Sans les Indiens on ne trouverait pas un seul légume dans toute la colonie; les colonistes ne sont que marchands, et les Cafres méprisent le travail de la terre.

Quant aux créoles, ceux-là sont tous de l'île Maurice; il n'y a pas encore de sang mêlé dans les jeunes colonies anglaises; ces Mauriciens ont été amenés par la culture des plantations de cannes à sucre dans laquelle ils excellent. Tous parlent le français; l'Angleterre a pu annexer l'île Maurice, je doute que de longtemps les sentiments français des Mauriciens puissent être annulés par d'autres sympathies.

Dans mes courses par la ville, on m'indiqua deux ou trois familles françaises. La première en titre a à sa tête une Française native de Maurice et d'origine belge, depuis trente ans dans la colonie; fortune considérable et grande autorité parmi les colonistes.

Madame Vand'ham m'accueillit avec empressement et remua ciel et terre pour me faire rencontrer avec le major Pinto, jeune explorateur du centre de l'Afrique de retour à ce moment-là même d'une longue et pénible campagne dans l'intérieur. Le major Pinto rentrait en Europe; les circonstances firent que nous ne pûmes nous rencontrer avant son départ; j'ai appris à mon retour que ce jeune et déjà célèbre Portugais venait déjà de donner des conférences en Europe sur son voyage et ses résultats.

Le second Français qui me fut présenté était un jeune employé de commerce dont les affaires n'avaient guère prospéré dès le début; mais il ne s'était pas découragé, avait épousé une fille de coloniste, et, ses dieux lares assurés, avait tourné ses vues vers la monographie; les monogrammes réussirent mieux que les premières pièces de calicot. Ainsi vont les choses, on réussit dans ce que l'on espérait le moins.

Le troisième était un cordonnier alsacien et ancien militaire; ce brave homme s'était marié pour venir, en conditions requises, dans le sud de l'Afrique; on lui avait dit qu'on prodiguait des terres à tout venant, il courut après la fortune. Mais quand il parvint à la terre promise il n'y avait plus de terre à recevoir, on ne prodiguait plus, on vendait; son ancien métier de cordonnier n'était pas oublié et notre Alsacien est possesseur maintenant d'une petite échope sans prétention mais qui abrite un berceau, premier et seul fruit de la témérité de ses entreprises.

C'est en sortant de chez ce cordonnier que je rencontrai pour la seconde fois le Prince, un peu avant son départ définitif pour Maritzburg. Le Prince essayait ce fameux cheval gris qu'il montait le 1er juin ; des deux chevaux que le Prince avait amenés d'Angleterre, l'un s'était blessé grièvement à bord du paquebot, en sautant de son *box* sur le pont pendant une bourrasque, le second était mort deux jours auparavant des suites du voyage. Son Altesse n'avait trouvé le cheval qu'elle essayait qu'avec beaucoup de difficultés et elle m'engagea d'attendre jusqu'à Maritzburg pour m'en procurer moi-même. Je suivis ce conseil et je ne m'occupai plus que des choses de première nécessité qu'il était très difficile de se procurer ailleurs qu'à Durban. J'avais hâte d'ailleurs de marcher en avant et deux jours après le départ de lord Chelmsford, cinq jours par conséquent après mon arrivée à Durban, je prenais la route de Maritzburg.

CHAPITRE VI

DE DURBAN A PIETERMARITZBURG. — HALFWAY-HOUSE

De Durban à Pietermaritzburg il y a 60 *milles* de route. Quelques semaines avant mon arrivée dans la colonie, un seul moyen de transport était mis à la disposition des rares voyageurs, le *post-cart*, c'est-à-dire le courrier quotidien, avec un service de diligences plus ou moins régulier.

Mais avec la guerre et des besoins plus actifs, une impulsion nouvelle avait été donnée aux travaux de la voie ferrée qui doit relier Durban à la capitale de la colonie, et je pus à mon départ de Durban parcourir déjà 30 *milles* de parcours dans un petit chemin de fer parfaitement organisé, livré au trafic depuis quelques jours à peine.

C'est au *terminus* de cette première section qu'attendent en ce moment le *post-cart* et les diligences qui primitivement effectuaient le trajet dans son entier. Comme ce *terminus* comprend pour toute habitation un hangar de marchandises, un petit pavillon qui sert de gare et une construction en zinc, habitation du chef de gare, les deux bureaux des messageries sont restés à demeure à Durban même. Il est donc nécessaire de retenir et de payer sa place avant même de prendre le chemin de fer, ou on risquerait fort à l'arrivée de rester avec ses bagages dans une plaine isolée dont la solitude est incontestable.

Les deux entrepreneurs de messageries ont gagné à cette combinaison deux avantages précieux : le premier d'éviter tout déplacement incommode, le second, plus positif et plus réel, d'exiger le même prix dans les conditions actuelles qu'avant l'ouverture du chemin de fer. Délivrant les billets à Durban comme par le passé, lesdits entrepreneurs, par une fiction singulière, considérant comme immuable le monopole de transport qu'ils se sont arrogé, ont l'air de croire qu'il n'est rien de changé dans le mode de transport.

Ils entendent bénéficier à leur manière de la nouvelle voie de communication. Le voyageur y gagne, lui, une plus grande rapidité de trajet, c'est ce qu'il paie en prenant son billet de chemin de fer; quant aux entrepreneurs, l'avantage est plus appréciable : leurs chevaux ne font plus que la moitié du chemin.

Aussi est-il inutile de leur parler d'une diminution

de tarif ; voudriez-vous donc qu'ils soient les seuls à se plaindre des bienfaits de la voie ferrée !

On murmurait bien un peu dans la colonie de ce singulier raisonnement, mais enfin, dans la fièvre de la lutte entreprise, on ne murmurait que de loin en loin et quand on avait des loisirs. En attendant on payait, c'était le principal pour les entrepreneurs.

Quand dans quelques mois une situation plus normale permettra aux murmures d'acquérir plus de précision et de s'affirmer par des actes, la ligne de chemin de fer sera terminée et les services de messageries auront disparu par la force des choses. Jusque-là, les entrepreneurs auront effectivement et pécuniairement allongé de quelques années les bénéfices de leur exploitation.

De plus, lesdits entrepreneurs, qui cumulent leur trafic de transport avec l'exploitation des deux hôtels de Maritzburg, continueront sur une plus grande échelle l'exploitation des voyageurs, lesquels, au lieu de s'arrêter quelques jours à Durban, viendront alors directement à Maritzburg. Les diligences converties en omnibus ne feront plus alors que le bien plus petit trajet de la gare future au *Royal-Hotel* ou au *Crown-Hôtel*. C'est ce que m'expliquait point par point un de ces entrepreneurs après une lutte homérique que je venais de soutenir contre lui pour rentrer en possession du prix de ma place, laquelle place j'avais bien payée et retenue à Durban, mais dont je n'avais pu prendre possession à ma descente du chemin de fer. Voici dans quelles circonstances.

Il est de principe dans un pays, comme la France, par exemple, où l'initiative personnelle n'a cours que dans des circonstances fortuites, qu'alors que l'on a retenu et payé sa place par avance, on est en droit de se considérer comme débarrassé de toute préoccupation d'arrivée; alors lentement, sans aucune espèce de précipitation, on vient réclamer comme sien ce à quoi donne un droit absolu le ticket délivré. C'est imbu de cette théorie, pleine d'une logique qui me paraissait inflexible, que je quittai le wagon au *terminus* de la ligne. Autour de moi des gens couraient à perdre haleine jusqu'à la voiture, la valise à la main ou quelque sac précipitamment jeté sur le dos. Je plaignais à part moi tous ces imprudents et je triomphais de mes précautions prises; n'avais-je pas ma place assurée et conquise depuis deux jours déjà; dans ma pitié je poussai même la condescendance jusqu'à laisser délivrer quelques bagages avant les miens à ceux qui paraissaient les plus affairés. Une fois mes quelques valises à mes pieds, je cherchai instinctivement des yeux le facteur complaisant et obligé qui allait se jeter sur mes bagages et les transporter jusqu'à la voiture. Point ne vint et je me vis obligé de me faire mon propre commissionnaire; première désillusion. J'avais au préalable glissé dans mon gant le précieux ticket, et, deux valises à la main je me dirigeai gravement vers la diligence. Il avait plu toute la matinée et mes bottes s'augmentaient, comme poids, à chaque pas que je faisais, d'une couche de terre détrempée; ajoutez à cela qu'au détour du hangar je dus franchir d'énormes monceaux de bois de construction et de rails, amoncelés là pour les besoins de la continuation des travaux de la ligne.

Arrivé près de la diligence, une vague inquiétude me fit perdre un peu de ma contenance ; à première vue cela me parut absolument complet, mais n'avais-je pas là le traité paraphé et signé : dans quelques instants je ferai, si besoin est, respecter mes droits ; en attendant je m'armai d'une audace inquiétante, je jetai mes valises sous les pieds des autres voyageurs stupéfaits de mon intrusion subite, et je me précipitai ensuite à la recherche du reste de mes bagages au milieu des clameurs et des vociférations.

Quand je revins avec mes derniers paquets, le conducteur était déjà sur le siège et fouettait ses chevaux, et les pieds, que j'avais dû broyer quelque peu, avaient rejeté sur la route et dans la boue mes premières valises. Je brandis mon ticket et me précipitai à la tête des chevaux, rien n'y fit ; pour toute concession le conducteur se chargea d'une partie de mes bagages ou plutôt les fit réintégrer dans la voiture avec force gestes de colère. Ce n'était qu'à ce prix que je consentais à lâcher la bride des chevaux. Quant à moi personnellement, on m'abandonna sur la route, au grand contentement d'une dame qui avait menacé de se trouver mal immédiatement si on admettait encore le moindre voyageur. Que l'on juge de ma fureur ; le lendemain était un dimanche et je me voyais renvoyé au lundi avec un hangar pour tout abri contre cette malencontreuse pluie qui ne cessait de tomber.

La Providence seule pouvait me sauver ; elle se présenta bientôt sous les traits du chef de gare, lequel vint très poliment et surtout très obligeamment m'offrir un asile dans ses bureaux.

Puis voyant que j'étais Français, celui-ci me prit le bras sans mot dire, me conduisit dans son habitation voisine, me fit pénétrer dans un petit salon tendu de simples planches mais assez coquet, m'abandonna sur un fauteuil pliant ; et, avant même que je n'eusse le temps de m'expliquer tout ce mystère, entra une petite jeune femme enjouée et alerte qui, s'avançant, me dit vivement dans le plus pur français de la Bretagne :

— Bonjour, monsieur, que je suis heureuse de pouvoir vous serrer la main.

Je laisse à penser si j'oubliai bien vite ma fâcheuse aventure : je ne sais même si je ne bénis pas à part moi ce conducteur insolent que j'avais, quelques minutes auparavant, manqué châtier de la plus belle façon.

C'était une Française en effet, épouse du chef de gare ; l'hospitalité fut offerte et acceptée avec le même empressement : un couvert de plus fut ajouté à la table. La jeune femme profita de la circonstance pour augmenter d'une poignée de sel le potage systématiquement fade de la coutume culinaire anglaise, et le mari eut de son côté la bonne grâce de ne faire qu'une légère grimace devant ce surcroît inusité de salaison.

J'appris bientôt qu'un relais, en même temps hôtellerie se trouvait à 2 *milles* plus loin, et que là je pouvais espérer peut-être quelque moyen de transport extraordinaire. Vers quatre heures de l'après-midi je quittai définitivement la station *terminus* et une diligence me transporta jusqu'à *Halfway-House* (la maison du milieu), c'était le nom de l'hôtellerie indiquée.

Près de moi prirent place une dame et un officier ; la dame était la femme du fameux colonel Persoon, nom devenu fameux par la résistance de deux mois que venait de faire le colonel dans un fort qui porte son nom : l'officier était le docteur Scott, lequel venait d'être appelé en sa qualité auprès de l'état-major et particulièrement près de la personne du Prince.

La colonelle Persoon et le docteur Scott arrivaient à *Halfway-House* avec mes propres intentions : c'est-à-dire parvenir à Maritzburg le plus rapidement possible, par n'importe quels moyens.

L'illusion pour nous trois fut d'ailleurs de courte durée, on ne put nous offrir même le moindre wagon de transport; encore fûmes-nous très heureux de l'offre de chambres qui nous fut faite sans trop de peine; le premier détachement de cavalerie et d'artillerie venait de camper le jour même, à proximité de l'hôtellerie, et, à la vue des tentes, nous avions pu craindre un instant trouver la maison envahie. Il n'en était rien heureusement, les officiers avaient tenu à honneur, dès le début de la campagne, de partager avec leurs soldats les fatigues du bivouac, et particulièrement ce jour-là même qu'il tombait une pluie torrentielle.

Bien que nous fussions au début de l'hiver, j'avais eu à subir, à Durban, des journées de chaleur tropicale, et fort de cette expérience de début, ne considérant plus l'hiver, tel que nous le comprenons en Europe, que comme un mythe, j'avais apporté dans le choix de mes vêtements le plus de légèreté possible. J'étais entièrement vêtu de toile. C'est dans ces conditions que j'avais pris le chemin de fer le matin en toute confiance.

Mais à *Halfway-House* je grelottais déjà et ne trouvais nullement déplacé sur mon dos un gros vêtement destiné primitivement à me servir simplement de bourrelet contre le cahotement des voitures.

Ces brusques changements de température sont très fréquents et très à redouter dans cette partie de l'Afrique, et surtout dans la saison où je me trouvais ; saison pendant laquelle les rigueurs de l'hiver disparaissent bien au premier rayon du soleil, mais se manifestent avec plus de force encore dès que les rayons disparaissent ; le jour et un beau jour appartient aux régions tropicales, la nuit ou un jour nébuleux c'est l'Angleterre avec sa brume pénétrante et malsaine.

Les habitants du pays, accoutumés à la chose, règlent le port des vêtements suivant l'heure ou l'état du ciel ; l'Européen transplanté brusquement commet des imprudences inconscientes ; en présence d'un ciel sans nuage il se découvre et est surpris par l'humidité du soir ; trop couvert dans un jour de mauvais temps, à la moindre éclaircie une chaleur torréfiante l'incommode, et le malaise arrive sous les forts vêtements d'hiver.

Il ne faut pas attribuer à d'autres causes les courtes indispositions qu'éprouva le Prince pendant les premiers jours de son séjour dans la colonie, à Durban et à Maritzburg ensuite.

Ce fut à *Halfway-House* et le soir de cette même journée, que j'appris par le général Clifford lui-même, que le Prince avait eu un nouvel accès de fièvre dès son arrivée à Maritzburg.

Le général Clifford, qui était allé accompagner jusque-là lord Chelmsford et l'état-major, revenait ce jour même à Durban pour donner ses dernières instructions et effectuer le transfèrement définitif de son service dans la capitale de la colonie.

J'avais manqué le courrier de Maritzburg, le général, lui, arriva trop tard pour rejoindre le dernier train pour Durban.

Comme nous, le général fut obligé de venir quémander un abri à *Halfway-House*.

Le major-général voyageait dans la voiture du major Furse de l'intendance, toutes personnes que je devais retrouver plus tard dans de bien pénibles circonstances.

Les premiers mots du général furent pour nous annoncer l'inquiétude que lui inspirait la santé du Prince : vous jugez si pareille nouvelle débitée avec l'air naturellement triste et préoccupé qui caractérise la physionomie du général Clifford dut vivement impressionner, sans parler de moi-même, le docteur Scott appelé spécialement pour les soins à accorder à la santé du Prince. Nous mîmes immédiatement le général au courant de notre contre-temps et de l'embarras que nous éprouvions d'attendre là jusqu'au lundi dans l'après-midi ; quelques instants d'entretien avec le major Furse suffirent au général pour nous assurer qu'il allait faire le lendemain toute diligence ; une dépêche fut expédiée à Maritzburg ; débarrassés de toute incertitude nous pûmes alors attendre, le docteur Scott et moi, avec plus de patience.

Avec le général Clifford et le major Furse se trouvèrent le soir à la table d'hôte de l'hôtellerie la plupart des officiers du 17° lanciers et du *Royal-Artillerie* dont les tentes, ainsi que je l'ai déjà dit, étaient à proximité d'*Halfway-House*.

Le général m'avait fait placer à ses côtés et nous devisâmes toute la soirée de la France et particulièrement de la Bretagne, que le général et sa famille habitent une partie de l'année. C'est à Dinan même, que le général alors simple colonel, avait reçu, en même temps, quelques mois auparavant, et sa nomination de général et l'ordre de départ immédiat pour le Cap.

A ce sujet celui-ci me rappelait ses relations d'amitié avec le général Lajaille, ainsi que le souvenir d'un conseil tout militaire que lui avait donné à son départ l'honorable sénateur de la Guadeloupe. — Amenez cinquante mille hommes avec vous, lui avait dit le général, ou n'entreprenez pas semblable guerre.

Le général Clifford paraissait avoir le souvenir de ce conseil trop gravé dans sa mémoire pour ne pas laisser croire, en le rappelant avec intention, qu'intérieurement il semblait donner raison à la vieille expérience du général français.

Je n'avais encore adressé la parole à aucun officier et ceux-ci de leur côté me voyant en grande conversation avec le général avaient gardé par respect une très grande réserve. Mais dès que le général Clifford se fut levé et qu'il se fut retiré dans sa chambre pour travailler, ce fut une explosion ; je ne savais plus où donner de la tête, tout le monde parlait français plus ou moins bien, mais avec une certaine facilité.

Et d'abord au milieu de tous ces officiers distingués je citerai bien tristement le capitaine E. Wyatt-Edgell du 17º lanciers ; je devais retrouver cet officier plus tard à mes côtés près de l'Ityotyosi lorsque nous sortions le corps du Prince du *donga* où nous l'avions trouvé étendu ; et plus tard, à mon retour en Europe, j'apprenais la mort de ce galant homme à la bataille d'Ulundi.

Lorsque ce soir-là je vis pour la première fois le capitaine Wyatt-Edgell, celui-ci ne me parut pas très enthousiaste de la guerre entreprise. Était-ce pressentiment personnel ou conviction arrêtée ?

Il m'avoua que ce qu'il avait le plus regretté en partant pour l'Afrique, était de n'avoir pu assister aux représentations de la Comédie Française à Londres. Le capitaine montait même dans son *cab* pour aller verser les 40 livres que coûtait l'abonnement de la saison, lorsqu'un de ses amis vint le prévenir que le

17ᵉ lanciers avait ordre de prendre la mer sous peu à destination du Cap ; le capitaine fit tourner bride et les 40 livres servirent à l'instant même aux premières acquisitions de départ. Le capitaine Wyatt-Edgell devait tomber à *Ulundi* avant la fin du séjour des comédiens français dans son propre pays.

Il y avait encore là le lieutenant Frith du même régiment, un cœur de vaillant sous l'apparence frêle d'une jeune fille ; celui-là fut la deuxième victime de la reprise des hostilités : le lieutenant Frith eut le même sort que le Prince, il tomba à la tête d'une petite reconnaissance le 4 juin, trois jours après la mort du Prince.

Puis c'était encore, dans l'artillerie, le lieutenant Trench, un camarade d'études du Prince à Wolwich, avec des souvenirs de Sainte-Barbe dont il avait été élève, parlant la langue française avec une pureté rare ; puis encore le lieutenant Wodehouse, cet ami intime du Prince dont j'ai déjà parlé, c'étaient encore des officiers de tous grades dont les noms m'échappent, mais dont la distinction et l'amabilité me donnèrent immédiatement une idée exacte de l'excellente composition du corps des officiers de l'armée anglaise.

Je passai une soirée charmante et très utile pour la suite de la campagne ; j'ébauchai là quelques relations amicales dont plus tard j'eus l'occasion d'éprouver et de reconnaître toute la solidité ; c'est au milieu de ces mêmes officiers et sous leurs propres tentes que devait m'être annoncée la mort du Prince le soir du 1ᵉʳ juin.

Le lendemain dimanche, la voiture promise ne nous parvint qu'assez tard dans la soirée, et les chevaux étaient déjà trop fatigués par l'arrivée pour songer à leur faire reprendre la route immédiatement.

Très impatients de partir, le docteur Scott et moi, nous prîmes alors un moyen terme; nous convînmes avec le conducteur de partir dans la nuit vers 2 heures du matin; la route est difficile et serpente pendant la moitié du trajet sur des abîmes, notre conducteur se fit un peu prier, mais comme nous répondions de tout, et que nous ajoutâmes, à l'appui de nos conventions, force preuves sonnantes et trébuchantes, le marché fut bientôt conclu, et à 2 heures précises du matin, en effet, par une nuit noire, armés de falots et de lanternes, nous aidions ce brave homme encore à moitié endormi à harnacher ses six chevaux à une charrette veuve de tout ressort. Les chevaux résistaient et faisaient dans leurs mouvements désordonnés embrouiller toutes les rênes, la chose fut longue et pénible à faire. Enfin à 3 heures nous montions pêle-mêle dans la voiture, ensevelis dans nos paquets et nos caisses.

On fait grand cas dans la colonie de ce voyage de Durban à Maritzburg, au point de vue surtout du pittoresque et du beau. Je me suis assuré à mon retour qu'il n'y avait rien d'exagéré dans ces on-dit; il y a là en effet des sites et des escarpements qui laissent bien loin derrière eux tout ce qu'on peut rêver de grandiose et de beauté sauvage, même dans les Pyrénées. On dirait que la nature a prodigué toutes ses faveurs de Durban à Maritzburg, et qu'elle s'est arrêtée là ayant tout épuisé, ou encore effrayée d'avance de ce que pourrait bien lui coûter d'efforts et de peines les contrées nues et arides de l'intérieur.

Mais si j'ai acquis cette conviction à mon retour, en plein jour et par une après-midi éclatante, j'étais loin de faire pareilles réflexions, lorsque, tressautant en compagnie de nos valises, nous n'avions qu'une seule pensée le docteur Scott et moi : assurer la parfaite conservation de nos malles, et les retenant à cet effet les unes après les autres, à mesure que les cahotements de notre véhicule les poussaient successivement par-dessus les faibles barrières de notre char-à-banc.

Puis la situation vint s'accentuer dans le mauvais sens : à mesure que nous regagnions les hauteurs, la nuit devenait plus sombre et les ombres plus compactes, et cela au moment même où nous arrivions à une sorte de corniche taillée à pic sur les flancs d'une très haute montagne. A un moment, je vis le conducteur hésiter, la peur prenait cet homme, il ne voyait plus le chemin ; je sautai au bas de la voiture, et, laissant le docteur continuer à l'arrière ses œuvres de sauvetage multiples et diverses, je pris la tête des chevaux ; pendant trois quarts d'heure, sans autre guide que les parois de la montagne que nous contournions, je conduisis l'attelage lentement avec toutes les précautions nécessaires, et la boue jusqu'à mi-jambe ; sur le siège, le conducteur maintenait les rênes, non sans pousser de profonds soupirs de regrets pour avoir accepté notre proposition. Enfin les premières lueurs du jour nous tirèrent de cette fausse position. Avec elles le conducteur reprit l'empire de lui-même et celui de son attelage. Je remontai sur mon banc avec le docteur, lequel avait conservé son flegme anglais, et les premières bouffées du cigare que je m'accordais, dissipèrent bientôt chez moi-même la mauvaise humeur que j'avais éprouvée pendant près de deux bonnes heures.

Vers 8 heures du matin, nous apercevions enfin une énorme touffe d'arbres; c'était la ville de Pietermaritzburg, la capitale de la colonie.

Une heure après, ayant trouvé en route le correspondant du « *Daily-Telegraph,* » M. Robinson, lequel avait préféré l'escalade de nos bagages au trot de son cheval, nous nous arrêtions sous la marquise du *Royal-Hotel*.

CHAPITRE VII

PIETERMARITZBURG

LE PRINCE A PIETERMARITZBURG. — LORD CHELMSFORD
MOUVEMENTS DE L'ARMÉE ANGLAISE
DANS LES DERNIERS JOURS D'AVRIL

Pietermaritzburg qui doit son nom à deux fameux chefs Boërs (Pieter-Maritz-Burg), Pierre et Marius, est certainement une des plus ravissantes villes qu'il soit possible de rencontrer, alors qu'on touche le sol généralement aride et sablonneux du sud de l'Afrique.

Située au bas d'une vallée peu profonde, la capitale du Natal peut, sans contredit, être considérée comme la ville de plaisance de la colonie; si sa situation stratégique dans l'intérieur, l'a fait choisir comme le siège du gouvernement colonial, d'un autre côté, la douceur de son climat et l'aspect séduisant des sites qui l'entourent font rechercher un pareil séjour aux colons qui, une fois la fortune acquise, ont perdu tout esprit de retour dans la mère patrie.

Au cours de cet ouvrage et dans mes correspondances au « *Figaro* », j'ai toujours écrit indifféremment Maritzburg pour Pietermaritzburg. Je me suis conformé en cela à la pratique des colonistes. Ce n'est pas la seule : la gent commerçante, plus économe encore de son écriture et de son encre, écrit généralement avec l'abréviation suivante : *P. M. Burg.*

On ne peut pas être plus concis ; cette abréviation d'ailleurs est plus équitable que la première, car si elle nuit à Marius en ne laissant du nom du second chef Boër que l'initiale, d'un autre côté elle ne rejette pas absolument dans l'ombre le souvenir de Pierre, comme semble le faire la coutume qui fait écrire et dire simplement Maritzburg.

Pierre et Marius, ces deux chefs Boërs qui ont donné leurs noms à la principale ville du Natal, n'en sont pas cependant les fondateurs ; la gratitude seule de leurs anciens compagnons d'armes a fait désigner ainsi la future capitale de la colonie.

Ces deux chefs commandaient la nation hollandaise lorsqu'un des aïeux de Ketshwayo, confiant ses succès plutôt à sa duplicité personnelle qu'à la valeur de ses guerriers, fit aux Boërs, alors maîtres de la colonie, des propositions de paix et de bon voisinage. Ces propositions devaient être ratifiées dans un kraal près de la frontière. Pierre et Marius s'y rendirent avec une centaine de leurs compagnons d'armes et de labour. Pas un ne revint, les Zoulous massacrèrent les chefs Boërs jusqu'au dernier, et profitèrent de cet exploit d'un nouveau genre, pour reprendre pied plus avant dans la colonie de Natal. Les Boërs qui, dans le premier moment de confusion, s'étaient retirés près du littoral, se groupèrent bientôt autour de nouveaux chefs, jurant de faire payer cher à la nation zoulou cette dernière preuve de perfidie et de cruauté.

Ce fut dans la vallée même, au fond de laquelle se trouve aujourd'hui Maritzburg, que Zoulous et Boërs se rencontrèrent quelques mois après. La mêlée fut horrible, mais les Zoulous furent absolument battus : tellement, qu'ils s'enfuirent en toute hâte jusqu'à cette contrée qui porte aujourd'hui le nom de Zululand, et qu'ils n'en sortirent plus jamais, du moins en masse compacte. Sur l'emplacement du combat, les Boërs jetèrent les premiers fondements d'une ville, et pour perpétuer le souvenir de la vengeance lui donnèrent le nom des deux chefs massacrés.

Si la pratique a des torts envers Pierre, le premier en ligne, les progrès scientifiques de la civilisation devaient de nos jours rendre à ce pauvre Pierre les mêmes droits qu'à Marius de figurer dans la dénomination complète de la capitale.

C'est le télégraphe qui s'est chargé lui-même de cette réhabilitation ; j'en eus la preuve dès le premier jour de mon arrivée.

J'avais envoyé une dépêche en Europe, et, me fiant à la coutume, j'avais écrit simplement : *Maritzburg;*

je réglai le prix de ma dépêche et je crus être absolument quitte envers le département télégraphique. Nullement. Le soir même je recevais à mon hôtel une longue lettre de rappel du directeur, lequel, s'excusant de l'inattention de ses employés, me priait de venir verser 3 francs de plus à son bureau pour l'oubli d'un mot : j'avais écrit *Maritzburg* et il fallait régulièrement rétablir le nom dans son entier, c'est-à-dire *Pietermaritzburg*. Ce dernier nom était composé de plus de dix lettres et comptait pour deux mots ; de là la différence à payer.

Je m'exécutai de bonne grâce, jamais réclamation ne me parut plus équitable ; les progrès civilisateurs n'oubliaient rien, pas même ce brave Pierre ; lui-même d'ailleurs ne se montrait pas ingrat puisque sa mémoire faisait rentrer le prix d'un excédant de mots dans les caisses de ces panégyristes d'un nouveau genre.

Ce qui me frappa, dès le premier jour de mon arrivée dans la capitale de Natal, fut de voir combien la pratique du cheval était à Maritzburg d'un usage quotidien et même de chaque instant.

Il y a toujours, dans chaque maison, un cheval sellé et bridé pour faire la moindre course ou la moindre visite. Devant chaque porte, soit sur un arbre, soit le long des barrières qui entourent les habitations, on trouve toujours quelque anneau pour attacher son cheval ; vous invite-t-on à une excursion quelconque, ce n'est pas une place dans une voiture que l'on vous offre, c'est un cheval que l'on vous envoie ; enfin il n'est pas jusqu'aux enfants des deux sexes qu'on n'exerce à la pratique du cheval dès le plus bas âge, de telle sorte qu'à l'heure de la sortie des écoles, c'est par toutes les rues de la ville un véritable essaim de petits cavaliers avec le carton d'écolier sur le dos, et d'écuyères de tous âges, la serviette roulée sous le bras ; c'est à peine, d'ailleurs, si on se donne la peine de faire accompagner ces enfants, et notez bien que le trot est inconnu dans ces parages ; on galope à Maritzburg comme en Europe on fait prendre le pas.

Ce spectacle tout nouveau me fit bien augurer du soin que j'avais mis à suivre le conseil qu'avait bien voulu me donner le Prince à Durban, et j'espérais, en face de toutes ces cavalcades, trouver à me monter et à m'équiper plus facilement que sur le littoral.

Dès notre arrivée, le premier soin du docteur Scott fut de prévenir le général et d'aller rendre une visite au Prince.

Le docteur voulait m'amener avec lui, je n'en fis rien ; à Durban ma première visite avait été une visite de devoir et de convenance, je pourrais même ajouter de curiosité ; multiplier ces visites à chaque pas dans la colonie, eût été manquer aux règles absolues de discrétion que je m'étais imposées, dès le premier jour, à l'égard de la personne du Prince. J'avais trouvé dans ce jeune homme trop de bienveillance et de tact pour abuser de l'une et me départir de l'autre.

La seule chose qui pouvait me préoccuper et me faire

désirer voir le Prince était la situation de sa santé, dépeinte à nous la veille sous des traits sombres par le général Clifford ; mais n'avais-je pas sous la main et à mes côtés, dans la même chambre d'hôtel, le docteur chargé de prendre soin de cette précieuse santé? qu'avais-je donc besoin d'aller importuner le Prince de ma présence; je jugeai bien qu'il avait assez à satisfaire la curiosité des habitants admis chez le gouverneur.

Je laissai donc aller le docteur tout en l'assurant que je ne bougeais pas de l'hôtel et en lui faisant promettre formellement de venir m'y retrouver aussitôt après. Lord Chelmsford vint dire lui-même au docteur que l'état-major partait le surlendemain et qu'il lui paraissait désirable que le Prince restât à Maritzburg quelques jours de plus. Il paraît que le Prince résistait et voulait monter à cheval malgré sa faiblesse, le général priait le docteur d'imposer la volonté professionnelle et de retenir le Prince au nom de la science médicale.

Quand le docteur Scott rentra à l'hôtel je pus apprendre ce dont je me doutais d'ailleurs : qu'il n'y avait rien de bien grave dans la situation du Prince, que l'accès de fièvre avait été peu dangereux et court et que le Prince n'en avait conservé qu'une légère faiblesse qui devait disparaître au premier détour du chemin. Toutefois le docteur avait insisté pour quelques jours de repos. Le Prince n'était pas encore rendu à cet avis, mais le médecin espérait avoir raison de sa résistance le lendemain matin.

Le soir à la réception du lieutenant-gouverneur de la colonie, chez lequel le Prince avait accepté l'hospitalité, celui-ci annonçait en effet son intention formelle de monter à cheval le lendemain à la suite de lord Chelmsford.

Je puis dire d'ailleurs que rien dans la physionomie du Prince ne trahissait la moindre fatigue ; au repas, Son Altesse avait mangé avec l'appétit qui la caractérisait, et à la réception elle tenait tête à toutes les conversations avec une présence d'esprit vraiment extraordinaire.

Je rencontrai là l'aide de camp de lord Chelmsford, le capitaine Molyneux ; celui-ci me demanda si je ne voulais pas voir le général en chef avant son départ ; j'acceptai de grand cœur.

A Durban je n'avais pas voulu grossir le nombre des solliciteurs qui se pressaient à la porte des appartements du *Club*, mais devant cette offre toute spontanée je me montrai très heureux de la circonstance qui se présentait.

A 8 heures du matin, heure fixée pour ma réception, j'étais à la petite maison du général, et quelques instants après lord Chelmsford lui-même descendait à l'unique pièce de reception ou j'avais été introduit, c'est-à-dire le bureau des officiers d'état-major.

Lord Chelmsford est un homme jeune encore, une quarantaine d'années tout au plus ; il y a quelques mois la barbe et les cheveux étaient noirs, mais les préliminaires désastreux de l'expédition du Zululand avaient fait grisonner tout cela. Grand et sec, lord Chelmsford représente sous beaucoup de simplicité le type le plus parfait du grand seigneur anglais. Le regard est franc, le geste avenant, sans mouvement hautain comme sans familiarité outrée. N'était ce flot de préoccupations chagrines et tristes qui se pressaient à certains moments sous cette physionomie que caractérisent le sang-froid et la résolution, on se serait laissé aller facilement à converser avec le général en chef sur toutes choses avec la plus grande liberté d'esprit.

Pour ma part, je tins à abréger l'entretien autant que possible; j'étais en présence d'un homme qui avait à faire oublier du moins en apparence bien des imprévoyances et bien des fautes, et je circonscrivis moi-même le sujet de notre courte conversation dans le champ plus restreint des moyens de transport à employer et de mes futurs moyens d'existence. Sur ce dernier point je devais m'entendre avec l'intendance, et lord Chelmsford me fit comprendre que toutes instructions à ce sujet avaient été données; pour les moyens de transport, le général me conseilla de m'en tenir strictement aux chevaux pour toutes choses, et de les acheter à cet effet aussi petits et aussi bon marché que possible; ceux-là, me disait-il, qui appartiennent purement à la colonie, font un meilleur service sur un terrain qu'ils connaissent mieux que les chevaux importés, et leur bon marché *relatif* fait qu'on les sacrifie plus aisément; vous verrez en effet combien vous serez obligé d'en abandonner en route.

Précisément on essayait quelques chevaux destinés au service de l'état-major, devant la maison même du général ; je n'eus donc qu'à sortir pour acquérir une première expérience *de visu*. Le Prince aussi était là qui suivait l'essai avec ses connaissances de cavalier consommé.

A un moment un des chevaux se montrait rétif au delà de toute expression, deux ou trois cavaliers venaient déjà de mordre la poussière, et, en essayant de fuir, le cheval vint à passer à portée de la main de Son Altesse.

En moins de temps qu'il n'en faudrait pour le décrire, le Prince se trouva en selle, et ses jarrets d'acier pressaient déjà les flancs du cheval que le dernier cavalier jeté par terre n'était pas encore relevé.

La lutte entre le Prince et le cheval qu'il avait saisi si brusquement dura dix minutes ; dix longues minutes pendant lesquelles la physionomie souriante du cavalier ne trahissait ni le moindre effort ni la moindre émotion ; ses yeux brillaient avec plus d'éclat, voilà tout. Enfin après ces dix minutes le cheval eut raison de son auguste dompteur, le Prince eut le sort des précédents écuyers, mais cela fut si prompt et celui-ci fut si rapidement à nos côtés, que personne ne pourrait assurer comment la chose arriva. — Décidément ce cheval est indomptable, fit quelqu'un près de nous ; le Prince se contenta de sourire. Ce qui est certain, c'est que malgré tous les efforts la bête est, à ce qu'il paraît, toujours restée indomptable ; le Prince fut le seul, parmi ceux qui essayèrent de la monter, qui sut se maintenir en selle au moins quelques instants.

Enfin le docteur Scott eut raison des résistances que faisait le Prince à rester en arrière. Lord Chelmsford partait le jour même à cheval avec tout son état-major, et il fut décidé que le Prince ne devait le rejoindre que quatre jours après, le vendredi 25 avril, dans la propre voiture du gouverneur et non à cheval. Le pauvre Prince se montrait très malheureux de tous ces contre-temps que ne justifiait d'ailleurs, je puis l'assurer, qu'un excès de précaution; mais enfin il se soumit d'assez bonne grâce surtout pour rassurer ceux qui montraient de l'inquiétude pour sa personne. Intérieurement il n'obéit au docteur qu'à son corps défendant.

Quoique les opérations ne dussent pas commencer de quelque temps, lord Chelmsford transportait subitement son quartier-général sur les grandes routes, pour surveiller par lui-même les mouvements des troupes qui se dirigeaient sur la frontière, et passer en revue, en route, les contingents qui venaient directement d'Angleterre.

Le nombre officiel des troupes anglaises, dans la colonie, était à ce moment de 15,000 hommes, sans compter les corps indigènes ; mais on ne pouvait guère compter sur les *natifs* qu'en cas de succès décisif, et pour la poursuite après la victoire. On était loin, à cette heure, de ces premiers jours de la guerre, alors que les officiers des régiments qui venaient du Cap renvoyaient tranquillement leurs familles en Angleterre, sir Bartle Frère, ayant annoncé, qu'après les cinq ou six semaines qui paraissaient tout au plus nécessaires pour châtier l'orgueil de Ketshwayo, ces régiments seraient rapatriés; ils ont été presque tous massacrés, ceux-là, et on chantait alors dans la colonie le désastre du 24ᵉ régiment, comme en France nous avons chanté à notre heure l'héroïsme des cuirassiers de Reichshoffen.

Pour venger ces quelques compagnies ensevelies dans le Zululand, il fallait à ce moment expédier des forces nombreuses, choisir les chefs, multiplier tous les moyens d'action, enfin ne rien laisser de cette imprévoyance aveugle des premiers jours. Aussi l'activité était-elle très grande dans la colonie, sur tous les points. On comprenait presque subitement quel ennemi redoutable on avait laissé grandir sur la frontière à force de concessions et de tergiversations.

Ce n'était plus le Zululand qu'il s'agissait d'annexer à ce moment, c'était l'existence même de la colonie de Natal qu'il fallait avant toutes choses assurer et défendre.

Pour la compréhension des événements ultérieurs, il sera utile d'indiquer immédiatement que l'armée marchait en trois colonnes dont les mouvements de concentration s'effectuaient à ce moment même.

Les mouvements de ces trois corps devaient être simultanés, du moins autant que les circonstances le permettraient; le but commun était Ulundi, la capitale; c'était sur ce point que convergerait toute l'armée, dès que le signal de la reprise des hostilités serait donné. Je dirai toutefois que les opérations ne paraissaient pouvoir être reprises avant deux semaines au moins, si ce n'était plus. La cavalerie et l'artillerie n'étaient arrivées, en effet, que cette même semaine à Maritzburg ; les chevaux de l'une et l'autre arme, fatigués par une traversée de trente et quelques jours, ne pouvaient fournir que de petites étapes, de telle sorte que le premier escadron ne devait guère arriver avant le 8 mai à Dundee.

Or, il m'avait été assuré que rien ne serait fait avant l'arrivée sur leurs terrains de ces deux armes spéciales; il est vrai qu'on disait bien un peu partout que lord Chelmsford, fatigué de ces lenteurs et impatient de racheter bien des fautes, désirait une action immédiate, sans attendre l'arrivée de la cavalerie et de l'artillerie.

Je doutai fort que telle pouvait être l'impatience du général en chef : je ne crus pas un instant que le noble lord pouvait mépriser encore, en face de Ketshwayo, le moindre moyen de vaincre, quelque temps qu'il fût nécessaire pour le mettre en œuvre.

Je le répète, les Anglais ne me paraissaient plus à ce moment mépriser l'ennemi qu'ils avaient à combattre, et j'en augurai bien pour les succès des opérations ultérieures.

Les principales forces de l'armée, ou plutôt celles qui étaient destinées à pénétrer dans le Zululand avec le plus d'activité, se concentraient à peu de distance de cette zone frontière qui sépare le Zululand du Transvaal.

La base des opérations, laquelle dans le principe, avait été portée vers la côte, allait se trouver, au contraire, entre les Zoulous qu'il fallait combattre et les Boërs du Transvaal dont il était nécessaire de contenir l'humeur turbulente.

On disait que la nouvelle tactique devait tendre à éviter tout rapprochement possible entre l'ennemi déclaré d'abord, et l'insurgé probable du lendemain.

La chose était possible, mais n'était pas à craindre, à mon avis du moins ; la haine, entre la race des Boërs et la nation des Zoulous, restait encore assez ardente, malgré la présence d'un ennemi commun, pour que toute crainte d'alliance pût être écartée de prime abord. Si lord Chelmsford portait à ce moment le gros de l'armée et le commandement principal entre le Transvaal et le Zululand, il ne fallait voir dans cette décision, qu'une résolution bien arrêtée d'en finir une fois pour toutes, avec les uns comme avec les autres, et de tenir en respect le Transvaal, tout en détruisant, si faire se pouvait, la puissance militaire des Cafres.

On paraissait tout inquiet dans la colonie de ce changement de front, les colons de Natal se croyaient plus en sûreté en voyant les forces se masser sur le Tugela ; ils craignaient toujours une invasion de la colonie par surprise, si le centre des opérations se trouvait éloigné de la côte ; je parle surtout des colons de Durban.

Il n'était toutefois rien à craindre, de ce côté du

moins : la colonne Crealock, qui opérait dans ces parages, devait protéger suffisamment la côte, et d'ailleurs, si rien ne venait entraver les mouvements de l'armée, si la métropole surtout ne donnait pas d'ordres contraires, il était à présumer que l'invasion du Zululand serait assez activement menée pour ne pas laisser à Ketshwayo les moyens de prendre l'offensive sur un autre point que le point d'attaque. Il ne faut pas se dissimuler d'ailleurs que tous les mouvements de l'armée étaient tenus assez secrets et que toute conjecture ne pouvait être à ce moment que fort vague; j'étais moi-même trop éloigné encore de la frontière pour juger de la véracité des on-dit qui se faisaient jour dans les conversations journalières.

Toutefois je pus comprendre vaguement, au milieu de beaucoup de réticences, que la colonne qui opérait près du Tugela n'était qu'une colonne barrière, destinée à forcer les Zoulous à accepter la lutte dans l'intérieur de la contrée, à Ulundi, si faire se pouvait; laquelle lutte leur serait offerte par la 2ᵉ division que commandait le général Newdigate, avec l'appui de la colonne du général Wood, devenue colonne mobile, cette dernière était destinée à se porter sur l'un ou sur l'autre corps suivant les circonstances et les besoins.

A ce moment, la 2ᵉ division campait à Dundee. C fut là que je fixai le point vers lequel je devais me diriger ; et le mardi 29 mai, je partais à cheval avec un seul domestique, lequel, il est vrai, connaissait parfaitement la route pour avoir été précédemment au service de l'intendance ; ma première destination était Ladismith, la dernière étape des pays habités ; de là, je devais rejoindre le camp de Dundee, comme il me serait possible.

Je ne veux pas quitter Maritzburg ou plutôt je ne dois pas quitter Maritzburg sans parler de la mission catholique française de la capitale de la colonie. Maritzburg est le siège épiscopal du diocèse de Natal. La dignité ecclésiastique de son chef a permis à cette mission, au point de vue matériel, de ne pas avoir à surmonter tous les obstacles et toutes les difficultés des débuts de la mission de Durban.

Les débuts de la fondation sont d'ailleurs plus récents et la colonie commençait déjà à être dans un état prospère lorsque l'évêché vint s'établir au siège du gouvernement.

Le titulaire actuel est Monseigneur Jolivet ; je n'ai pas eu le plaisir de voir Monseigneur ; poussé par ce zèle tout particulier qui caractérise Sa Grandeur, Monseigneur Jolivet avait quitté son palais épiscopal de Maritzburg, et, faisant fonction de simple missionnaire, était allé dans le Transvaal jeter les bases d'une nouvelle mission. J'avais entendu beaucoup parler de Monseigneur Jolivet, et j'aurais sincèrement désiré faire la connaissance de ce prélat si en renom comme prêtre et comme galant homme ; je ne devais trouver à l'évêché que le directeur de la mission régionale, le Révérend Père Barett ; l'accueil que me fit aussitôt cet excellent homme effaça de beaucoup dans mon esprit la fâcheuse impression que j'avais ressentie tout d'abord en apprenant l'absence de l'évêque.

Le Père Barett est Basque comme le Père Sabon est Dauphinois, c'est-à-dire que, loin de la mère patrie, ces deux Français ont su conserver de leurs contrées d'origine l'accent particulier et l'idiome commun à ces deux parties de la France ; un des missionnaires en outre était un Alsacien dans toute l'acception de la qualité originelle. En France les contrastes diminuent pour la plupart d'entre nous ; chez le puriste ou l'érudit délicat seuls, l'idiome et l'accent de certaines contrées choquent désagréablement ; le Méridional, l'Alsacien et le Dauphinois forment dans un salon parisien une cacophonie étrange dont l'oreille peut s'irriter à la longue.

A l'étranger, c'est tout le contraire. La langue française, avec la pureté de son dialecte ou de son élocution, n'est plus à l'oreille que comme cette mélodie d'enfance dont l'esprit berce machinalement ses rêveries intimes jusqu'aux confins de la vieillesse ; mais que l'accent traînant de l'habitant de la vallée du Rhône, la vivacité du Méridional ou le langage pesant du Pyrénéen, viennent ajouter quelque saveur de terroir aux formes académiques, l'esprit est frappé d'autant, un charme nouveau s'ajoute ; c'est bien encore cette mélodie dont je parlais tout à l'heure, mais avec ce rhythme tout particulier que produit une circonstance tout intime. Ce français-là n'est pas celui que parlera près de vous avec la même éloquence l'étranger érudit, mais bien le langage approprié à ceux-là seulement qui ont balbutié notre langue dès le berceau ; en un mot, c'est un souvenir de la France, mais la France avec un échantillon de ses expressions, de ses mœurs, de ses coutumes ; c'est par la contrée dont vous percevez à plusieurs mille lieues de votre pays les incorrections propres, que votre esprit aimera à pénétrer lorsque tout à l'heure, attiré par les souvenirs, il ira rejoindre au loin ceux qui attendent et soupirent au foyer de la famille.

Ce que j'ai éprouvé personnellement toutes les fois qu'il m'est arrivé de rencontrer un Français, le Prince a dû l'éprouver aussi, lui, l'exilé d'enfance, et c'est ce sentiment qu'il voulait exprimer bien certainement alors qu'il me disait à notre première entrevue : — *Je suis très heureux de pouvoir parler français avec un Français,* et je serai très heureux de le faire par la suite ; — c'est que, voyez-vous, on ne parle bien sa langue d'origine qu'avec un compatriote, ou plutôt on n'éprouve autant de plaisir qu'autant que le langage est typique et fait oublier les conventions scolastiques.

Je trouvai donc dans le Père Barett un Basque avec toute la rudesse du langage et la physionomie froidement mobile du montagnard des Pyrénées, et je m'en réjouis fort.

La mission catholique de Maritzburg est une des plus importantes de la contrée ; sur des terrains d'une certaine étendue ont été construits de larges et spacieux édifices ; à droite de la route se trouve un long et élégant évêché bâti en rectangle et dont les côtés intérieurs enserrent un petit jardin admirablement entretenu ; derrière l'évêché, et au bout d'une longue pelouse, on voit l'école des garçons dont une grande salle convertie en salle de théâtre réunit les jours de fête de l'année scolaire, parents, élèves ou encore simplement des catholiques. C'est dans cette salle que furent complétés plus tard les soins d'embaumement du corps du Prince et la translation de ses restes dans les cercueils préparés pour le voyage.

De l'autre côté de la route et en face l'évêché ont été élevés la chapelle et le couvent.

Pères et Sœurs appartiennent aux mêmes ordres que ceux de la mission de Durban. A côté de la chapelle, et posé sur la terre même, s'élève une sorte de clocher en bois construit en forme de cône et entouré d'auvents ; c'est le seul et unique clocher catholique de la colonie ; à Durban, le Père Sabon tire encore une corde dans son jardin pour faire tinter la petite cloche qu'il a suspendue aux branches d'un arbre.

En somme, tout cela a un certain air de sérieux établissement qui fait plaisir à voir pour un catholique ; on ne saurait croire, à ce sujet, à quel degré de vivacité parviennent les sentiments d'amour-propre relatifs au culte que l'on professe alors que l'on se trouve brusquement transplanté dans un pays adonné à d'autres pratiques et à des préceptes religieux différents. Je doute fort que je m'agenouillerai jamais dans un pays catholique avec la même dévotion et la même humilité que je m'agenouillai le dimanche à la messe dans ces petites chapelles de la colonie.

Le dimanche où j'assistai pour la première fois au service divin dans la chapelle de Maritzburg, j'étais auprès du général Clifford sur un banc de l'église.

Dans le petit chœur qui contenait l'autel, à côté même du trône épiscopal, avait été placé un fauteuil et un prie-Dieu.

On ignorait au presbytère que le Prince était déjà en route depuis la veille et on avait placé ce fauteuil à son intention. Comme le dimanche précédent — au matin duquel le Prince était venu assister à la messe, — le Père Barett se tenait à l'entrée du chœur pour aller au-devant de Son Altesse dès son arrivée et la conduire jusqu'à sa place ; j'avais vu partir le Prince et je prévins le Révérend Père de l'inutilité de ses préparatifs; le fauteuil fut laissé cependant et le Père Barett assista le missionnaire officiant; à la sortie de l'église j'apprenais que la nouvelle que j'avais donnée du départ définitif du Prince pour la frontière, avait fait appliquer immédiatement le Saint-Sacrifice à invoquer Dieu pour l'heureuse issue de l'entreprise de Son Altesse.

Je puis éviter tout commentaire personnel, en livrant à la publicité le fragment suivant d'une lettre que je recevais il y a quelques jours à peine du Père Barett; chacun pourra apprécier, mieux que je ne saurais le faire apprécier moi-même, quels sentiments de respect et d'amour le Prince a su laisser chez tous ceux qui n'approchèrent Son Altesse même que de très loin :

« Maritzburg, juillet 1879.

« Mon cher Monsieur Deléage,

« . . . . Vous avez
« donc été témoin de cette profonde et immense afflic-
« tion qui, comme un coup de foudre, a dû se répan-
« dre en France, en Angleterre, enfin par toute l'Eu-
« rope !

« . . . Que Dieu accorde à la bonne Impéra-
« trice les consolations que les hommes ne peuvent
« lui donner ! Nous sympathisons tous avec Sa Majesté,
« et son deuil est le nôtre.

« . . . Il me tarde de lire les journaux fran-
« çais sur l'événement peut-être le plus tragique de
« ce siècle, et de connaître l'influence qu'il aura sur
« l'horizon politique du pays. »

CHAPITRE VIII

DE MARITZBURG A LADYSMITH. — LES ZOULOUS DANS LEURS KRAALS.

Avec Maritzburg je quittais à peu de chose près tout ce qui dans la colonie pouvait rappeler encore les habitudes civilisées. Après Maritzburg l'intérieur de la colonie reprend cet aspect sauvage et particulier au terroir, que l'industrie des premiers possesseurs hollandais a effacé presque totalement de toute la contrée qui avoisine le littoral. Je devais rencontrer, sur mon parcours, quelques lieux habités encore par des Européens, quelques groupements de maisons, mais tout cela me fit l'effet plutôt d'hôtelleries hâtivement établies que de maisons dans l'exactitude du terme; je vis plus exactement là des points de repère pour l'avenir, que les véritables indications des centres futurs de l'intérieur de la colonie.

Je dis ici immédiatement mon impression, pour justifier tout d'abord la manière assez originale et plus instructive, à mon avis, que je pris à mon usage particulier dès mes premiers pas dans la colonie.

Il y a deux manières, à mon avis du moins, de voyager dans ces pays primitifs, suivre les routes tracées par les wagons de transport, ou prendre à travers les prairies, les collines, les ravins, et, laissant toute route indiquée, suivre les traces des indigènes, c'est-à-dire profiter, une fois la direction bien fixée devant vous, de tous les *foot-pads* qui se présentent sur votre route.

La première est, inutile de l'ajouter, la plus simple et la plus commode, elle vous conduit droit sans laisser place à la moindre hésitation; la route est toujours large et assez bien établie, telle d'ailleurs qu'ont pu les tracer, dans le principe, ces lourds et longs wagons de transport que trainent des attelages de sept, huit et même dix paires de bœufs.

Ces routes contournent tous les accidents de terrain, ou, lorsqu'elles les traversent par hasard, se trouvent établies de telle sorte que c'est à peine si ceux-ci restent sensibles pour le cavalier; mais aussi est-on conduit, par contre, à faire parfois 15 *milles* de pays pour un parcours qui en compte bien 5 tout au plus à vol d'oiseau ; quelque formation de ravin, — *donga*, suivant la dénomination indigène, — a poussé les premiers pionniers jusqu'à plusieurs *milles* à droite ou à gauche de la ligne droite; les autres ont suivi, et par des détours successifs, la route que vous parcourez ne vous permet d'atteindre le point indiqué qu'après des circonvallations aussi longues que répétées.

Pour ma part je choisis la seconde, non pas immédiatement, mais le lendemain de mon départ de Maritzburg ; alors qu'une seule après-midi de voyage m'eut indiqué ce phénomène tout à fait bizarre de routes absolument désertes et sans la moindre trace d'habitations ou de kraals, alors cependant qu'elles traversent une contrée assez étroite, comme la colonie de Natal, avec 300,000 habitants indigènes.

C'est que, si les accidents de terrain ont fait parcourir certaines directions anormales au tracé des routes de la colonie, les indigènes n'ont jugé ni utile ni nécessaire d'aller installer leurs kraals autour des voies de communication, et que les Cafres ont su maintenir leurs huttes, là seulement où la nature du sol indiquait avant tout un établissement simplement propice pour la frugale existence des différentes tribus.

Voilà ce dont je pus me convaincre dans le premier trajet que je fis en trois heures de Maritzburg au petit village de *Hawick*.

En voyage comme en toutes choses, les Anglais savent suivre certaines traditions et certains usages ; c'est ainsi qu'il est de régle à Natal, lorsqu'on s'avance dans l'intérieur, de borner la fin de la première étape à ce petit village de Hawick situé à 12 *milles* seulement de Maritzburg.

Deux raisons militent en faveur de cet usage : la première, le besoin de laisser immédiatement reposer les chevaux de transport ou de selle, fatigués, dès cette première journée, par la pente longue et raide qu'il faut gravir pour atteindre le sommet de la montagne au delà de laquelle est bâti le village; et la seconde, le plaisir de pouvoir contempler le plus longuement possible la chute vraiment imposante par laquelle se précipite avec fracas une petite rivière à proximité de Hawick.

Cette chute a 308 pieds de haut, et le bruit sourd et prolongé que fait l'eau en tombant de cette hauteur considérable, en indique toute la violence au voyageur jusqu'à 4 *milles* à la ronde.

Le jour, cela se confond avec les mille voix de la campagne, mais la nuit on ressent une certaine épouvante alors que sur les hauteurs environnantes votre cheval dresse brusquement les oreilles et s'arrête de lui-même à la perception de ces éclats étranges qui montent de la vallée. La chute de Hawick sera certainement classée comme une merveille des mondes, alors que, mieux connue, elle pourra être appréciée par d'autres que par ces colonistes indifférents à tout ce qui ne rapporte pas à leur contrée un bénéfice immédiat, en dehors de tout effort.

Je contemplai cette chute sur le rocher même taillé à pic, du haut duquel se précipite la rivière; le jour tombait et les ombres de la nuit commençaient à estomper l'horizon ; un dernier rayon de soleil se jouait encore dans l'écume blanchâtre de la cascade et, traversant les vapeurs d'eau qui se formaient au courant de la chute, agrémentait de mille petits arcs-en-ciel la pierre rocheuse.

Au pied de ce rocher, à quelques mètres plus loin, la petite rivière reprenait sans transition une apparence de tranquillité et de calme qui contrastait singulièrement avec la violence de la chute. Les eaux continuaient à courir, silencieusement encaissées dans de hautes rives pleines de verdure et de fraicheur, comme si la nature avait voulu donner un lit plus riant et mieux paré à ces ondes tout à l'heure furieuses et déréglées dans leur chute.

Au loin la campagne et la rivière reprenaient chacune l'aridité d'aspect de toute la contrée ; ce n'avait été là qu'un éclair dans la sécheresse environnante et les yeux s'y oubliaient instinctivement avec délice. Je ne vis la chute de Hawick qu'à un moment de sécheresse, alors que les rivières ne sont plus que de minces filets d'eau.

Dans les mois d'été au contraire, d'octobre à mars, c'est-à-dire pendant la saison des pluies, les rivières deviennent des torrents, et cette chute devient d'autant plus grandiose et plus terrible. La terrasse circulaire du haut de laquelle se précipite la rivière disparait sous une large nappe blanchâtre, c'est à peine si les indigènes osent alors contempler, même de loin, ce magnifique spectacle. Au plus fort de la chute il faut rentrer bien vite chevaux et bœufs, ceux-ci s'enfuiraient épouvantés, si on les laissait libres, au delà des hauteurs.

J'étais parti de Maritzburg avec quelques compagnons de voyage; à Hawick je vis bientôt que la réglementation des trois ou quatre repas quotidiens tenait une place trop importante dans la fixation de l'itinéraire de chaque jour; c'est ainsi qu'on fixait déjà le départ du matin entre 9 et 10 heures, pour pouvoir faire honneur au copieux déjeuner de 8 heures 1/2.

Aussi le soir même, sous un prétexte quelconque, je pris congé de ma compagnie, et le lendemain à 6 heures du matin je reprenais seul le voyage avec le domestique belge qui m'avait suivi. Un Cafre que j'avais équipé de pied en cap venait de me fausser compagnie, sans même m'offrir la restitution de ses vêtements; je ris un peu de ma mésaventure, mais je regrettai fort cet abandon.

Pour ce voyage et surtout comme je désirais voyager, un domestique cafre est un excellent auxiliaire, un peu pour la langue et beaucoup pour indiquer et même deviner le chemin le plus court à prendre ou le plus intéressant à suivre.

Malgré la perte de mon Cafre, je n'en continuai pas moins à poursuivre la résolution que j'avais prise de ne suivre les routes tracées qu'autant qu'elles se trouveraient sur le chemin que je me traçais moi-même.

C'est ainsi que je pus franchir facilement et sans trop me presser, en deux jours, les 100 *milles* de route comme trajet, qu'il est de règle de n'effectuer, même à cheval, par la route officielle, qu'en trois et même quatre jours.

Cet avantage de rapidité n'est pas le seul que je

gagnai ; aux prises avec les difficultés d'une direction qu'on ne peut suivre qu'à l'aide de la carte et de la boussole, j'acquis immédiatement une certaine expérience qui devait me servir plus tard, dans des circonstances autrement difficiles et périlleuses ; de plus, je vis le Zoulou chez lui, dans son kraal, avec ses femmes, ses enfants et ses coutumes ; je pus partager avec ce sauvage son laitage et mon tabac ; et je me délassai, dois-je le dire, en compagnie de ces hommes primitifs, de l'égoïsme cynique de la plupart des colonistes européens. Aussi parfois lorsque le soir je cherchais à regagner le premier lieu civilisé qui se présentait à moi, combien de fois n'ai-je pas regretté de ne pouvoir partager avec quelque natif, sa hutte et le maïs cuit dans la cendre.

Je vais donc parler des Zoulous pendant le récit de ce voyage plus que je ne désire parler de *Moil-River,* d'*Escourt,* de *Colenso*... et autres lieux civilisés, lesquels je ne consentais d'ailleurs à rejoindre qu'à cause du fourrage de mes chevaux.

Si les *boys* de Durban et de Maritzburg ne me donnèrent, tout d'abord, qu'une idée peu intéressante de la race zoulou, par contre le Cafre dans sa hutte me fit oublier bien vite l'attitude souple et humble dont celui-ci sait savamment recouvrir sa fierté native, lorsqu'il vient au service des blancs arrondir quelque pécule ou préparer les moyens d'assurer son avenir.

Au lieu de cet être pliant les jarrets ou se glissant le long des murs au moindre geste d'impatience, avec une attitude nonchalante et embarrassée, je retrouvai là le naturel dans toute sa force, droit et fixe sur ses typiques jarrets d'acier, regardant fixement le chrétien de ses grands yeux brillants, prompt à vous rendre service dès que la physionomie lui plait ou que le geste lui paraît sympathique ; appelant ses femmes au moindre signe de fatigue et leur faisant prodiguer à l'envi au voyageur qui sait se montrer généreux, tout ce qui constitue pour ce sauvage les signes distinctifs d'une hospitalité cordiale, je veux dire du lait caillé et une sorte de boisson aigre et très capiteuse, que l'on désigne sous le nom de bière cafre.

Si cette offre ne vous répugne pas trop, le voilà qui s'accroupit par terre les bras croisés sur ses genoux et vous regarde goûter à ces mets primitifs. L'aigreur de la boisson offerte vous arrache-t-elle une grimace, autour de vous quelques rires étouffés éclatent, ce sont les femmes et les enfants qui se permettent, cachés derrière quelque hutte, ce mouvement irrévérencieux ; lui, le chef de famille, toujours accroupi, se contente de sourire, mais garde son immobilité.

Tranquille et respectueux jusqu'à ce que vous ayez rendu à quelque femme le grand pot de bière où vous venez de tremper vos lèvres ou rejeté la cuiller de bois que vous avez plongée dans le pot de lait tourné. Alors, si vous avez avec vous un peu de *brandy* et que vous lui tendiez votre gourde, vous pourrez voir ce visage inerte s'illuminer d'un éclat inconnu ; en dehors de la vertu de ses filles ou de quelques coutumes matérielles, vous pouvez tout obtenir de ce sauvage grâce à ces faibles présents ; si vous êtes égaré vous pouvez le prendre pour guide et le faire marcher devant votre cheval jusqu'à ce qu'il se soit bien assuré lui-même que vous ne pouvez plus vous tromper de route, ou, ce qui est mieux, qu'il vous ait confié, après forces recommandations, à quelque Cafre d'un kraal plus éloigné. Ce qui ne veut pas dire qu'il ne se mettra pas obligeamment à votre service malgré toute absence du précieux auxiliaire de la bouteille d'eau-de-vie ; le naturel du Cafre zoulou, du moins de ceux qui constituent la population indigène de Natal, m'a paru, malgré des opinions contraires, reposer sur un grand fond d'honnêteté, de douceur et de bienveillance.

A défaut de *brandy*, quelques pincées de tabac à fumer suffisent pour procurer à l'hôte d'un moment une ample somme de satisfaction personnelle. On ne sait pas tout ce que peuvent aspirer ces larges narines qui caractérisent la physionomie du Zoulou, et j'espère pour l'intelligence de cette race qu'eux-mêmes ne s'en douteront jamais. Dans l'état actuel et vu la rareté et la cherté du tabac, lequel vient en grande partie d'Amérique, le Zoulou se contente plutôt de respirer que d'absorber le peu qui lui en tombe sous la main.

J'en jugeai ainsi par le soin que mettaient la plupart des Zoulous, auxquels je ne manquais pas de faire cette gracieuseté, à renfermer avec soin le tabac que je leur offrais dans ces petites et étroites cornes pointues qu'ils portent aux oreilles.

Quelques pièces de monnaie blanche produisent chez les femmes zoulous le même sentiment de joie que fait éclater l'offre du *brandy* ou du tabac chez les hommes.

N'ayant qu'une faible expérience de la monnaie, les Zoulous estiment la valeur au diamètre et dès que quelque pièce leur tombe dans la main, vite voilà le possesseur courant de hutte en hutte faire des expériences de grandeurs avec les quelques types de monnaie que chacun peut posséder dans le *kraal*.

La chose n'est pas si bête et paraît démontrer du moins une certaine expérience.

Ce n'est que lorsque le Zoulou a véritablement apprécié, par la comparaison, la valeur vénale de votre offre, qu'il lève les bras au-dessus de sa tête en signe de remercîments et que de sa voix gutturale il vous salue du nom de *Kauss,* c'est-à-dire de Grand-Chef.

C'est généralement aux femmes qu'il faut offrir ces petits cadeaux monétaires; les hommes, et je parle surtout des mariés, c'est-à-dire de ceux dont la famille fait. le prestige et le rang, se sentiraient jusqu'à un certain point humiliés de tout autre présent que ces présents de brandy et de tabac, marques amicales de l'hospitalité reçue plutôt que le paiement de cette hospitalité.

Pour la femme zoulou aucune fausse honte de cette nature ne l'arrête, non pas seulement pour accepter de l'argent, mais même au besoin pour en quémander. A cela le mari ou le père ne voient aucun mal ni nulle atteinte à sa propre dignité. La femme pour le Zoulou est une personnalité absolument infime et à peu près nulle, dont les faits et gestes ne peuvent, à son avis, être pris pour type de son propre caractère. La femme zoulou cultive, elle, le champ de maïs, tresse les nattes de l'intérieur de la hutte et porte les fardeaux ou les échanges qui se font de *kraals* en *kraals*; c'est la femme qui est chargée de la récolte du maïs ; au mari échoit pour tout travail les soins des troupeaux de bœufs, et encore par la seule raison que le bœuf, signe distinctif de la richesse particulière, est considéré comme un noble animal que l'homme seul peut approcher et surveiller.

Si le Zoulou achète encore la femme, c'est que, par la réciprocité que forment les coutumes, les enfants que celle-ci portera dans son sein deviendront pour le mari des objets de rapport, soit pour consolider son influence dans la tribu, soit pour étayer sa propre fortune personnelle. Les fils aideront les femmes, jusqu'à l'âge de vingt ans dans les travaux du *kraal* et ajouteront quelque force à l'importance de la famille, et les filles se vendront à leurs futurs époux un certain nombre de bœufs proportionnellement à l'influence de cette même famille, influence qui n'est jamais que le résultat du nombre et de la force personnelle des membres de cette famille. Il ne peut donc exister aucune non-valeur, les enfants mâles sont les termes premiers du calcul que fera le père pour estimer ses filles à un certain nombre plus ou moins grand de paires de bœufs.

Comme tout s'enchaîne dans cette logique sauvage,

la possession des femmes passe par héritage aux ascendants ou descendants naturels, car l'hérédité est de droit naturel et le testament ou la donation de notre civilité européenne n'existe même pas à l'état de projet dans le Zululand. On hérite donc des femmes de son frère et même de son père, comme on hérite sur le continent d'un haras ou d'une vacherie ; les femmes du défunt sont les matières à production, c'est à l'héritier à faire produire s'il veut retirer quelque bénéfice à la liquidation définitive.

Chez les Zoulous de haut rang ou de naissance fortunée, il est rare qu'au premier enfant qui vient à naître l'époux exige plus ample satisfaction de cette première femme ; l'orgueil de sa caste et certains préjugés de fortune lui enjoignent, suivant une expression de nos élégances boulevardières, de *passer la main :* quelques bœufs lui procurent une seconde femme et la première est laissée de côté ; et ainsi de suite, jusqu'à ce qu'une trop grande prodigalité de richesses ou quelques instincts tardifs d'économie ne le forcent à recommencer la série du bien acquis.

On n'est bien classé comme fortune et influence parmi les Zoulous que lorsqu'on accumule séries sur séries sans le moindre esprit de retour. Certains chefs fameux ont jusqu'à trois cents femmes, et il en est mort dans l'intervalle.

Je parle bien souvent des *kraals*, et je m'aperçois, à temps, je l'espère, qu'il ne m'est pas encore arrivé de dire ce qu'était exactement un *kraal*. Un *kraal*, ou village si l'on aime mieux, est d'abord une enceinte circulaire de pierres d'un mètre de hauteur à peu près ; c'est le parc des bœufs ; dans cette enceinte les habitants du *kraal* renferment le soir leurs troupeaux. Pour la plupart, c'est autour de cette première enceinte et en suivant le circuit, que viennent se grouper les huttes des Cafres ; quelquefois cependant ces huttes s'établissent pêle-mêle à une petite distance de cette enceinte, et forment une agglomération assez originale et peu régulière dans la forme. Des inégalités de terrain sont parfois la raison de cette irrégularité de forme pour la plupart des *kraals* ; j'estime toutefois, d'après certaines observations personnelles, qu'un *kraal* parfaitement circulaire indique, le plus souvent, qu'une seule famille forme la population de ce *kraal* ; l'enceinte alors est commune et les différentes branches de famille se groupent régulièrement autour de leurs bœufs qui se reposent là sans qu'aucun triage soit nécessaire.

J'ai remarqué, au contraire, soit dans le Natal même, soit au cours de certaines reconnaissances suivies dans le Zululand, que presque toujours un *kraal*, établi à peu de distance de l'enceinte principale, était précédé et suivi d'autres enceintes plus petites ; ce qui indiquerait la présence de plusieurs familles dans ces *kraals*, avec chacune une enceinte particulière pour les bestiaux ; l'enceinte principale étant ainsi abandonnée en toute propriété à la famille la plus considérable et la plus riche.

7.

Je donne ces observations personnelles pour ce qu'elles valent ; j'ajouterai de plus à l'appui que les *kraals* circulaires, surtout dans le Zululand, se tiennent à peu de distance les uns des autres, tandis que j'ai pu remarquer combien étaient éloignés de tout autre *kraal* les villages irréguliers, toujours plus nombreux d'ailleurs en habitations que les premiers.

J'ai retenu ces remarques parce que le Zoulou, soit à Natal, soit dans le Zululand, se retrouve partout le même dans ses mœurs, dans ses coutumes, dans ses pratiques et jusque dans la forme qu'il affecte de donner à sa demeure ; la grande majorité des *kraals* sont circulaires et enserrent l'enceinte des bestiaux ; de plus, les familles des Zoulous sont, en majorité, assez nombreuses pour former toute la population d'un seul *kraal;* de là, la croyance, que je ne prétends pas imposer, de la présence de plusieurs familles là où la forme circulaire est négligée et où l'enceinte est indépendante des huttes.

Ces huttes sont en paille ; quelques-unes, rarement, sont en terre, celles de quelques grands chefs, et encore.

La forme est tout simplement d'une grande calotte de paille dont les bords s'appuient sur le sol au ras duquel est percé un trou demi-circulaire, par lequel il faut ramper pour pénétrer dans la hutte. C'est là la seule ouverture, porte et fenêtre en même temps. Aussi lorsqu'on pénètre brusquement dans quelqu'une de ces huttes, on ne distingue plus rien tout d'abord, l'obscurité est complète, car au moment où la moitié seulement de votre corps a pénétré, la seconde moitié obstrue au même moment la seule ouverture qui permette au jour d'éclairer un peu l'intérieur.

La première fois que je me glissai machinalement dans une de ces huttes, je me retirai d'abord avec un certain effroi, et je ne pus véritablement me décider à tenter l'aventure qu'en faisant pénétrer les jambes avant le haut du corps.

Depuis, je n'ai jamais hésité, même en Zululand, dans les *kraals* abandonnés, à aller chercher jusque dans ces huttes des objets cafres abandonnés à la hâte ; mais cette première fois fut pour moi une pénible expérience.

Il est vrai que j'étais là seul, avec un poltron de domestique qui prétendait qu'en courant l'aventure nous longions de trop près la frontière pour être sûrs de la fidélité des habitants du *kraal*.

Un des chefs du *kraal*, le principal si j'en jugeai à la peau de bœuf dont sa hutte était recouverte, me tendit la main et me fit signe de pénétrer jusqu'à lui ; celui-ci était malade et ne pouvait se lever ; depuis un mois, paraît-il, il était étendu sur sa natte sans pouvoir sortir du *kraal* ; je me fis pousser dans sa hutte après une première tentative infructueuse, et je m'accroupis sur le sol à ses côtés ; je lui offris du tabac et du brandy ; auprès de nous étaient cinq ou six Cafres, ses guerriers, paraît-il, ses fidèles ; ceux-ci avalaient avec une satisfaction visible une sorte de saucisse sanguinolente, faite de chair de bœuf, et qu'ils déchiquetaient sur le sol en s'arrachant certains morceaux ; je gardai ma contenance autant qu'il me fut possible, mais le bruit de leurs fortes mâchoires dans cette chair crue m'indisposait outre mesure ; je me hâtai de sortir de là bientôt après, avec un vague instinct de crainte inconsciente, et de remonter à cheval ; quand je m'orientai, je vis que nous nous étions arrêtés assez loin de Ladysmith, près de la frontière même, là où Zoulous de Natal et Zoulous du Zululand ne sont pas assez éloignés les uns des autres pour offrir plus de garanties de sécurité. Une fois à Ladysmith je ne pensai plus à cette aventure, mais mon domestique se chargea de la narrer et on me blâma fort de ma curiosité.

CHAPITRE IX

MODES DE TRANSPORT DE LA COLONIE. — CHEVAUX, POST-CART ET WAGONS. — LADYSMITH.

De Maritzburg à Ladysmith le voyage est facilité par un certain nombre d'hôtelleries, que le passage des transports qui se dirigent vers le Transvaal a fait établir à courtes étapes.

C'est la marche lente et toute particulière des wagons qui a réglé les distances qui séparent sur la grande route ces hôtelleries ; aussi, est-il très difficile quand on effectue le voyage, soit en poste, soit à cheval, de régler son itinéraire ; veut-on doubler les étapes, on risque fort à un certain moment de se trouver sur une route absolument déserte, loin de tout lieu habité, avec des chevaux chez lesquels la fatigue se manifeste sans avertissement, ceux-ci parfois en effet se refuseront à toute avance, après 20 *milles* de marche, alors qu'ils en auront fait facilement jusqu'à 30 et 35 quelque autre jour précédent ; veut-on au contraire s'en tenir à l'itinéraire des premiers habitants, il faut prendre pour règle absolue de s'arrêter à chaque hôtellerie quelle que soit la distance de la précédente, desseller son cheval, se reposer une heure à peu près chaque fois, et établir le lieu *terminus* de la journée, aussitôt que votre monture donnera le moindre signe de fatigue.

En cela on accomplit sagement le proverbe : Qui veut aller loin ménage sa monture — mais on risque fort par contre de mourir d'ennui et d'impatience dans ce long et monotone pays sans eaux, sans arbres, et de plus sans verdure par cette période hivernale et de sécheresse, la seule saison possible pour entreprendre le moindre voyage.

Le moyen terme est le seul possible, c'est celui que prennent d'ailleurs les habitants de la colonie : aller droit devant soi, n'écoutant que sa fatigue personnelle, et pour cela faire tenir en laisse un ou deux chevaux de rechange sur lesquels on place en route alternativement et la selle et sa propre personne. Ce moyen, dis-je, est celui employé journellement par les colonistes ; si un de vos chevaux vient entre temps à être par trop fatigué, vous en négociez l'échange à la première hôtellerie.

Tel est le seul et unique mode de transport pour celui qui veut voyager vite et je n'en connais pas d'autre ; c'est dire qu'il ne faut pas être trop exigeant pour ceux auxquels les moyens personnels ne permettent pas un certain luxe d'équipage. C'est pour n'avoir pas connu cette vérité assez vite dès le début de mon voyage que je me morfondis à Ladysmith pendant deux jours à attendre mon domestique, lequel j'avais laissé à mi-chemin sur la grande route avec mes bagages et deux chevaux seulement pour porter le tout. Quant à moi j'avais pris à travers la contrée et j'étais arrivé à Ladysmith, m'arrêtant bien souvent sans doute, mais voyageant la nuit comme le jour; dans mon impatience je ne comprenais rien à un si long retard sur la route tracée.

Le correspondant du « *Times*, » M. Francis, lequel je trouvai à Ladysmith, me tranquillisa à ce sujet, son domestique, lui, avait mis huit jours pour franchir la même distance ; il est vrai que tous les hôteliers de la route avaient réclamé de tels frais de séjour à M. Francis, qui était venu postérieurement en *post-cart*, que les causes d'un long voyage se lisaient ouvertement sur les notes d'hôtel qu'avait élaborées en route l'Italien qui le servait.

Le *post-cart* est, avec le cheval, le seul mode de voyage possible par toute la colonie. C'est le service du courrier avec deux petites banquettes sur lesquelles peuvent prendre place quatre ou cinq voyageurs. Le *post-cart* est tout simplement une charrette anglaise à deux roues, une banquette devant pour le conducteur et deux voyageurs, une banquette derrière pour trois, suspendue, Dieu seul sait comme et de quelle manière. Par exemple comme rapidité de transport, le cavalier le mieux monté n'a pas à entreprendre de lutte de vitesse avec cet étrange véhicule. Quatre et souvent six chevaux, suivant les difficultés de la contrée, sont attelés au *post-cart* et le galop est nuit et jour l'allure réglementaire.

A chaque heure de distance se trouvent, il est vrai, des relais, où on s'arrête juste le temps de prendre les chevaux frais que le gardien de la poste court chercher dans la campagne dès que la trompette du conducteur annonce de loin l'arrivée; on dételle, on resselle, et les premiers chevaux courent immédiatement à leur tour dans les mêmes prairies chercher nourriture et repos.

Le conducteur du *post-cart* s'inquiète peu des contours de la route, et, à la moindre possibilité, celui-ci pousse ses chevaux dans les hautes herbes, cherchant toujours le plus court, sans préoccupation aucune des bonds vertigineux du véhicule et des douloureux soubresauts que font ses clients sur les banquettes de bois dur.

A vrai dire, le *post-cart* est fait, comme allure et comme confort, pour les sacs de dépêches, le transport des voyageurs passe par là-dessus sans qu'il soit nécessaire d'en avoir aucun souci; chacun connaît cela et s'en contente, bien heureux encore quand il est possible de retenir et de conserver une place à jour fixe. Un voyage en *post-cart* est considéré d'ailleurs comme une chose si dangereuse que j'ai vu certaines personnes éviter tout voyage pour n'avoir pas à employer ce genre de transport. J'ai connu entre autres la famille d'un médecin militaire appelée du Transvaal en Angleterre par des affaires pressantes, et obligée de subir le mois complet nécessaire pour effectuer en wagon la distance qui sépare Prétoria, la capitale du Transvaal, de Durban. La poste d'ailleurs aurait refusé la responsabilité du transport de la femme et des enfants. Il faut noter que le *post-cart* met cinq jours à parcourir cette même distance que les wagons, trainés par des bœufs, mettent un long mois à franchir.

Tout retard mis de côté, ce voyage par wagon doit être une chose fort originale et non sans intérêt. Je regrette pour ma part de n'avoir pas eu au cours de mon voyage la nécessité ou plus exactement l'obligation de voyager pendant quelques jours dans un de ces wagons.

Le *wagon* est une sorte de longue et lourde charrette plate trainée par 14, 16 et même souvent 20 bœufs : ce sont des Cafres pour la plupart qui ont la conduite de ces chariots; l'un, un petit garçon la plupart du temps, se tient sur le devant de l'attelage, c'est lui qui traine pour ainsi dire les deux premiers bœufs par une sorte de lanière attachée au premier joug, la première paire de bœufs qui supporte ce joug suit la direction imprimée par ce premier Cafre et ainsi de suite; sur les côtés, et poussant les bœufs avec force gestes et grands cris se tient alors le véritable conducteur du chariot, le porteur du fouet. Le fouet est le signe distinctif du conducteur principal, c'est, en même temps, et son arme et l'insigne de sa dignité; le conducteur orne le manche de son fouet, et en agrémente la longue lanière, comme le postillon de l'ancien régime soignait ses longues bottes. C'est que le maniement de ce fouet n'est pas chose facile pour tous. Que l'on se figure un long bambou de quatre et même cinq mètres, au bout duquel est attachée une longue courroie fine plus longue encore que le manche. Le conducteur habile agite tout cela par-dessus son attelage et cingle en tête, ou à la queue de l'attelage, la paire de bœufs qu'il est nécessaire d'exciter ou de corriger. Le conducteur habile s'applique à faire claquer cette longue lanière avec la même facilité qu'un simple écuyer mettrait à jouer de la cravache. Une certaine combinaison de cris gutturaux que celui-ci pousse à chaque minute, vient en aide aux avertissements du fouet ; il faut voir et surtout entendre cela, alors que le wagon descend dans quelque profond ravin, ou encore que les roues du chariot menacent de s'embourber dans quelque terrain détrempé. Le porteur du fouet court sur tout le flanc de son attelage, il crie, il gesticule, il fouette, il frappe même du manche, jusqu'à ce qu'enfin le passage difficile soit franchi ; alors seulement il reprend pour quelques instants sa démarche nonchalante, et, le fouet négligemment appuyé sur son épaule, il se contente de pousser de loin en loin quelques cris familiers et habituels jusqu'à la prochaine alerte. Un certain sifflement aigu particulier aux Cafres arrête net tout l'attelage.

Les voyageurs s'installent sur l'arrière-train du wagon, et quelques matelas jetés sur les ballots servent de couches pour la nuit : le jour quelques herbes sèches permettent de faire du feu et de cuire les aliments, on ne s'arrête près des hôtelleries que pour l'arrêt du soir. Quelques jours de ce mode de voyage peuvent présenter un certain côté pittoresque ; je doute fort de l'agrément lorsqu'on est condamné un mois entier à pareil régime.

C'est un de ces voyages qu'on aime à avoir fait.

Ladysmith est un petit village long, c'est la plus importante bourgade de toutes celles que l'on trouve dans la colonie, après Maritzburg. On pourrait même désigner Ladysmith sous le nom de petite ville, s'il ne fallait tenir compte que de l'espace assez considérable qu'il faut franchir pour aller d'un bout à l'autre de la seule et unique avenue, au bord de laquelle ont été bâties les vingt ou trente maisons seulement qui abritent tous ses habitants colonistes.

L'importance commerciale de Ladysmith vient de sa situation au centre même de la colonie ; la guerre contre les Zoulous a accru encore cette importance, Ladsmith étant le dernier lieu habité que l'on quitte avant de s'engager par les routes militaires qui conduisent aux différents points de la frontière du Zululand.

Je voyageais au milieu des mouvements de troupes, et j'avais eu quelque peine à me procurer un gîte chaque soir pendant ces trois premiers jours. A Ladysmith ma situation parut s'aggraver plus sérieusement ; non seulement je ne pus, à mon arrivée, trouver même une pierre pour abriter ma tête, mais encore, et chose plus grave, pas le moindre abri pour mes chevaux, un peu surmenés par une marche précipitée. C'était en outre un dimanche, et je risquais fort de m'impatienter longuement et inutilement, sous le soleil de plomb dont je supportais avec peine depuis le matin les rayons pleins d'ardeur, lorsque, à la porte du *Royal-Hotel* j'aperçus, se dandinant sur une chaise-pliant, un de mes compagnons de voyage de « l'*Américan.* »

Le voyage de ce jeune Anglais nous avait fort réjoui à bord, j'avais étudié pour ma part avec grand intérêt la physionomie de cet excellent garçon dont le caractère personnifiait complètement le côté original de ce que l'on appelle le *spleen* anglais.

Était-il monté à bord avec la conviction arrêtée de venir dans le Zululand partager les périls et les dangers de ses compatriotes? Nul n'aurait pu l'affirmer, et lui, je pense, moins que tout autre.

Celui-ci avait décidé son départ comme on décide une partie de plaisir ou de spectacle. Son costume de voyage avait été taillé dans ses couleurs favorites du *turf*, et sa seule préoccupation, au départ, avait été de bien se rendre compte si ses boîtes de cigares étaient assez compactes et nombreuses pour effectuer la traversée, et si les sièges suspendus dont il s'était muni étaient assez résistants pour supporter son ennui pendant les heures de solitude. A Madère déjà, notre jeune compagnon lassé du voyage, avait eu une première velléité de nous abandonner, mais le souci seul de refaire précipitamment ses paquets l'avait retenu à bord. De Madère au

Cap, par contre, ses dispositions furent prises et bien prises : il reprendrait à Cape-Town le premier paquebot en partance pour l'Angleterre.

Les derniers jours de la traversée attiédirent, il est vrai, un peu ce désir de prompt retour : on lui offrit quelques rôles à jouer dans la troupe dramatique qui se forma sous l'Equateur ; le feu de la rampe fit voir au débutant le voyage sous un jour plus riant et plus intéressant. Dans les docks, nouveau désir de retour ; mais le steward se trompe, et à la place du paquebot en partance pour l'Angleterre le lendemain, porte les bagages sur le *Danube*. Notre infidèle passager voit là immédiatement le doigt du destin, et en quelques minutes le voici ne brûlant plus que du désir de cingler vers Natal sans autre hésitation. Devant Port-Natal, autre chose, le *Danube* poursuit sa route jusqu'à Zanzibar, c'est jusques à Zanzibar qu'il trainera donc son *spleen* et sa curiosité tranquille, et c'est dans ces intentions qu'il reste seul à bord alors que nous franchissons déjà sur le petit vapeur la barre de Durban.

Je fus donc tout surpris de retrouver ce jeune original à Ladysmith sous le harnais militaire ; ce qui m'étonna moins à la vérité, fut de le surprendre humant quelques cigares en plein soleil et se délectant dans ce bain de lézard. J'avais été au mieux avec lui pendant la traversée ; il s'en souvint apparemment, car me voyant dans l'embarras, il secoua un peu de sa froide indifférence et grâce à beaucoup d'obligeance, j'eus bientôt son propre lit pour le soir, du fourrage pour mes chevaux et la possibilité d'aller me plonger dans la rivière une fois mes quelques sacs mis en lieu sûr.

Ce qui constituait l'encombrement tout inusité de Ladysmith, n'était pas à proprement parler les troupes de passage ; les marchands de chevaux du *Free-State* formaient seuls et en grande partie cet encombrement.

Ces marchands de chevaux ne sont pour la plupart que d'anciens Boërs de Natal, lesquels, après avoir cherché à éviter la domination anglaise en passant dans le Transvaal, ont de nouveau émigré dans l'Etat libre d'Orange, lorsque le gouvernement colonial a mis la main sur la République.

S'ils ne peuvent souffrir les Anglais, ils profitent par contre de toutes les occasions pour attirer chez eux ces « souverains d'or » dont ils sont très amoureux.

C'est à cette occupation que je les trouvais par toute la colonie, faisant le commerce des chevaux, et vendant au poids de l'or ce qu'ils échangeaient naguère contre quelques pièces de monnaie.

Dans leurs émigrations successives, les Boërs ont entraîné en effet avec eux tout ce qu'il y avait de chevaux dans la colonie, et surtout ces petites et excellentes bêtes du pays que l'on désigne sous le nom de *ponys*. Les citoyens libres d'Orange se sont donc trouvés du jour au lendemain, grâce aux besoins pressants que nécessitaient les hostilités, monopolisateurs des seules ressources en chevaux que possède la contrée environnante.

Ce qu'ils ont profité des circonstances, la chose est incalculable.

Lorsqu'on songe que l'on payait couramment, à mon passage, 800 francs, et même 1,000 francs, des chevaux cotés, en temps normal, *dix* livres tout au plus, c'est-à-dire 250 francs, on peut juger ce que la guerre dans le Zululand et sa prolongation doivent susciter de partisans intéressés par toutes les régions de l'Afrique du Sud, même en dehors des possessions anglaises.

Les habitants du Free-State sont même devenus en très peu de temps, guidés par le seul instinct du lucre, des marchands de chevaux dignes de rendre pas mal de points à nos maquignons les plus experts.

Je fus initié à leurs manœuvres et prévenu contre eux par tous ceux qui avaient déjà subi leurs prétentions et notamment par le correspondant de « l'*Illustrated London News,* » M. Melton Prior, duquel j'avais fait l'agréable connaissance à Maritzburg et qui m'appela très vivement d'une fenêtre de la prison. Non pas que cet estimable artiste partageât là le sort de quelque délinquant, mais le magistrat du lieu dont le tribunal primitif était situé dans ce local sans grande apparence, avait cédé à M. Prior le siège de l'autorité judiciaire pour exercer ses crayons.

En rejoignant par la cour de la prison le correspondant de l'*Illustration* anglaise, je pus examiner à loisir les hôtes du lieu, des Cafres pour la plupart. Les crimes sont rares dans ces pays où la civilisation n'a pas encore assez pénétré pour faire verrouiller les portes, mais par contre, les vols sont nombreux, surtout de la part des indigènes. L'argent, il faut le dire, est presque toujours en sûreté, quelque visible qu'il soit placé devant la cupidité du Cafre ; ce sont des mille riens de nécessité qui tentent les indigènes plus que toute monnaie. Le Cafre vous dérobera une arme, un couteau, une courroie, une chemise, du tabac ou de l'eau-de-vie, et d'un autre côté laissera tout naturellement sans y toucher la ceinture qui contient de l'argent. Le premier soin qu'il faut prendre, c'est donc de mettre en lieu sûr, même avant le porte-monnaie, les petits objets de première nécessité, surtout ceux qu'il est difficile de se procurer dans la colonie.

Les couteaux particulièrement sont un grand appât pour le Cafre, il est rare que celui-ci résiste à la tentation de s'en emparer, si la chose est faisable. Tout vol est sévèrement puni ; d'ailleurs la police est faite par des indigènes eux-mêmes, lesquels, je vous l'assure, ne sont pas tendres pour leurs semblables.

Je ne crois pas qu'un blanc emploierait la même brutalité que ces *policemen* nègres à l'égard des délinquants. J'ai assisté à quelques arrestations de Cafres trouvés surtout en état d'ivresse ; le Cafre ivre devient une bête brute et on le traite en conséquence.

Outre trois ou quatre *assagays* que portent les *policemen*, le signe distinctif de leurs fonctions consiste principalement dans un bâton cafre assez court, et agrémenté d'un énorme pommeau naturel. Les pointes d'*assagays* permettent à ces policiers noirs de piquer les épaules ou les bras des prévenus qu'ils traînent en prison, en cas de résistance ; si le prisonnier cherche à fuir, c'est ce petit bâton qui vient jouer un rôle ; avec une rapidité et une précision effrayantes, le policeman jette ce bâton, la pomme en avant, et il est rare qu'il manque son coup, c'est-à-dire qu'il ne casse une jambe ou un bras au prisonnier récalcitrant.

Un autre délit qui amène un certain nombre d'indigènes sous les verrous, est l'oubli de l'heure réglementaire du soir, après laquelle il n'est pas permis à un Cafre d'être trouvé marchant dans la ville ou dans une certaine zone environnante. Cette heure varie, suivant les saisons, de 8 à 10 heures du soir. Il faut savoir pour cela, qu'il est rare qu'un colon permette à ses Cafres domestiques de coucher dans sa propre maison ; à la nuit tombée, le service fini, le Cafre se retire là où il lui plaît d'aller passer la nuit, et ne reparaît plus que le lendemain matin. Si le maître a besoin de se servir de son Cafre pour quelque course, en dehors de l'heure réglementaire, ou qu'il le retienne chez lui après cette heure, il doit, pour éviter tout désagrément, donner un mot de passe à ce Cafre, lequel mot de passe permettra à celui-ci de ne pas être inquiété par les rondes de police.

Pendant les deux ou trois jours que je restai à Ladysmith, je fis la connaissance d'un autre type de l'originalité anglaise, mais celle-là avec les côtés brillants et aventureux de la race. Je veux parler d'un jeune homme possesseur d'une fortune considérable et qui emploie la plus grande partie de ses revenus à courir les mers sur un yacht de toute beauté, à lui appartenant. Ce riche voyageur dont je ne puis donner exactement le nom, était désigné généralement sous celui de sir Thomas.

La nouvelle du désastre d'Insalwana était venue trouver sir Thomas sur un point quelconque de l'Océan Pacifique, et l'aventureux gentleman franchissant aussitôt le détroit de Magellan, était venu débarquer sans retard à Port-Natal. Le yacht avait été laissé là aux soins de l'équipage ; s'étant dirigé alors sur **Maritzburg** avec son fidèle Fritz, un Alsacien, sir Thomas avait demandé l'autorisation de suivre les opérations de l'armée. L'autorisation lui fut refusée, mais M. Francis, le correspondant du « *Times* », avait pris aussitôt sous son patronage le navigateur devenu guerrier, et sir Thomas en compagnie de son bienfaiteur, alla rejoindre la colonne Wood en qualité de correspondant-adjoint du « *Times* ».

CHAPITRE X

ANGLAIS ET CAFRES. — QUELQUES APERÇUS A VOL D'OISEAU

Pendant les deux jours qui me furent nécessaires pour me rendre de Ladysmith à Dundee, le premier camp anglais voisin de la frontière, je pus refléchir à mon aise, et ce sont ces réflexions qui feront le sujet de ce chapitre.

Je réfléchissais sur tout ce que je venais de voir et d'entendre. Je voyais d'un côté une population indigène compacte, considérable, insensible aux mœurs et aux coutumes de ses maîtres, confinée rigoureusement dans ses *kraals*, ne cherchant enfin à prendre pour bénéfice, de la présence des Européens, que l'avantage purement journalier de quelques échanges immédiatement faits, sans intermédiaire aucun, à quelque distance de leurs huttes : et d'un autre côté j'avais écouté les plaintes de cette petite population de marchands, d'industriels, de trafiquants de toute sorte, surpris de ne pouvoir faire plus et mieux en face de ces trois cent mille sujets, se souciant peu des richesses du sol, et ne trouvant d'un autre côté chez les Cafres que le mépris le plus parfait pour tout ce qui ressemble à la culture de la terre.

Que l'on ajoute à cela cette armée anglaise elle-même, entraînée dans un jour de désastre, et étonnée de tout ce que l'on tente pour ces contrées à l'aspect aride et désert, soupesant avec le calme de l'homme pratique tout ce que cela a coûté déjà, et tout ce qu'il en pourra bien coûter encore à la mère patrie, cherchant l'intérêt immédiat et ne le trouvant pas, exaspérée, plus qu'elle ne devrait être, de l'inutilité apparente des efforts dépensés et en exprimant l'avis avec toute la brutalité de l'illusion déçue.

Voilà les éléments au milieu desquels j'eus à me faire une opinion exacte sur la plus ou moins grande utilité de la guerre entreprise.

Je ne sache pas plus grande surprise que celle que j'éprouvai, alors que me trouvant pour la première fois en présence d'officiers distingués parfaitement au courant des affaires de leur pays, venus volontairement pour la plupart dans ces contrées lointaines, je vis exprimer les blâmes les plus sévères sur la politique de conquête entreprise par sir Bartle Frère. — Politique de conquête ! s'écriait-on, nous espérons qu'il n'en sera rien, nous devons venger nos frères tombés à Insalwana, mais pas autre chose.

Si Ketshwayo avait pu prévoir le résultat de sa victoire du 22 janvier, bien certainement le chef des Zoulous eût fait immédiatement ce jour-là rebrousser chemin à ses guerriers.

Sans ce massacre, jamais, me fut-il démontré, une armée anglaise n'eût consenti à appuyer les idées du Haut-Gouverneur de l'Afrique du Sud.

Je fus d'autant plus surpris de ces contradictions entre le fait réel, c'est-à-dire la marche de l'armée, et la conviction intime de ses chefs, qu'à mon débarquement à Natal, j'étais arrivé tout pénétré de certaines grandes idées que me paraissait suivre à l'extrémité du continent africain, la politique coloniale de l'Angleterre. Je voyais dans cette guerre la poursuite de la formation d'un grand empire africain, donnant la main par dessus la petite île de Maurice au grand empire de l'Inde ; la conquête du Zululand, rapprochée de l'annexion récente du Transwaal, me paraissait indiquer l'idée bien arrêtée pour l'Angleterre, de se rapprocher des possessions portugaises, pour n'avoir plus qu'à tendre la main lorsqu'elle voudrait saisir le port de *Delagoa-Bay*.

Delagoa-Bay, c'est-à-dire le seul port possible sur l'Océan Indien comme centre de transactions entre Calcutta et Pretoria, sans parler encore du centre de l'Afrique et même du nord, quand on connaîtra mieux l'intérieur de ce continent.

Je considérais pendant mon voyage avec un profond respect ces légions anglaises, toujours à la recherche de populations nouvelles, de débouchés nouveaux, apportant à la mère patrie des connaissances toujours pittoresques avec beaucoup de conquêtes utiles et fécondes.

Sous la tente de l'officier anglais, grande fut ma stupeur; aucune de ces idées n'avait cours, et lorsque j'en parlais, on ne me comprenait pas.

Bien plus, on ne parlait rien moins que de rendre au Transvaal son indépendance; on irait ainsi plus vite en besogne, et une fois les Zoulous punis de leur témérité, on remonterait sur le vaisseau de guerre; il n'y avait rien à tirer de ces contrées désertes; qu'y puisait-on et quel profit comptait-on en retirer?

Mes premiers jours de voyage dans l'intérieur m'expliquèrent immédiatement ce raisonnement terre à terre.

Le système colonial anglais se heurte dans l'Afrique du Sud à des populations absolument originales, pour la pratique desquelles l'Anglais se trouve peu apte.

Si quelques idées d'extension de puissance ont prise sur les esprits des hommes d'Etat anglais et de l'opinion publique de ce grand pays, c'est que quelque idée de lucre ou de bénéfices immédiats leur en a indiqué tout d'abord la perception et l'utilité. Si des sacrifices, dans cet ordre d'idées, sont jugés nécessaires et sont acceptés sans murmure, c'est qu'il aura été préalablement démontré que quelque bénéfice immédiat viendra compenser largement la première mise de fonds. Dans l'Inde, le commerce anglais avait trouvé des Nababs, et une population toute façonnée par la nature et les coutumes à accepter avec empressement tous les raffinements de la civilisation européenne ; dans les classes élevées, en effet, des trésors fabuleux pouvaient faire accepter immédiatement ces raffinements, et les classes inférieures mirent de leur côté toute l'activité et l'industrie dont elles étaient heureusement dotées pour les acquérir le plus rapidement possible.

Dans les régions de l'Afrique du Sud, rien de tout cela : la richesse, du moins celle que nous comprenons, n'existe nulle part, pas plus dans le *kraal* du chef que sous la hutte du *boy*. De plus, si le Cafre considère avec étonnement les pratiques européennes il n'a aucun souci de les faire siennes ; ses désirs sont plus que modestes et ses besoins nuls ; un seul commerce attire les échanges avec le Zoulou, c'est le commerce des armes. Ce n'est qu'en promettant un fusil, comme prime du travail, que les Anglais attirèrent les Cafres il y a quelques années aux champs de diamant. Pas un colon, je parle de Natal surtout, qui puisse se déclarer innocent de la vente de ces fusils dont les Zoulous se servent mal évidemment, mais dont ils ont sans contredit aujourd'hui la possession.

Si l'on excepte la culture de quelques champs de maïs, juste ce qui est nécessaire pour la consommation de chacun, le Zoulou ne comprend pas le travail de la terre ; ce serait, il est vrai, aux nouveaux possesseurs du pays à activer de leurs propres mains les travaux des champs, mais nul n'y songe, du moins ceux qui forment actuellement la population coloniale.

Dans mon parcours à travers champs, combien de fois les pieds de mon cheval ne vinrent-ils pas heurter quelque bloc de minerai à fleur de terre. Des classes entières de minéraux gisent là sur des étendues considérables, et personne n'a l'air de s'en douter ; c'est qu'il faudrait travailler, creuser, chercher, transporter, et il est bien plus simple de vendre quelque bibelot à l'instant même que d'escompter l'avenir.

En veut-on un exemple : tout en haut de la colonie, au-dessus de Ladysmith, gisent presque à fleur de terre des mines considérables de charbon ; les Boërs avaient commencé là quelques recherches et l'existence de ces mines a fait donner au village le nom de la ville anglaise de Newcastle. Un wagon de ce charbon coûte au plus haut prix 7 schellings, c'est-à-dire, 8 à 9 francs de notre monnaie ; rien ne serait plus simple, n'est-ce pas, que d'extraire et de transporter. Rien de tout cela. Parcourez tout le littoral, les magasins de charbon ne contiennent pas, même sur la côte de Natal, un seul wagon du charbon de la colonie ; les vaisseaux de transport et de guerre ne peuvent trouver là pour s'approvisionner que du charbon venu d'Angleterre, à 100 et quelques francs la tonne.

Par ce seul trait on peut juger des autres. Le commerce, et un très petit commerce, voilà tout ce qui échoit à l'activité du marchand anglais transplanté sur la côte anglaise de l'Océan Indien. Celui-ci accepterait certainement tout ce que viendraient apporter de richesses naturelles les indigènes, mais il ne fera pas un pas, il n'entreprendra pas un effort pour rendre active cette énergie naturelle dont les Zoulous sont doués, mais que, livrés à eux-mêmes, ils laissent improductive. Quant à aller chercher lui-même ces richesses, il ne faut pas en parler au coloniste anglais.

Je ne sais pas pourquoi le gouvernement anglais ne suit pas encore de nos jours les errements d'un autre âge, et ne laisse pas à des compagnies marchandes le soin de fonder ou de choisir des colonies, car à vrai dire il n'y a rien de changé dans le système, et le *Foreing-Office* ne me paraît pas donner à l'extension coloniale une impulsion plus relevée qu'une compagnie quelconque.

Pourquoi repousser les agioteurs, pour ne mettre à leur place que des hommes d'État qui s'obstinent à ne considérer une colonie que comme un comptoir, et qui ne songent à entreprendre sa conquête et son annexion qu'après avoir compté sou par sou ce qu'elle pourra rapporter pécuniairement parlant.

C'est avec ces idées purement spéculatives, que raisonnaient d'ailleurs mes interlocuteurs du camp ; ceux-ci voyaient devant eux un pays nu et inculte, et autour d'eux des populations indifférentes que la vue des panaches n'intéressait que médiocrement ; ils s'indignaient et faisaient le compte mensuel de ce que l'Angleterre pouvait dépenser là de bank-notes et de livres sterling.

— Mais l'avenir ! leur disais-je moi-même, me croyant intéressé pour un instant à la fortune coloniale de l'Angleterre.

— L'avenir, l'avenir, soit, me répondait-on, c'est possible ; alors partons, nous reviendrons plus tard.

Mais il était trop tard pour partir, et l'expédition continua son cours.

La conquête, et la conquête absolue du Zululand est, à mon avis, une chose absolument indiquée : elle demandera plusieurs années, beaucoup de sacrifices, une très grande énergie, elle soulèvera bien des protestations intéressées, bien des conflits parlementaires, mais elle est dans l'ordre des choses nécessaires pour ceux qui ont vu de près les affaires de la colonie, et pour ceux surtout qui, comme moi, verront les résultats par dessus certaines considérations mesquines du moment.

L'Anglais, dans toutes les possessions africaines, est en outre plutôt craint que respecté. Boërs et Cafres s'entendront toujours sur un seul point, la haine qu'ils portent les uns et les autres contre tout ce qui est Anglais.

Un jour, ou plutôt un soir, bien avant dans la nuit, j'allai chercher un gîte dans un hôtel isolé et perdu au-dessus des montagnes, par delà *Moil-River ;* je me trouvai seul dans tout l'hôtel avec un Boër de l'État libre d'Orange, lequel traversait la colonie. C'est à peine si ce citoyen, ancien colon de Natal, daigna faire attention à ma présence; quelques mots qu'il dit bientôt après en langue *deutsch* avec mon domestique, lui apprirent que je n'étais pas Anglais, mais Français ; sa physionomie s'alluma, et, se retournant aussitôt vers moi, il me fit demander des nouvelles d'un de ses parents qui habitait la France ; je lui en donnai, comme bien vous pensez et des meilleures ; cet homme qui n'avait jamais vu l'Europe, aurait eu vraiment une piètre opinion de moi, si j'avais déclaré ne pas connaître le parent dont il me parlait. Nous nous quittâmes le lendemain matin très grands amis ; si j'avais été Anglais il n'eût pas desserré les dents. J'ai eu dix aventures de ce genre, pendant mes voyages un peu à l'aventure à travers la colonie, je ne veux citer que celle-là ; j'ai parlé d'un Boër du *Free-State*, j'aurais pu tout aussi bien prendre comme exemple ceux qui n'ont pas émigré et subissent encore la présence de l'Angleterre dans Natal même.

J'estime qu'au point de vue même de l'intérêt pécuniaire, il sera préférable pour l'Angleterre de ne reculer aujourd'hui devant aucun sacrifice et de pousser la guerre du Zululand jusqu'à ses dernières limites, c'est-à-dire la soumission complète de cette contrée à sa domination ; de peur, si quelque faiblesse ou quelque hésitation se produisait, de peur, dis-je, que l'avenir ne lui ménage dans ses possessions actuelles de plus grands sacrifices encore en hommes et en argent.

Je parle de tout ceci en homme bien désintéressé, car je crois que la France doit être moins détachée qu'on ne le croit des faits et gestes de l'Angleterre dans l'Afrique du Sud.

A tort ou à raison, je pense que le temps n'est pas aussi éloigné qu'on semble l'admettre, où le centre de l'Afrique deviendra accessible à quelque communication, mer intérieure ou voie ferrée.

A ce moment quelle sera la tête de ligne principale de ces communications, le nord ou le sud de l'Afrique ?

Le nord où la France possède une autorité incontestable, ou le sud dans lequel l'Angleterre s'agite aujourd'hui un peu confusément sans influence bien déterminée ?

Que Delagoa-Bay reste un port portugais, c'est tout ce qu'il est utile d'espérer dans l'intérêt de nos possessions algériennes; c'est d'ailleurs ce qu'il peut être facile de rendre certain, si nos relations diplomatiques veulent profiter habilement de l'hésitation de l'opinion publique en Angleterre au sujet de la guerre du Zululand.

Voilà la question d'avenir, reste à savoir si la solution est aussi proche de nous que j'ai voulu l'indiquer.

Dans tous les cas, elle se produira sans contredit dans un temps plus ou moins éloigné, cela dépendra de l'activité et du zèle, ou encore de l'intelligence des explorateurs du centre de l'Afrique.

Au sujet de la France, on se préoccupe plus de son influence et de ses visées possibles dans le sud de l'Afrique, parmi les colonistes, qu'on ne pourrait le croire dans notre propre pays.

N'ai-je pas entendu raconter sérieusement que le Prince Impérial, en vue de son avénement possible au trône, venait étudier le sud de l'Afrique pour son propre compte, et voir ce qu'il serait possible de tenter au cas où l'Angleterre abandonnerait quelques-unes de ses possessions ou n'y établirait que peu solidement son empire. Autre chose, et cela très sérieux : pendant que je voyageais derrière le cercueil du Prince, j'eus avec un jeune volontaire colonniste qui avait passé en France une partie de son enfance, une conversation très curieuse dans laquelle ce jeune homme prévoyait que la France — pauvre innocent de nos luttes intestines ! — profiterait de la mort du Prince, et, sous prétexte de venger cette mort, viendrait débarquer des troupes à *Lucia Bay* sur la côte du Zululand pour en entreprendre la conquête à son profit.

J'ai noté ces souvenirs et je les rappelle comme curiosités d'outre-mer.

Ils paraîtront bien frivoles peut-être au département des affaires étrangères ; pas si frivoles cependant qu'on le croit, car on ne peut comprendre là-bas que la France, maîtresse de l'Algérie, se désintéresse absolument des visées de l'Angleterre par tout le continent africain.

A moitié distance de Dundee, j'entendis pour la première fois parler du Prince, c'étaient des officiers volontaires qui revenaient du camp ; je n'appris rien de bien intéressant ni de bien nouveau ; mais je pus être rassuré sur la santé du Prince ; l'indisposition de Maritzburg était absolument dissipée, et, à ce moment même, le prince galopait du côté d'Utrecht à la suite de lord Chelmsford.

CHAPITRE XI

CAMPS DE DUNDEE ET DE LANDMAN'S-DRIFT
LA POSTE MILITAIRE
LE CORRESPONDANT ANGLAIS JUGÉ PAR LUI-MÊME.

Dans toute la colonie on ne parlait que de Dundee. En me quittant, à Halfway-House, le général Clifford m'avait dit qu'il me reverrait à Dundee. J'avais lieu de supposer que ce lieu de rassemblement, dont tout le monde parlait si pompeusement, mais que personne ne connaissait, présentait une certaine importance; et pour un peu, à Maritzburg, j'eusse attendu mon arrivée à Dundee pour m'occuper de l'achat des choses nécessaires à mon voyage.

Grande donc fut ma déception lorsque, en contournant un repli de terrain, j'aperçus pour la première fois l'emplacement du lieu qui portait ce nom. A perte de vue pas une maison, pas l'ombre d'un semblant de village. Dundee n'était qu'un camp, un emplacement militaire auquel les plans de l'armée avaient assigné un nom et voilà tout.

Et encore quel camp, cinq ou six rangées de tentes autour d'un fort bâtiment construit au bas de la vallée.

En pénétrant dans le camp le piètre aspect qu'il présentait de loin me fut expliqué : le mouvement sur la frontière s'était accentué, et depuis quelques jours le général Newdigate avait transporté son quartier-général à *Landman's-Drift*, sur les bords du Buffalo.

Il ne restait donc plus à Dundee que les débris du 24ᵉ régiment, dont on reconstituait à la hâte les cadres et l'effectif ; c'est-à-dire 800 hommes tout au plus avec tout un service d'intendance. Ce service d'intendance devait rester à demeure à *Dundee*, car si ce point stratégique n'avait plus l'importance militaire des débuts, il demeurait toutefois un centre d'approvisionnement, et c'est dans ce but qu'avait été aménagé le fort.

Trois immenses constructions en zinc avaient été établies à cet effet dans l'enceinte, elles regorgeaient de conserves de toutes sortes pour les hommes et de quantités de sacs venus d'Angleterre dans lesquels avait été pressé et foulé d'excellent fourrage pour les chevaux.

Sans vouloir faire parade de connaissances militaires, dont rien ne m'autorisait d'ailleurs à me parer, je m'étonnai au premier abord de cette disposition singulière, qui faisait établir un camp dans une position très accessible sur plusieurs points, et de plus choisie dans un bas fond que surmontaient de très hautes collines ; de plus, en arrivant au camp, j'avais pu me rendre compte que rien ne serait plus facile que de contourner cette position dans tous les sens, sans qu'il fût possible dans l'intérieur du camp d'en avoir la moindre connaissance. L'établissement sur ce point d'un fort resté très important au point de vue des magasins de vivres qu'il contenait me paraissait une chose anormale. Je m'en expliquai par des formules interrogatives avec le major qui commandait le camp. Ce charmant homme avait voulu se faire mon cicerone dès mon arrivée, mon hôte même, et cela, avec cette amabilité et ce laisser-aller dont certaines classes de la société anglaise ont seules le secret.

Alors le major m'expliqua qu'il ne fallait pas juger la stratégie à l'égard des Zoulous avec les souvenirs des guerres européennes ; que le premier souci d'un chef de campement devait être de ne pas manquer d'eau, et de ne pas joindre aux fatigues des marches et des postes avancés, la corvée d'aller s'approvisionner trop loin ; que les bords des rares cours d'eau étaient indiqués à l'exclusion de tout autre lieu ; que d'ailleurs cette nécessité de camper dans le fond des vallées, c'est-à-dire là seulement où coulaient les rivières, n'amenait pas un très grand danger, la guerre avec les Zoulous se faisant sans artillerie de fort : que ces forts étaient construits, non pas pour balayer des plaines, mais pour permettre aux quelques hommes qui devaient les dé-
endre de résister contre les forces supérieures non ou-

tillées pour un combat à distance. Tout cela et bien d'autres raisons encore me furent expliquées ; je ne pus en apprécier exactement la valeur, je ne vis qu'une chose, c'est que, en dehors de tout motif purement militaire, les approvisionnements étaient le souci perpétuel dans ce pays dénudé de toutes ressources, et qu'avant toute idée de stratégie, l'établissement des échelles de forts placés près de la frontière, obéissait plutôt à la préoccupation de les rendre accessibles aux lourds wagons de transport, qu'à toute autre idée technique.

A mon retour de la visite du fort, quelques officiers du 24ᵉ vinrent m'offrir une place à leur mess, j'acceptai de grand cœur ; aussi une fois mes couvertures étendues avec soin au milieu de quelques ballots dans une grande tente d'intendance, j'allai rejoindre le campement du régiment.

Je n'oublierai jamais ce premier dîner sous la tente que me valut l'aimable invitation du 24ᵉ régiment. Le repas avait lieu sous la tente même de l'ambulance, vide pour le moment, et le couvert était mis sur les planches destinées dans l'avenir aux amputations et opérations de toutes sortes.

Les petites caisses de médicaments soutenaient ces planches, de telle sorte que celles-ci ne se trouvaient qu'à une hauteur insignifiante du sol. Dans le principe les officiers se virent obligés de prendre leurs repas en se couchant sur le sol à la manière antique ou encore accroupis sur leurs talons ; cela n'était ni commode ni bien récréatif. Un esprit ingénieux s'avisa de faire une tranchée sous les planches, l'idée réussit et fit merveille : la tranchée s'étendit sous toutes les planches, et à mon passage, à part un peu de gymnastique nécessaire pour glisser les jambes dans la tranchée, l'opération était des plus simples. Une fois en effet les jambes dans la tranchée, on se trouvait tout naturellement assis sur le sol même, avec les planches à la hauteur d'une table ordinaire.

Au commencement du repas chacun arrivait dans la tente avec son plat, son couvert et sa lanterne allumée : on prenait place, et bientôt les plats se confondaient, les couverts aussi au besoin, chacun vantait sa cuisine et mettait son honneur à la faire apprécier. Au milieu du repas, c'était une confusion très gaie au milieu de laquelle les propriétaires légitimes ne pouvaient plus mettre la main ou, plus exactement, la fourchette, sur ce qui était leur chose.

Je ne saurais dire si ces différents essais culinaires étaient plus ou moins bons, je ne me souviens que de la charmante hospitalité qui me fut accordée, et des efforts de chacun pour la rendre aussi confortable que possible.

Au couvre-feu, j'allai rejoindre ma tente d'intendance; là, les officiers de ce service spécial m'attendaient encore pour m'offrir un autre genre d'hospitalité, cher à tous les Anglais, c'est-à-dire d'amples rasades de *brandy* et de *gin;* je fis comme tout le monde, malgré la répugnance que j'ai toujours éprouvée au cours de la campagne pour toutes ces boissons frelatées; mais au premier signe d'ébriété chez mes hôtes, je me hâtai de rejoindre le coin où j'avais fait étendre mes couvertures; là, chacun, je dois le dire, respecta mon sommeil. La soirée, je le pense, dut être orageuse, car le matin lorsque je m'éveillai d'assez bonne heure, la plupart s'étaient endormis sur le sol sans songer à défaire leurs propres couvertures.

Le lendemain je devais rejoindre sans autre arrêt le camp du *Landman's-Drift*. Comme il ne fallait que deux heures à peu près pour aller de l'un à l'autre camp, je pus assister, avant mon départ, au réveil du camp de Dundee. Quelques-unes des compagnies nouvellement reconstituées étaient déjà sous les armes; celles-ci avaient été réunies sur le champ de manœuvres, plutôt pour permettre aux officiers de passer la revue de la tenue de campagne de leurs hommes, que pour effectuer l'exercice proprement dit.

La tenue des hommes me parut aussi correcte que pourrait l'exiger l'inspecteur le plus méticuleux dans les casernements de la métropole. Les soldats étaient armés d'une sorte de carabine Martini-Henri, très légère et très simple à manier. Leur bagage se composait de deux sacs de dos : l'un très haut sur les épaules, formé par la couverture et la capote empaquetées ensemble; le second, plus bas, très près de la ceinture, vrai sac de soldat d'une forme plus légère que le sac du soldat français.

Entre temps j'assistai sur la lisière du camp à un spectacle moins récréatif : la bastonnade, ou plutôt la flagellation, infligée à quatre hommes pour insubordination et ivresse sous les armes. Lorsque j'écris : j'y assistai, c'est beaucoup dire, je me contentai de suivre la chose de loin du bout de ma lorgnette.

J'étais curieux de voir, mais il me répugnait de m'approcher ; chaque homme, attaché à la roue d'une voiture, et les épaules nues, devait recevoir vingt coups de fouet. Le sous-officier chargé de l'exécution attachait lui-même à la roue les jambes et les bras de chaque condamné, et, faisant deux pas en arrière, comptait chaque coup à haute voix; un médecin était là, prêt à intervenir à la moindre défaillance. Ce qui me frappa surtout c'était une sorte de point d'honneur que mettait chacun des patients à se sentir cingler les épaules, sans que rien dans la physionomie parût exprimer chez lui la moindre souffrance; à tel point qu'il me fallut aller moi-même voir les épaules ensanglantées et compter sur la peau déchiquetée chaque coup de fouet, pour me rendre compte que ce que j'avais vu de loin n'était pas un simple simulacre.

Quelques instants après, à la table du colonel Glyn, lequel à ce moment avait le commandement du camp, quelques officiers me demandèrent ce que je pensais de ce genre de punition. On se hâtait de m'assurer d'ailleurs que la coutume du fouet n'était mise en pratique qu'en temps de guerre, et qu'elle était absolument abandonnée en toute autre circonstance. Je me contentai de répondre que tout usage, surtout de cette espèce, n'était appréciable que pour ceux-là seuls qui en jugeaient le maintien utile et nécessaire. J'ai pour principe d'ailleurs qu'il est difficile, sinon impossible, de juger les us et coutumes d'une nation, dans quelque sorte d'idées que l'on se place, avec son propre tempérament d'étranger.

A première vue, pour des philanthropes de notre espèce, je parle du Français particulièrement, ce mode de punir révolte instinctivement, non pas à proprement parler pour le coup de fouet qui fait jaillir le sang et imprime sur la peau la marque pour longtemps ineffaçable de la flétrissure, mais principalement à cause de cette dégradation morale, qui assimile l'homme et la bête dans le même système correctionnel. Cette dégradation morale échappe au caractère anglais; l'homme fustigé ne s'en déclare pas moins homme et n'en est pas moins considéré dans la suite par ses camarades. La peine est sensible..... sur l'échine et voilà tout; une fois les coups comptés et reçus, le soldat reprend ses habits militaires, va se plonger dans la rivière la plus voisine et il n'en paraît plus rien.

Le 24e régiment, en voie de reformation, était plus particulièrement sujet à offrir le spectacle de ce genre de punition; on dressait les recrues à la hâte avec renfort de sifflements de lanières. Quelques jours plus tard sur la frontière, je vis revenir un homme du même régiment qui venait de recevoir 50 coups de fouet, et comme je le considérais curieusement : — Ce ne sont pas les premiers que je reçois, me dit-il, et, voyez-vous, on n'en meurt pas.

Ce qui mourrait certainement en France sous le fouet militaire, c'est le respect de l'armée ; ce qui disparaitrait derrière cette punition brutale, c'est l'auréole d'honneur et de dignité personnelle, dont nous nous plaisons à entourer le dernier de nos *piou-pious*.

Rien de cela ne peut advenir dans l'armée anglaise où le soldat est le produit d'un recrutement sur les trottoirs de la *Cité*. Tout l'honneur de l'armée se réfugie dans le corps des officiers, bien dignes d'ailleurs de supporter seuls ce lourd fardeau ; c'est ce qui fait que la flagellation peut être sinon glorifiée, mais du moins maintenue à l'égard des *manœuvres* que l'état-major entraine sur les champs de bataille.

A dix heures du matin je prenais enfin congé du 24e, et je galopais bientôt sur la route de *Landman's-Drift*, où j'arrivai vers midi.

Le général Newdigate, et son aide de camp le capitaine Lane, auprès desquels j'avais plusieurs lettres d'introduction, étaient partis la veille pour visiter différentes positions, et ne devaient rentrer que sur le soir. En leur absence, je fus reçu par le major Robinson et le major Gosset, tous deux de l'état-major du général. Ceux-ci prirent sans façon connaissance de mes lettres, et dès ce moment tous les bienfaits de l'hospitalité me furent accordés.

J'emploierai bien souvent cette formule, car je tiens à être juste pour tous et en toutes choses. Je remplirais certainement ce volume de tous les remerciements que chacun est en droit d'attendre de moi, si je tenais à exprimer dans son entier la satisfaction personnelle que je ressens encore, pour l'accueil bienveillant que j'ai trouvé dans toute l'armée anglaise.

Cet accueil, je l'ai dû en grande partie à la publicité immense dont jouit le « *Figaro* », jusques dans ces limites extrêmes des mondes, et à la fortune particulière qui le classe dans l'esprit de tous au rang des feuilles les plus universellement influentes du continent européen. Je l'ai dû aussi, plus directement encore, à l'attention délicate du Prince qui dans tous les camps annonçait ma venue, priant chacun de diminuer autant qu'il serait possible les embarras qu'éprouve un étranger à voyager dans un pays inconnu à la suite d'une armée, dans laquelle ses relations sont plus que restreintes ; je trouvais le terrain tout préparé. Mon arrivée était attendue et prévue. Je parle de tout cela au moment même de mon arrivée au quartier-général de la 2ᵉ division, parce qu'ayant planté ma tente au corps d'armée du général Newdigate, et ayant fait de cette division le point central de toutes mes excursions circulaires sur les autres points de l'armée d'opération, c'est là que j'ai pu apprécier tout ce qu'a d'aimable et de cordial l'hospitalité qui sait laisser place même à l'indiscrétion, et avec quel tact et quelles prévenances chacun sut se déranger pour m'être agréable sans que je pusse me récrier ou prier de n'en rien faire.

Le général Newdigate revint au camp au moment même où j'en visitais les dispositions avec le major Gosset; le général revenait d'*Helpmakaar* et de *Rorke's*

Drift; à peine descendu de cheval, celui-ci se dirigea de notre côté, me souhaita très amicalement la bienvenue et alla, sans prendre le moindre repos, choisir immédiatement l'emplacement qui devait être assigné au premier détachement de cavalerie et d'artillerie, dont j'avais été chargé officieusement d'annoncer l'arrivée prochaine.

Le général Newdigate est un homme de taille moyenne, à la physionomie bienveillante, qui sait joindre dans la vie du camp une certaine bonhomie intime à toute l'activité et l'énergie d'un commandant de corps d'armée. Chaque matin à cinq heures, le général était sur pied, réveillant lui-même ses officiers d'état-major, et allant avec eux visiter, le falot à la main, les postes avancés, dont chaque soir, au coucher du soleil, on entourait le camp; ou encore toute la journée à cheval visitant en personne les positions diverses de sa division et surveillant la marche des convois.

Pendant le repas du soir, je vis le général quitter tout à coup la tente, mettant tous ses soins à surprendre la vigilance des sentinelles qui gardaient les abords du camp.

Voilà pour le soldat. Quant à l'homme privé, le général Newdigate sait avoir dans ses relations personnelles une simplicité de bon goût qui fait honneur tout à la fois à son caractère et à son intelligence; et j'avais peine à reconnaître, ce premier soir, dans l'aimable vieillard qui souriait doucement à nos plaisanteries toutes parisiennes et aux souvenirs de Paris de ses officiers d'état-major, ce chef militaire qui, quelques heures auparavant, ne prenait, en descendant de cheval, quelques instants de repos, que lorsqu'il avait revu jusqu'au moindre détail de ce camp, dont il n'était cependant absent que depuis quelques heures. Parlerai-je encore du major Robinson, que je confondais si souvent avec le général lui-même, même tenue, même aspect, même allure ; et le major Gosset, et avec lui ce jeune homme dont le nom est aussi illustre dans les annales de la France que dans les traditions historiques de l'Angleterre, le colonel Montgomery ; et encore le capitaine sir Gordon Cumming, hôte familier de tous nos salons à la mode, *gentleman* le plus parfait et garçon d'esprit, ami très sincère et très dévoué d'une des femmes du monde les plus brillantes, et le lui prouvant par le zèle tout particulier qu'il déployait pour donner à madame de Pourtalès le plus régulièrement possible des nouvelles de ce cher petit prince. Faisant plus encore, après la mort de ce malheureux jeune homme, transgressant toutes les consignes pour pénétrer dans la tente funèbre, couper une mèche de cette chevelure auguste, et l'envoyer à sa gracieuse correspondante ; et madame de Pourtalès ne trouvait pas en Angleterre de plus digne pour partager avec elle ce précieux envoi que le Prince de Galles lui-même.

Tel général, tels officiers ; je ne sache pas plus juste dénomination que cette formule appliquée à la composition de l'état-major de la 2ᵉ division.

Le camp de Landsman's Drift ne devait être que la première étape de la 2ᵉ division de Dundee à la frontière ;

c'est à Conférence-Hill que devait se rendre le corps du général Newdigate, dès que cette position serait assez approvisionnée pour pouvoir assurer un ravitaillement certain de trois mois au moins aux deux corps Newdigate et Wood. Mais les transports étaient très difficiles et très lents à avancer par ces routes, qui ne quittent les flancs et les crêtes de montagne que pour tomber dans de courtes plaines sillonnées en tout sens par de profonds ravins, tous à sec, il est vrai, dans cette partie de l'année, mais toujours difficiles à franchir.

Aussi ce travail de ravitaillement, dont on attendait impatiemment la fin, ne devait-il vraisemblablement être terminé que vers la fin de mai. Alors seulement s'avancerait jusqu'à Conférence-Hill, le général Newdigate avec le gros de sa division.

C'était également à Conférence-Hill que devait se transporter à ce moment l'état-major général ainsi que lord Chelmsford en personne. Le général et le prince se trouvaient en ce moment à Utrecht dans le Transvaal ; c'est dans cette localité que je devais me rendre moi-même quelques jours après, terminer mon excursion à travers les positions actuelles de l'armée sur la frontière.

Un détail tout français. Pendant que j'attendais le général, des sous-officiers triaient à deux pas de moi le courrier qui venait d'arriver ; un des sous-officiers jette presque à mes pieds un paquet de journaux en criant : « Pour le Prince Impérial », je ramasse le paquet, c'étaient des journaux français ou plutôt une suite de numéros d'un seul journal français, l'*Ordre*.

L'envoi se terminait à la date du 21 mars, et nous étions le 9 mai. Comme j'avais annoncé que je serais dans quelques jours à Utrecht, le major Gosset me demanda si je me chargeais de ce paquet de journaux. Je n'en fis rien, craignant que quelque retard ne me fît arriver au quartier-général moins vite que la poste.

La poste de camp en camp était faite par des Cafres de la colonie. Lettres et paquets étaient renfermés dans des sacs ou des petites caisses, et à chaque camp on triait le courrier. Le Cafre ou les Cafres commis à cet effet, accroupis à quelque pas, attendaient la fin du triage pour reprendre leur course. Puis le sac ou la caisse sur la tête, un fusil chargé d'une main et quelques assagays dans l'autre, ceux-ci partaient au pas de course à travers champs, voyageant nuit et jour sans autre arrêt que le temps de grignoter quelques biscuits sur la lisière de quelque prairie. Parfois deux ou trois ensemble; le plus souvent un seul faisait le service. Ce qu'il y a d'extraordinaire, c'est la rapidité avec laquelle ces courriers courent avec ces énormes sacs sur le dos; un service de poste à cheval ne remplirait certainement pas le service régulier que faisaient les indigènes.

Outre le service régulier des malles, les Cafres étaient encore employés pour le transport des dépêches ou des lettres particulières, alors que quelqu'un avait manqué le courrier, ou encore ne pouvait attendre le suivant. Ces dépêches et ces lettres particulières confiées au Cafre étaient fixées préalablement dans une fente pratiquée au bout d'un bâton, lequel petit bâton, le Cafre portait toute la route haut au-dessus de sa tête. Ce système a deux avantages, le premier, de ne pas laisser souiller la propreté de l'enveloppe par la main du porteur, le second, c'est d'indiquer sur la route que ce Cafre est porteur de dépêches ou de lettres ; alors chacun s'approche, et si le destinataire vient à passer il n'a qu'à prendre la lettre sans mot dire et sans autre explication. Le Cafre n'en continue pas moins la route qui lui a été indiquée ; si la lettre n'est plus au bout de son bâton à l'arrivée, c'est que le destinataire l'aura prise en route.

Je voyageais un jour avec le correspondant d'un des principaux journaux anglais ; à chaque Cafre qui passait, celui-ci examinait minutieusement la lettre et la suscription, flairant même, pour ainsi dire, ce qu'elle pouvait contenir. Puis l'examen terminé, il remettait la lettre ou la dépêche dans le bâton. Parvenus près de notre destination : « Je suis tranquille maintenant, me dit-il, il n'est rien arrivé d'extraordinaire pendant notre absence du camp. »

Et comme je l'interrogeai curieusement du regard : « C'est que voyez-vous, ajouta-t-il, de toutes ces dépêches et lettres dont nous avons croisé les porteurs, pas une n'émanait d'un correspondant..... Un conseil, reprit-il : si vous voulez qu'une de vos dépêches ou de vos correspondances arrive exactement ou sans retard à destination, n'employez jamais cette poste ambulante; trop de gens auraient intérêt à vous enlever tout au moins la primeur de vos racontars. »

Un correspondant anglais est toujours un homme très zélé, très actif, audacieux et toujours charmant, charmant de manières et de ton, mais en matière de nouvelles, pas le moindre scrupule, c'est ce que me donnait à entendre mon compagnon de voyage.

CHAPITRE XII

DOORN-BERG. — BALDII SPRUIT
LE PRINCE IMPÉRIAL A UTRECHT. — UNE VISITE A OHAM
FRÈRE DE KETSHWAYO

Je laissai au camp de Landman's-Drift chevaux, bagages et domestiques, et seul, sur un petit *pony* du pays, sans autre guide et compagnon que ma boussole et une assez bonne carte, que m'avait donnée le général Newdigate, je me lançai à travers champs dans la direction d'Utrecht.

Il n'y a rien de bon, rien d'agréable comme ces chevauchements sans fin dans ces pays déserts, nus, sauvages, sans autre guide que la direction solaire, sans autre maître et sans autre but précis que le caprice du moment, sans autre embarras que sa propre fatigue, avec cette pointe de danger que procure le voisinage d'une frontière ennemie. Alors l'imagination va se perdre au galop du cheval, jusqu'au milieu de ces phalanges d'assagayeurs que l'on sait sans pitié pour tout ce qui est blanc ou chrétien, et l'esprit se complait dans des dangers imaginaires ; on les sent, on les voit presque ; puis, instinctivement, tout cela prend une apparence de réalité ; de là à une certaine épouvante il n'y a qu'un pas ; ce pas, on le franchit, et, il faut le dire sans réticence, dès ce moment la peur vous saisit ; penché sur le cou du cheval, on cherche à respirer de son haleine, le cœur bat à l'unisson de l'allure ; l'œil est-il vif, l'allure encore décidée, peu de transpiration, partant pas la moindre apparence de fatigue, on se redresse alors sur la selle, tout va bien, tout est bien. Mais il a suffi de ce moment d'hésitation pour renverser tout un échafaudage de présomption et d'audace : peu à peu on précipite l'allure du cheval, on ne galope plus, on brûle l'espace, et la course folle ne s'arrête que lorsque les lignes blanches du camp que l'on cherche se dessinent sur l'horizon.

J'ai éprouvé tous ces sentiments, et je les transcris ici tels que je les ai ressentis entre deux petits camps voisins de la frontière, les camps de *Doorn-Berg* et de *Baldii-Spruit*. Je m'étais arrêté au premier le matin : ce fut là que je fis connaissance de ces charmants officiers du 80° régiment, dont la cordialité toute particulière me fut si précieuse et si agréable pendant tout mon séjour dans l'armée anglaise : le commandant, le major Tucker, pour lequel j'avais une lettre de recommandation, n'avait su que trouver pour m'être agréable. Cet homme charmant ne connaissait exactement que deux mots de français, et en riant je le surnommai immédiatement **M. Toujours Oui.**

Ce fut, dans la suite, toujours par ce nom, qu'on me désignait la tente du major, dès que je retrouvais quelque part le campement du 80e.

Les compagnies de ce régiment, qui formaient à elles seules à ce moment toute la force militaire du camp de *Doorn-Berg*, appartenaient au corps du brigadier-général Wood. Cette position de Doorn-Berg leur avait été assignée pour rester là pendant quelque temps les pourvoyeurs de bois des colonnes expéditionnaires. Je dois dire que ceux-ci me parurent s'acquitter de leur mission en toute conscience, et du camp on ne voyait sur la montagne de *Doorn-Berg* que branches s'abattre et troncs s'effondrer à chaque instant, sous les haches de ces sapeurs improvisés.

Ne pouvant, de *Doorn-Berg*, me rendre d'une seule traite à Utrecht, et désireux en outre de voir de près tous les postes avancés de l'armée, je résolus d'aller passer la nuit à un autre petit camp voisin du Baldii-Spruit dont il avait emprunté le nom, c'est ce camp que je cherchai pendant toute l'après-midi.

A Baldii-Spruit, je fus reçu par un héros des premiers faits de la guerre, le capitaine Prior, lequel, trois mois auparavant, avait tué de sa propre main le fameux chef Zoulou *Umbeline*. Au repas du soir, un officier d'artillerie du corps d'armée du général Wood, revenant d'Utrecht, et rejoignant sa batterie, vint animer notre conversation un peu languissante : ce dernier parlait le français avec une grande facilité, c'était de plus un ami intime du Prince avec lequel il avait voyagé en Suisse pendant les dernières années, je veux parler du lieutenant d'artillerie Biggs. Le lieutenant venait de rendre visite au Prince à Utrecht, et je pus ainsi avoir les nouvelles les plus rassurantes de Son Altesse ; le nouvel officier d'état-major rendait, paraît-il, des points aux plus vigoureux comme force de résistance à toutes les fatigues.

Le lendemain matin, je prenais enfin définitivement une grande route tracée par les wagons, et, vers une heure de l'après-midi, je mettais pied à terre au quartier général de lord Chelmsford.

En route chaque officier avait tenu à me charger de quelques mots de recommandation, et je me faisais déjà indiquer les tentes des différents destinataires, lorsque le Prince Impérial prévenu, je ne sais comment, de mon arrivée, vint immédiatement à ma rencontre avec sa courtoisie habituelle, et au même moment, un aide de camp de lord Chelmsford accourut dire quelques mots à Son Altesse. — Le général, me dit le Prince, me prie de vous inviter au lunch de l'état-major.

— J'accepte avec grand plaisir, répondis-je, toutefois avec l'agrément de Votre Altesse. — Mon Altesse, reprit aussitôt le Prince en souriant, prend l'agrément pour elle, et va à la table commune établir son siège près du vôtre.

La tente du capitaine Molyneux s'ouvrait à quelques

pas de nous. Sur l'invitation de l'aide de camp du général, j'allai là secouer un peu la poussière de la route.

Avec le général en chef et le Prince, s'asseyaient à leurs côtés le colonel Crealock, le secrétaire militaire de l'armée, frère du général qui commandait à ce moment l'armée du Tugela, le colonel Bellairs, le docteur Scott, mon ancien compagnon de route, et le capitaine Molyneux.

Le Prince avait fort bonne mine et un appétit meilleur encore ; je refusai de toucher à un plat de riz : le Prince, lui, y revint plusieurs fois, insistant chaque fois, pour m'en faire prendre ma part. Je résistai très respectueusement : — Voyez-vous, me dit alors le Prince, je vous attends dans quelques jours : vous ferez alors comme moi ; soit par nécessité, soit par prévoyance, vous en deviendrez un amateur..... passionné.

Comme je venais de parcourir toute la ligne militaire, lord Chelmsford me demanda mon impression ; je récusai d'avance toute compétence militaire : — Dites toujours, me dit le Prince, il faut hurler avec les loups, les loups ici, ce sont des militaires, montrez-nous les aptitudes spéciales de notre race française.

Alors, je narrai plus que je n'appréciai tout ce que je venais de voir, insistant sur le côté pittoresque de mon voyage ; je me fis écouter par l'intérêt même qu'attachait l'état-major à tout ce qui concernait les mouvements des troupes. Je fis sourire par la chaleur que je mis à décrire les *laager*, c'est-à-dire, ces camps provisoires, aux enceintes formées par les wagons de transport, avec ces bêtes de somme qu'on y parque la nuit, après les avoir laissé errer tout le jour dans les prairies voisines.

— J'ai traduit toute une page des *Commentaires de César* devant le premier *laager*, dis-je au Prince. — En l'appliquant aux guerres Puniques, reprit-il négligemment.

Je m'inclinai devant l'érudition, et le général s'étant levé, la conversation en resta là.

— Maintenant, me dit le Prince, qui connaissait ma passion pour la chose, roulez toutes les cigarettes possibles, sans gêne aucune, et je vais vous faire visiter une chose très curieuse, le campement des habitants d'Utrecht.

Je voulais refuser, tout confus de cette amabilité, mais le Prince ne voulut rien entendre : — J'ai quelques travaux à terminer, me dit-il, c'est vrai, aussi ne puis-je vous promettre de longues pérégrinations, mais je me suis assigné une heure et jusque-là je suis tout à vous ; d'ailleurs, on m'a signalé la présence à l'hôpital d'un nommé Grandier, un Français fait prisonnier par les Zoulous et qui a su s'échapper de leurs mains, je ne saurais mieux profiter de votre présence qu'en allant le faire demander avec vous.

Lord Chelmsford qui passait à ce moment, et allait visiter lui-même l'hôpital, nous promit de s'occuper lui-même de trouver Grandier et de nous faire prévenir.

Grandier n'était pas à Utrecht, on l'avait dirigé sur Newcastle, dans la colonie de Natal.

C'est donc en compagnie du Prince que je visitai le fort d'Utrecht. Ce fort était composé de deux enceintes distinctes : la première était l'ancien camp ou *laager* des Hollandais, c'était là que, le soir, se réfugiaient pour y passer la nuit les habitants de ce petit village ; la seconde était une annexe ou prolongement à l'enceinte primitive, prolongement construit par les Anglais, et dans lequel on avait établi l'hôpital militaire. Ce fut par l'hôpital que commença notre visite.

En parcourant les ambulances, le Prince trouvait à dire en anglais un mot aimable d'encouragement à chaque malade, la plupart amputés. Je vois encore ce charmant jeune homme, dans ces baraquements peu aérés et où la respiration était difficile, allant de l'un à l'autre lit, s'arrêtant plus ou moins, suivant la gravité du mal, constatant par lui-même les progrès ou les aggravations de la maladie, et m'en faisant part à voix basse comme si je connaissais déjà tous ces blessés.

C'est que lui les connaissait : si sur cette terre d'Afrique celui-là se souvint jamais qu'il était prince, ce fut auprès des affligés ; l'homme malheureux et souffrant oublie bien des peines et bien des douleurs au contact des consolations venues de haut, le Prince le savait ; n'avait-il pas eu les grands enseignements d'une mère dévouée et charitable ! n'était-il pas lui-même de ces natures fines et délicates que rien ne rebute ni ne repousse, si ce n'est la crainte de ne pas pouvoir faire tout le bien dont elles sont capables !

Aussi était-ce parmi ces malades qu'il fallait venir

trouver le Prince lorsque les travaux de l'état-major ne le retenaient pas sous la tente.

Chacun là le connaissait, et, respectueusement, domptant toute douleur, les malades se soulevaient sur leurs lits à son passage. Lui, de la main, leur faisait signe d'éviter tout mouvement, les forçait même à reprendre la position horizontale, et tout cela naturellement, avec cette spontanéité d'allure qui caractérisait le Prince.

Il s'arrêta plus longuement devant une sorte d'alcôve fermée par de longs rideaux montant jusqu'aux poutres de la toiture. On entendait là-dedans des gémissements tantôt étouffés, tantôt stridents ; j'étais resté à quelques pas en arrière, le Prince referma bientôt ces rideaux qu'il n'avait fait qu'entr'ouvrir et me fit signe sans mot dire de le suivre au dehors.

— J'ai voulu vous éviter un spectacle navrant, me dit-il alors ; figurez-vous qu'il y a là-dedans un homme qu'une balle est venue frapper à la tempe même et qui n'en est pas mort ; le coup a fait sortir les deux yeux de leur orbite et cet homme maintenant est devenu fou de douleur.

Puis après quelques instants de silence : — Passons chez les Hollandais, me dit-il, le spectacle sera moins triste.

Nous passâmes par une petite porte de bois pratiquée dans un mur mitoyen. C'était un dimanche, et la population n'ayant pas à vaquer à ses occupations journalières, était restée toute entière dans ses campements.

Je ne sache pas spectacle plus pittoresque que ces Boërs à l'aspect placide, enfermés là dans cette sorte de forteresse. Ils avaient enlevé de leurs habitations tout le mobilier qu'ils possédaient, et, avec des toiles de tente, avaient fait de cette enceinte un grand caravansérail, où vivaient pêle-mêle femmes, enfants et domestiques de toutes couleurs.

Le Prince ne me parut pas avoir très grand goût pour cette population craintive.

— Sont-ce là, me disait-il, les descendants des fiers sujets du Taciturne ?

— Non, repris-je, répondant plutôt au geste de mépris que faisait près de nous un officier anglais en regardant toutes ces plantureuses physionomies qu'à la réflexion même de Son Altesse; non, mais ce sont eux qui ont chassé les Zoulous de Natal, et ne sauraient les mépriser que ceux-là seuls qui pourront faire plus que les Boërs ont su faire jadis.

Le Prince comprit et m'entraîna sur le parapet ; de là, il me désigna un *kraal* qu'habitait un grand guerrier Zoulou, Oham, frère de Ketshwayo. — Allez-là, me dit-il, vous puiserez dans cette visite de précieux souvenirs.

Je m'inclinai et pris congé de Son Altesse. Une heure après j'arrivai à pied au *kraal* du grand chef Oham. C'était la journée des princes, si j'ose m'exprimer ainsi, car ce Oham n'était rien moins qu'un prince, lui aussi.

Tout prince de sang royal qu'avait l'honneur d'être Oham, ce membre d'une famille régnante ne détestait pas, m'avait-on assuré, les petits présents, et quelqu'une de ces marques Hennessy à trois étoiles, dont les stores de la colonie garnissent leurs planchettes, faisait plus d'effet auprès de ce sauvage que les raisonnements les plus artistement combinés.

Un jour, le général Wood, alors simple colonel, vit arriver dans son camp ce frère de Ketshwayo avec une troupe nombreuse de guerriers et les femmes de sa tribu. Oham offrait sa soumission, on l'accepta, comme bien vous pensez.

Une secrète entente s'établit alors à mots couverts. Oham indiquait qu'il ne demanderait pas mieux que de remplacer son frère Ketshwayo et d'être l'ami des Anglais, que sa défection, si elle était mise à profit par ses futurs alliés, amènerait immanquablement celle d'un grand nombre de tributaires de Ketshwayo. Le général Wood ne dit ni oui ni non ; en attendant, il incorpora dans les régiments indigènes les guerriers qui avaient suivi Oham, et quant à ce dernier, le général lui assigna, à peu de distance d'Utrecht, un tertre assez élevé où il lui fut permis de tresser les parois de ses huttes.

C'est là que je trouvai le prince Oham, se complaisant dans une oisiveté corporelle absolue, et l'esprit préoccupé de sa grandeur future.

Les autorités militaires avaient assigné un petit poste composé de quatre hommes et un caporal aux abords du *kraal* ; poste d'honneur, s'était-on empressé de dire à Oham, destiné non pas à surveiller les abords du *kraal*, mais à éloigner les importuns et les indiscrets.

GUERRIERS ET FEMMES ZOULOUS, AU KRAAL DE OHAM, FRÈRE DE KETSHWAYO

Pour moi, je pénétrai dans le *kraal* sans la moindre difficulté, poste anglais et guerriers zoulous avaient été prévenus de ma visite, et mon arrivée n'excita pas la moindre curiosité.

Le Zoulou va rarement au-devant d'un visiteur, tout ce qu'il peut faire c'est de le laisser circuler en toute liberté dans son domaine.

Après quelques tours et détours, je me décidai à employer les quelques mots cafres que je possédais, pour me faire désigner la hutte du *Kauss*. Des petits enfants qui se roulaient devant une hutte coururent immédiatement se cacher dans l'intérieur; mais l'un d'eux, plus hardi, se décida enfin à tendre ses bras droit devant lui, et à me montrer une enceinte de paille tressée, derrière laquelle se dérobait une hutte assez large d'aspect. Je me mis à sourire, et l'enfant devenu plus confiant, courut devant moi jusqu'à une ouverture pratiquée dans cette enceinte. Cette enceinte était à proprement parler un labyrinthe, à l'extrémité duquel je me trouvai tout à coup devant la hutte dont j'avais au delà aperçu le point extrême de la courbure.

Deux guerriers cafres se tenaient de chaque côté de l'ouverture, accroupis sur leurs talons, et, à mon aspect, élevant leurs boucliers de peau de bœuf au-dessus de leurs têtes : *Kauss*, crièrent-ils en même temps et comme mus par un même ressort.

Je fus plein de dignité ; sans mot dire, je levai en l'air le manche d'un fouet que j'avais à la main et je l'abaissai successivement sur le front de chacun de ces guerriers.

Alors ceux-ci se levèrent et me firent signe de pénétrer dans la hutte.

Je m'accroupis d'abord devant l'étroite ouverture et j'en considérai préalablement l'intérieur.

Alors j'aperçus, étendu sur une natte, un homme de haute stature et d'une corpulence excessive qui me tendait la main. Je me décidai enfin à ramper, glissant tant bien que mal par l'ouverture, et je saisis cordialement cette large et forte main.

De la tête Oham me fit un signe amical, et moi, je tirai du fond de ma gorge un formidable *Kauss* auquel vingt voix se hâtèrent de répondre. Alors seulement je m'aperçus que je n'étais pas seul avec Oham, toute la hutte était tapissée de guerriers, ceux-ci me souhaitaient la bienvenue à leur façon.

J'étendis mon tabac sur la natte et je mis à jour une bouteille de cognac. Dans l'ombre je vis des yeux briller, et j'entendis ce sifflement particulier de l'homme étranglé par une émotion soudaine.

Oham, lui, considérait tout cela avec une indifférence trop affectée pour être sincère. Je tirai mon couteau et débouchai la bouteille; puis la posant toute débouchée près de lui, j'allumai une cigarette et attendis. Tout à coup un immense éclat de rire fit trembler les paillassons qui nous recouvraient; par habitude j'avais mis mon lorgnon, et ces sauvages riaient de cet appendice de la vue.

Sur un signe de Oham, un guerrier se glissa dehors comme une couleuvre, et bientôt entraient dans la hutte trois des femmes du Prince. Deux allèrent se placer de chaque côté de leur puissant mari, lequel posant ses deux bras sur les épaules de ses femmes, paraissait éprouver un certain plaisir à retrouver ces coussins naturels. La troisième vint s'accroupir en face de moi, et me tendit une coupe pleine de bière cafre. Il n'y avait pas à hésiter, il me fallait boire cette coupe jusqu'à la lie ; à chaque gorgée mes grimaces toutes naturelles faisaient pousser de stridents éclats de rire aux favoris du Prince ; je voulus alors déposer ma coupe à terre après y avoir trempé mes lèvres, mais la jeune Cafre voyant que tout le breuvage n'était pas absorbé, me retendit la coupe avec un de ces mouvements dont ces filles du soleil ont seules le secret. Alors je bus tout cela d'un trait, et la jeune Zoulou reprenant ma coupe glissa jusqu'au dehors et ne reparut plus.

J'eus regret de mon mouvement de vivacité ; comment n'avais-je pas compris qu'en prolongeant le supplice de l'absorption de cette bière je prolongeais d'autant l'agréable compagnie de cette belle cafrine.

Ma curiosité était dès lors satisfaite ; et comme, chacun doit le penser, la conversation était nulle entre ces Cafres et ce Français, je serrai une dernière fois la main de Oham, et, après avoir distribué quelque argent aux femmes du *Kraal*, je me hâtai de rejoindre le camp.

Je n'y parvins qu'assez tard, ou plutôt trop tard pour rejoindre le dîner de l'état-major, auquel j'avais été de nouveau invité; je fis prévenir lord Chelmsford que je m'arrêtais dans le village même où je passai la nuit.

Le lendemain matin, je redescendais sur Newcastle, sans vouloir attendre lord Chelmsford, qui m'avait fait dire qu'il s'y rendait lui-même.

Ce fut ce jour-là, au moment de mon départ, que le Prince auquel je demandais s'il n'accompagnait pas son chef, me fit part lui-même que depuis quelque jours il lui avait été attribué des fonctions spéciales auprès du quartier-maître de l'état-major, le colonel Harrison. Le Prince se montrait très heureux de ce qu'il considérait comme une faveur, et se disait très honoré qu'on voulût bien lui permettre de « rendre des services », suivant l'expression que je lui ai entendu si souvent employer.

J'avais parlé au Prince du paquet de journaux dont je ne m'étais pas chargé crainte de retards. Son Altesse ne les avait pas encore reçus; — c'était un paquet du journal l'*Ordre*, dis-je au Prince.

— Vous avez dû vous douter, répliqua-t-il aussitôt en riant, à qui il devait être adressé; je vous en ferai parvenir quelques-uns, ajouta obligeamment le Prince, si du moins cela vous intéresse; seulement, à titre de réciprocité, lorsque vous recevrez le *Figaro* ou tout autre journal de France...

Quelques instants après j'étais sur la route de Newcastle.

CHAPITRE XIII

**NEWCASTLE. — QUELQUES VOLONTAIRES FRANÇAIS
APPRÉCIATION DE LORD CHELMSFORD SUR LE PRINCE
RETOUR, PAR DUNDEE, A LANDMAN'S-DRIFT**

Comment mon pauvre cheval pût-il me traîner encore jusqu'à Newcastle? C'est ce que j'ignore et ne puis encore comprendre. Tout a des limites, même la force extraordinaire des *ponys* coloniaux. De Utrecht à Newcastle je crus vingt fois être obligé d'abandonne ma monture sur la route et de continuer à pied. Enfin la brave bête me porta jusqu'au bout. Lorsqu'elle tomba épuisée dans la cour du Masonic-Hotel, elle avait parcouru, depuis six jours, près de deux cents *milles* de pays ; et quelles routes et quel voyage !

L'important fut que j'arrivai assez à temps à Newcastle pour envoyer mes télégrammes et attraper un *post-cart* qui devait rejoindre à Durban la malle de l'Europe. Depuis huit jours je n'avais pu trouver un bureau de poste avec des garanties convenables pour la sécurité de ma correspondance.

Je trouvai à Newcastle le général de cavalerie Marschall, lequel allait à Utrecht prendre les ordres de lord Chelmsford. Comme le général en chef m'avait annoncé lui-même son arrivée dans la colonie de Natal pour le jour même ou le lendemain au plus tard, je fis part de la nouvelle au général Marschall. Le lendemain mardi en effet, lord Chelmsford arrivait en voiture avec le colonel Crealock ; je restai pendant trois jours dans cette petite ville avec ces deux généraux, lord Down et son frère, aides de camp du général Marschall, et le colonel Crealock ; nous étions là loin de toute armée, avec une garnison insignifiante ; je pris pour ma part quelques heures de repos bien méritées.

Je trouvai à l'hôpital militaire de Newcastle trois ou quatre Français, d'abord ouvriers à Prétoria, dans le Transvaal, puis engagés dans un corps de volontaires à cheval ; presque tous anciens soldats français : ceux-ci venaient d'être les héros de mille aventures, après le massacre de leur corps, au mois de mars dernier, sur les flancs de la colonne Wood. Un surtout, celui que nous avions cherché avec le Prince à l'hôpital d'Utrecht, ce Grandier, ce seul et unique prisonnier qu'auraient fait les Zoulous dans tout le cours de la campagne.

On a peut-être beaucoup amplifié cette histoire, elle

est des plus simples et peut se résumer en quelques lignes :

Grandier, fait prisonnier par les Zoulous d'Umbeline, avant la mort de ce chef, fut envoyé par Umbeline en présent au roi Ketshwayo ; Ketshwayo, ne sachant que faire de ce prisonnier blanc, l'avait renvoyé à Umbeline ; mais pendant le trajet, fou de toutes les souffrances qu'il endurait, Grandier, profitant d'un instant pendant lequel on lui avait délié les mains pour le laisser manger dans un champ du maïs crû, préféra jouer sa vie que de souffrir plus longtemps, et se précipitant sur les armes que les deux Cafres qui le conduisaient avaient posées à terre suivant la coutume au moment du repas, tua l'un, pendant que l'autre s'enfuyait épouvanté de tant d'audace.

Quelques jours après, ne marchant que la nuit et guidé, à ce qu'il me dit lui-même, par la direction de la voie lactée, Grandier put rejoindre la frontière et raconter son épopée au général Wood.

Ce qu'il me parut y avoir d'intéressant dans tout cette histoire pour les chefs de l'armée anglaise, était de savoir quelles indications pouvait donner ce garçon sur la route que suivaient les Cafres pour atteindre Ulundi, où Grandier prétendait avoir été conduit.

Je parlai de Grandier, le soir même, à lord Chelmsford ; le général devait visiter l'hôpital le lendemain et il me promit de voir si, comme le désirait Grandier, on pouvait donner à ce héros actuel une décharge d'hôpital et lui permettre de rejoindre les postes avancés.

Ce Grandier était natif de Bordeaux ; il avait fait un congé sous les ordres du colonel de Montauban, avec lequel il fut fait prisonnier à Sedan. Après avoir fait partie de l'armée de Versailles contre la Commune, Grandier, une fois libéré du service, vint au Cap chercher fortune aux Champs des Diamants, et plus tard aux Mines d'Or ; n'ayant pu réussir dans ces deux tentatives, Grandier se décida à venir à Pretoria, dans le Transvaal, exercer son métier de tailleur de pierres ; c'est de à qu'il partit comme volontaire dans l'armée anglaise. Grandier me parut un garçon assez intelligent, d'une tenue convenable, avec une physionomie vraiment française. Il y avait encore deux ou trois volontaires français, mais de ceux-là je ne veux en parler que pour mémoire.

J'ai tenu à raconter comment ce Grandier se trouvait à ce moment comme volontaire dans la colonie anglaise ; en racontant son histoire, j'ai raconté celle des quelques Français que j'ai rencontrés soit à l'état errant dans l'Afrique du Sud, soit volontaires dans l'armée.

Presque tous ont été d'abord attirés par le miroitement lointain des Champs de Diamants et des Mines d'Or ; ne réussissant pas dans ces pays enchanteurs, ceux-ci vinrent ensuite à Pretoria, attirés par l'impulsion nouvelle que donnait à toute industrie, après l'annexion, l'activité des nouveaux possesseurs. La guerre éclata, on fit des offres brillantes aux volontaires, et nos anciens soldats reprirent du service. Voilà comment de simples chercheurs de diamants, venus avec des intentions pacifiques, la plupart se trouvaient les armes à la main en présence des Zoulous.

Une justice à leur rendre, c'est que mes compatriotes rendaient des points à leurs camarades anglais sur la fréquentation permanente du cabaret ou *bar* joint à l'hôtel.

Moi-même j'avoue que pendant les deux ou trois jours de mon passage à Newcastle, je ne négligeai rien pour ne pas leur laisser perdre cette habitude; au contraire.

Le soir lorsqu'on mettait tous les buveurs à la porte à une heure avancée de la soirée, tandis que les Anglais se retiraient en trébuchant, il est vrai, mais sans mot dire, il y avait toujours dans la société française quelque récalcitrant qui voulait crever la paillasse à l'hôtelier assez m...., assez cr...., assez canaille enfin pour jeter dehors de son établissement de braves Français. Et alors, au milieu des invectives les plus grossières, les mots pittoresques du soldat français et du faubourien se croisaient en foule, et moi, du fond de ma chambre, ou caché derrière quelque pilier, j'assistais à la scène avec ce bonheur de l'homme privé depuis longtemps de tout ce qu'il aime, de tout ce qu'il porte dans son cœur, même avec les côtés les plus grossiers et les plus bas.

On ne sait pas comme le sentiment national se développe en intensité dans les contrées lointaines; pour ma part, les distances quelles qu'elles fussent ont toujours disparu devant un Français que j'ai pu rencontrer, même par hasard. Je ne sais quels étaient au juste les sentiments politiques de ces hommes à l'égard des idées que représentait le Prince, mais tout ce que je sais, c'est qu'ils parlaient de sa personne avec enthousiasme. Ce n'était pas à proprement parler le Prince qu'ils glorifiaient, mais c'était là un Français qui leur faisait honneur. J'ignore si parmi ces quelques hommes il n'y avait pas quelque soldat échappé de la Commune, mais ce que je puis avancer sans crainte de me tromper, c'est que tous jusqu'au dernier se seraient faits tuer au moment du danger, s'il avait fallu sauver ce Prince français par le sacrifice de leur propre existence. Que quelques-uns de ces hommes se soient trouvés le 1er juin avec le Prince, croyez bien que pas un ne fût rentré au camp sans leur glorieux compatriote ; qu'importe de rester sauf devant les règles strictes de la chose purement militaire, si la conscience de tous vous condamne et vous flétrit.

Le Prince Impérial avait eu la bonté de tenir sa promesse, et le colonel Crealock me remit de la part de Son Altesse, deux des numéros de l'*Ordre*, dont j'avais vu le paquet à Landman's-Drift, les numéros des 19 et 21 mars : c'étaient les premières nouvelles de France que je recevais depuis mon départ.

Un des deux numéros contenait différents discours prononcés par les amis du Prince à l'anniversaire du 16 mars ; je me hâtai de lire et de renvoyer le tout, y ajoutant l'annonce de la mort du directeur du « *Fi-*

garo », M. de Villemessant, que je venais de recevoir du Cap par voie télégraphique.

Un des numéros de l'*Ordre* contenait quelques appréciations sur lord Chelmsford, le général me pria de lui en donner communication.

Ce fut dans cette circonstance que j'eus avec lord Chelmsford une conversation très intéressante sur la personne du Prince.

« J'ai été bien inquiet tout d'abord, me disait le gé-
« néral, de la responsabilité qui m'incombait ; mainte-
« nant, si mes inquiétudes ne sont pas moindres, quant
« aux dangers possibles, je les supporte plus allégre-
« ment, et le Prince lui-même, *qui comprend bien ma*
« *situation et qui veut bien d'un autre côté que je*
« *comprenne la sienne*, fait tout au monde pour ne lais-
« ser subsister entre nous aucun malentendu. En effet,
« si je ne considère que ma propre responsabilité, mon
« devoir le plus strict serait de mettre le Prince entre
« deux gardiens ne laissant pas à ce jeune homme l'om-
« bre d'une initiative personnelle ; mais que penserait le
« Prince de ma conduite à son égard, si j'agissais ainsi ;
« le sourcil contracté, il quitterait immédiatement l'ar-
« mée, et il aurait raison. Le Prince est venu absolu-
« ment seul, prouvant ainsi que sa famille ou ses parti-
« sans lui laissaient accomplir une épreuve aventureuse
« sans autre souci que beaucoup de confiance dans son
« énergie et dans son courage. Puis-je me montrer plus
« soucieux de cette vie si précieuse que ceux qui l'ont
« laissé partir !.... Le Prince, et je laisse de côté toute

« l'amitié qu'il sait attirer vers lui, le Prince, dis-je,
« n'est pour moi qu'une responsabilité personnelle, et
« aujourd'hui que je connais mieux cette nature d'élite,
« j'accepte cette responsabilité dans son entier. Voilà
« pourquoi je n'ai pas hésité à confier à ce jeune vo-
« lontaire qui a porté l'uniforme anglais sur nos champs
« de manœuvre un poste spécial dans mon état-major,
« avec les périls et l'honneur qui s'attachent tour à
« tour à toute fonction déterminée. »

C'est au cours de cet entretien que lord Chelmsford me disait ces paroles textuelles que j'ai rapportées dans ma correspondance au « *Figaro* » sur la mort du Prince, et que je remets ici à leur place chronologique :

« J'oublie que ce jeune homme est un prince, pour
« ne me souvenir que c'est un de mes officiers sur
« lequel je puis le plus compter dans un moment donné;
« chaque jour je m'applaudis de l'avoir près de moi, il
« a droit à toute ma confiance. »

Je retins textuellement ces dernières paroles, et je les notai immédiatement. On pourra les juger comme l'on voudra, pour moi personnellement elles m'impressionnèrent avec une grande force.

Elles me parurent faire autant d'honneur à celui qui savait estimer le Prince à la hauteur de son mérite, qu'elles me semblaient élever encore le caractère de ce jeune homme de vingt-trois ans qui avait su faire taire chez ce général toute appréhension personnelle, pour ne laisser subsister que l'estime et la confiance qu'il voulait mériter comme soldat.

Je les ai retenues et j'en suis très heureux, c'est surtout le souvenir de ces paroles qui, le lendemain de la catastrophe, me faisait dire spontanément à lord Chelmsford sur le seuil de sa tente : — J'ignore comment l'opinion publique jugera la responsabilité de Votre Excellence, mais croyez bien que vous trouverez dans le Français qui vous parle et dont les larmes en ce moment étouffent la voix, un défenseur aussi énergique que sincère.

J'avais fini à Newcastle par trouver d'autres chevaux, ce n'avait pas été sans peine ; et comme le général Marschall allait rejoindre les régiments de cavalerie campés au-dessus de Dundee, je pris la résolution de rejoindre Landman's-Drift par Dundee en me mettant à la suite du général.

— Vous savez, me dit lord Chelmsford, que le général fera demain à cheval près de 45 *milles* sans s'arrêter.

— Faites-en 50, dis-je en me retournant vers le général Marschall, car je suis plus pressé que vous.

Je cite cet incident et ma réponse, non pas par vaine ostentation ; mais j'avais cru remarquer, surtout pour la question du cheval, que les Anglais, et ils ont beaucoup de raisons pour cela, méprisent singulièrement tout ce qui n'est pas eux.

Certes je n'ai jamais eu la prétention de rivaliser en fait d'équitation avec n'importe quel officier anglais, mais l'amour-propre excité fait faire souvent des choses qui vous étonnent vous-même.

Je fis le lendemain les 45 *milles* annoncés. Nous

mimes cinq heures seulement pour franchir cette distance ; et le général Marschall me rendra cette justice que si quelqu'un a faibli une minute, ce n'est pas moi ; mon cheval eût pu rester en route, soit, mais ses naseaux ne quittèrent jamais une minute les sabots des deux chevaux du général.

A Dundee, le soir, dans la tente de l'intendance, je rencontrai le correspondant du « *Times,* » M. Françis, lequel était venu à franc étrier le même jour du camp de Conférence-Hill. M. Francis allait envoyer cette nuit-là même des courriers spéciaux à Ladismith porter quelques dépêches. Il m'offrit ses bons offices si j'avais quelques dépêches à transmettre, ce dont je profitai de grand cœur.

Une nouvelle qui m'étonna beaucoup fut l'annonce du passage du Prince à Conférence-Hill l'avant-veille ; le Prince, m'assurait M. Francis, était allé à la colonne Wood prendre part, sous les ordres du colonel Buller, à une grande reconnaissance dans le Zululand ; M. Francis m'assurait la véracité du fait, sans toutefois avoir pu se rendre compte *de visu.*

Non seulement je restai tout étonné à cette nouvelle, mais encore je me permis de la dénier absolument. Nous étions au jeudi 15 mai, j'avais vu le Prince le lundi matin 12, et celui-ci m'avait assuré que son service le retenait au camp pour plusieurs jours encore. Le mardi 13, lord Chelmsford et le colonel Crealock étaient arrivés à Newcastle, chargés pour moi de quelques journaux que Son Altesse leur avait remis quelques heures auparavant; j'avais eu la veille même un entretien sur le Prince avec le général en chef, entretien dans lequel lord Chelmsford avait touché toutes les phases des responsabilités que lui faisait encourir la présence de l'héritier du trône impérial; le matin, j'avais quitté une dernière fois le noble lord ; et rien dans nos entretiens, pas plus que dans les nouvelles du quartier-général, ne faisait pressentir qu'à ce même moment le Prince courait avec quelques hommes sur la route d'Ulundi.

Malgré toute l'assurance avec laquelle M. Francis m'assurait le passage du Prince à Conférence-Hill la veille ou l'avant-veille, dans le but qu'il m'indiquait, j'y crus si peu, — habitué que j'étais à voir circuler les nouvelles les plus invraisemblables dans les milieux les plus autorisés, — j'ajoutai, dis-je, si peu de créance à ce nouveau racontar que je n'en touchai pas le moindre mot dans ma correspondance.

La chose était vraie cependant, ainsi que je pus m'en rendre compte personnellement trois ou quatre jours après à Conférence-Hill même. J'expliquerai plus tard dans quelles circonstances.

Je devais rejoindre le camp de Landman's-Drift le lendemain à la première heure, M. Francis me pria de l'attendre; on s'était occupé pendant mon absence de mon installation dans l'unique maison de Boër qui avoisinait le camp, et M. Francis désirait m'y conduire tout droit; j'attendis si bien que nous ne montâmes à cheval que vers 5 heures du soir.

Cette maison, située à quelques *yards* du camp, est

certainement la chose la plus originale que j'aie rencontrée sur mon parcours. L'intendance l'avait louée au Boër à laquelle elle appartenait, avec stipulation de pouvoir l'établir telle que les nécessités de la guerre exigeraient son aménagement extérieur; une fois les stipulations transcrites, le génie militaire en avait fait une véritable forteresse; un profond fossé extérieur avait été creusé tout autour; au delà de ce fossé une idée plus ou moins ingénieuse avait fait établir sur les quatre côtés une sorte de damier de trous en entonnoir, recouverts d'un treillage très large en fils de fer. Edifiée de la sorte, les abords en étaient d'un accès plus que difficile.

Pour le moment, deux grands cadres de bois, c'est-à-dire deux lits de lanières taillées dans des peaux de bœufs, une grande table et un banc de bois, composaient tout le mobilier abandonné. Trois pièces et une cuisine, voilà pour l'agencement.

Cette maison fut dénommée la maison des correspondants. Flânant un jour par là, le correspondant du « *Daily-News* », M. Forbes, avait trouvé cette maison à son goût et s'y était installé sans façon. M. Francis à son tour y avait trouvé place, et, par une prévoyance charmante, on m'y avait destiné ultérieurement un des coins. Comme locataire principal, M. Forbes occupait la grande pièce, et avait étendu ses couvertures de campagne sur le lit principal, M. Francis s'était emparé de la seconde pièce et du second cadre *couchatoire*; mais à mon arrivée, je fus mis en possession de ce dernier cadre; le représentant du « *Times* », devant mes protestations et mon refus tout discret, m'assura en souriant qu'il préférait un peu d'herbe étendue sur le sol. Je fis pour la première nuit l'expérience du bien fondé de sa préférence ; quelques lanières s'étaient détachées, et en voulant trop m'étendre à l'aise je passai à travers pendant mon sommeil ; je ne me réveillai qu'une fois à terre et cela à la grande hilarité de chacun.

Devenait souvent encore notre commensal le capitaine Stanley, correspondant du « *Standard*. » La cuisine était commune ; nous nous permettions même les uns ou les autres de grandes invitations dans le corps des officiers, à la condition toutefois que chaque invité apporterait son couvert et sa lanterne.

Nos domestiques européens faisaient la cuisine et nos Cafres allaient couper le bois et puiser l'eau dans le Buffalo.

Pour l'instant je ne passai qu'une nuit dans la maison des correspondants, le lendemain je remontai à cheval ; dans l'ignorance de l'endroit où je m'étais rendu, mon domestique, avisé de l'arrivée d'un courrier à mon adresse, l'avait fait expédier à destination de la colonne Wood ; partir à la poursuite de ces premières nouvelles de France dont j'étais depuis longtemps sevré ne fut donc pour moi que le résultat de quelques instants de réflexion ; je me dirigeais en même temps vers cette colonne Wood dont le chef s'était conquis dans de précédentes affaires une telle réputation, que je désirais fort le voir de près le plus tôt possible et avant tout événement ultérieur.

11.

Le lendemain matin donc, je traversais de nouveau le camp de Doorn-Berg et le soir, à 3 heures, j'atteignais sans autre incident le camp de Conférence-Hill. Mes lettres avaient été arrêtées là fort heureusement et je pus remettre ainsi au lendemain matin le soin d'aller rejoindre le camp du général Wood.

CHAPITRE XIV

CONFÉRENCE-HILL
DEUX RECONNAISSANCES DU PRINCE
MA PREMIÈRE RENCONTRE AVEC CAREY
EXPÉDITION A INSALWANA

Le camp de Conférence-Hill a été ainsi dénommé d'après le nom de la montagne contre laquelle ce camp s'appuyait à quelques *yards* de la frontière; laquelle montagne doit elle-même son nom à une conférence fameuse dans laquelle se réunirent à son sommet, quelques mois avant la guerre, les principaux représentants du gouvernement colonial, et des envoyés du roi Ketshwayo.

Avec son système de temporisation, l'Angleterre, laquelle d'un autre côté sentait tout le péril pour son influence que lui ferait éprouver tôt ou tard l'audace toujours croissante de la race zoulou et voulait la réprimer, l'Angleterre, dis-je, employa tous les moyens de conciliation pour éloigner un conflit.

Les représentants britanniques offraient au roi Ketshwayo personnellement les bons offices du gouvernement de la reine dans les dissensions intérieures, sur le point d'éclater dans sa propre famille contre sa puissance tyrannique ; à la nation zoulou on offrait toute garantie d'existence et d'indépendance pour l'avenir, mais on exigeait formellement le désarmement ou tout au moins une diminution notable des *kraals* purement militaires. Les envoyés de Ketshwayo se levèrent, repassèrent sans mot dire le Blood-River et on ne les revit plus, quelques efforts qui fussent faits pour proquer la réunion d'une seconde conférence.

Quelques mois après, sir Bartle Frère lançait son fameux *mémorandum*, et, au terme fixé par le Haut-Gouverneur lui-même, les troupes anglaises passaient la frontière.

Cette montagne rappelle donc un souvenir historique; elle témoigne des hésitations fatales pour l'Angleterre qui précédèrent les hostilités; elle atteste la confiance absolue dans leurs forces qu'ont toujours montrée les Zoulous depuis plusieurs années.

Pour le moment on travaillait activement dans ce camp, de petits forts s'élevaient de tous côtés et la construction en était singulièrement facilitée par la présence de blocs énormes de pierre dont la contrée était pour ainsi dire pavée. Le génie militaire extrayait ou faisait sauter ces blocs à la mine ; de solides fortifications étaient ainsi établies en peu de temps.

Des masses considérables de vivres s'accumulaient

encore chaque jour à Conférence-Hill; pour tous, ce petit camp était considéré à ce moment comme la base principale des opérations; c'était de là, assurait-on, que devaient partir le gros des forces de l'armée et lord Chelmsford en personne, dès que le signal de la reprise des hostilités serait donné; le Prince lui-même ne m'avait-il pas dit, alors que je quittais Utrecht quelques jours auparavant : « Au revoir, à Conférence-Hill ». De son côté, le général Wood, suivant de nouvelles instructions, ne devait plus agir isolément, et deux ou trois jours auparavant le brigadier-général, quittant les hauteurs de *Kambula*, s'était rapproché à 10 *milles* à peine de Conférence-Hill.

Je visitai donc ce camp avec beaucoup d'intérêt, l'intérêt qui s'attache à tout ce qui est destiné à devenir important ou célèbre.

Le Prince venait de le traverser lui-même deux heures avant mon arrivée; les dires du correspondant du « *Times* » me furent confirmés; Son Altesse accompagnant le colonel Harrison, avait rejoint quelques jours auparavant à Conférence-Hill le colonel Buller de la colonne Wood et tous trois, accompagnés d'un autre officier (le lieutenant Carey, ainsi que je l'appris par la suite), et du capitaine Battington des irréguliers, avaient poussé une reconnaissance jusqu'à 35 *milles* dans le Zululand.

Ils étaient rentrés le matin même sans incident notable après avoir touché barre au camp du général Wood.

Le colonel Harrison devait le lendemain revenir en pays ennemi renouveler quelques observations personnelles, et le Prince n'avait pas voulu abandonner le quartier-maître de l'état-major.

Mais ce dernier avait décliné toute responsabilité, alléguant que ses instructions ne lui permettaient pas d'appliquer à une seconde reconnaissance l'autorisation qu'avait accordée le général en chef au Prince de suivre la première.

— Si lord Chelmsford m'accorde une seconde autorisation, dit alors le Prince, vous ne voyez aucun inconvénient à ce que je vous accompagne?

—Non seulement je n'en vois aucun, repartit le colonel Harrison, mais ce sera un très grand honneur pour moi.

Et le Prince était remonté immédiatement à cheval, malgré sa fatigue, et était parti pour Utrecht à franc étrier.

En route il rencontra le général Wood, lequel de son côté se rendait au quartier général pour s'entretenir avec le général en chef.

— Vous allez me rendre un service, lui dit le Prince; portez-moi ce petit mot à lord Chelmsford; pour moi je reste à Baldii-Spruit; vous me rapporteriez la réponse ce soir à votre retour.

Ce que fit le général Wood; l'autorisation fut accordée. Le lendemain matin j'étais sur la lisière du camp, goûtant d'une certaine farine d'orge qu'absorbaient des officiers irlandais relevés du service de nuit des avant-postes, lorsqu'un « bonjour, monsieur » très énergique me fit lever la tête, c'était le Prince qui passait tout seul à quelque distance de là au grand galop de son cheval. La petite troupe d'expédition était déjà en route, mais, on apercevait encore le groupe sur les flancs d'une colline : au train dont il allait, Son Altesse ne tarda pas à les rejoindre.

Quelques instants après je prenais moi-même la route du camp du général Wood ; mais, par une suite d'incidents qui me sont personnels, je me perdis dans le Zululand pendant un jour et une nuit, et je ne revins que le lendemain lundi 19 mai à Conférence-Hill, brisé, anéanti, mon cheval à moitié fourbu, sans avoir pu trouver trace du camp que je cherchais.

Je fus réveillé le lendemain matin, c'est-à-dire le mardi 20, par le Prince lui-même auquel on s'était hâté de raconter ma mésaventure et qui, d'un air très sérieux, avait tenu à me morigéner avant son départ.

Ce fut là, en présence de quelques officiers, que le Prince prononça ces paroles pour ainsi dire prophétiques et dont les événements ont fait graver encore plus profondément les termes dans mon esprit :

— Ces petites expéditions, dit le Prince, après avoir narré les incidents de la reconnaissance, me plaisent fort sans contredit, elles offrent surtout à mes goûts personnels un très grand intérêt, mais si je devais être tué, je serais au désespoir que ce fût dans de semblables affaires ; dans une grande bataille passe encore, c'est à la Providence de décider ; pendant une obscure reconnaissance, ce serait regrettable.

Oh ! à ce moment, que n'y avait-il là à ma place un des familiers du Prince, un de ces hommes de sang-froid et d'énergie, à la parole autorisée, lequel prenant le Prince à part lui eût dit sans détour : — Le rôle que vous remplissez là, Monseigneur, n'est pas le vôtre ; avant d'être officier de l'armée anglaise, vous êtes le chef d'un grand parti, lequel repose sur vous toutes ses espérances de présent et d'avenir ; vous êtes venu ici acquérir l'expérience du soldat, vous pouvez l'acquérir sans vous faire l'éclaireur d'une armée étrangère ; songez à vos devoirs de Prince héritier, avant d'obéir à l'ardeur de votre tempérament.

Ces pensées me vinrent en foule en écoutant le Prince ce jour-là ; moi personnellement je ne pouvais rien dire ; mais quelle immense catastrophe aurait peut-être pu éloigner de la personne du Prince celui qui, plus autorisé que je ne l'étais, eût profité de cet instant d'une faiblesse passagère pour faire comprendre à ce jeune imprudent tout ce qu'il y avait de redoutable à braver ainsi les mille dangers de ce pays inconnu !

Je renfermai tout cela en moi-même en présence du Prince, mais je fus moins réservé après son départ. Je dois le dire, au milieu de ces caractères froids et indifférents, je fus compris et vivement approuvé. Un officier alla jusqu'à dire : — Mais enfin qu'est venu faire le Prince dans cette bagarre, nous ne lui en saurons aucun gré, et je ne sais vraiment, à moins qu'il ne revienne estropié, le bénéfice qu'il pourra en retirer auprès de vos compatriotes, et encore !

Ce n'était pas la première fois que j'entendais sinon les termes, du moins le sens de ce singulier raisonnement parmi les officiers de l'armée anglaise. Principalement ce jour même j'en fus plus particulièrement frappé.

L'Anglais, pratique en toutes choses, ne voyait rien de bien certain et de palpable au bout de cette équipée.

Ce qui motivait à ce moment toute cette conversation était précisément les dangers plus ou moins directs qu'avait courus cette dernière expédition.

Je fus édifié à ce sujet par le lieutenant Carey que je vis dans cette circonstance pour la première fois.

Je quittais le même jour dans la soirée le camp de Conférence-Hill pour rejoindre à Landman's-Drift le général Newdigate, lorsque je vis un officier courir vers moi avec force gestes, me priant en excellent français de m'arrêter quelque peu.

C'était le lieutenant Carey. Celui-ci avait tenu à me conter certains détails de l'expédition, et la part brillante qu'y avait prise le Prince ; point sur lequel Son Altesse avait négligemment glissé le matin.

La chaleur avec laquelle le lieutenant Carey me parla de Son Altesse, et des premières preuves de courage qu'avait données le Prince dans ces circonstances, me fit au premier abord, je l'avoue, prendre en amitié cette physionomie franchement cordiale. La rencontre fortuite d'une certaine vivacité d'allures et de paroles me réveillait d'ailleurs un peu de la lourdeur ambiante.

Le premier soir, à l'entrée de la nuit, me dit le lieutenant, quelques Zoulous perchés sur le sommet d'une colline avaient tiré quelques coups de feu sur le petit corps expéditionnaire — trente hommes tout au plus, y compris l'escorte et les quatre officiers.

Alors la nuit était venue brusquement, sans qu'il fût possible d'avancer ni de reculer au milieu de ces hautes montagnes et à travers des *dongas* très profonds; on avait dû passer ainsi toute la nuit, les chevaux sellés et bridés, attachés en cercle autour des cavaliers, sans savoir si les Zoulous chercheraient à les attaquer ou à les surprendre.

— Je n'ai pu comprendre qu'on nous fasse passer la nuit là, me disait même quelques jours après le lieutenant Carey, *surtout le Prince étant avec nous*.

Puis le lieutenant me narra les incidents de toute cette nuit froide et humide, pendant laquelle le Prince sans couverture, se serrait contre lui pour se réchauffer un peu. Le lendemain matin, à la pointe du jour, on avait pris la colline d'assaut, et le Prince était arrivé le premier dans un *kraal* qui se trouvait sur le plateau; des Zoulous avaient été alors aperçus sur les montagnes au Sud de l'*Incqutu*, un parti de soixante hommes environ rampait derrière les rocs dans une très forte position et essayait de fermer le passage. L'ennemi avait été très vigoureusement délogé de sa position et mis en fuite grâce à l'impétuosité avec laquelle le capitaine Bettington l'attaqua et enleva ses soldats.

Le Prince seconda avec ardeur cette attaque, fut encore un des premiers à charger le sabre au poing, et à poursuivre les Zoulous.

Les compagnons d'armes de Son Altesse admirèrent à la fois et l'audace de cette agression et le calme que le Prince montra en revenant près d'eux.

Sur la carte dressée aussitôt, le *kraal* avait été dénommé *kraal Napoléon;* c'est le nom officiel qui lui est resté dans les plans militaires.

Je remerciai vivement le lieutenant et comme celui-ci me disait qu'il avait ordre de rejoindre le lendemain l'état-major du général Newdigate, où je me rendais à l'instant même, je le priai d'être un peu indulgent pour mon amour des aventures, et d'accepter ma compagnie à l'avenir dans les reconnaissances qu'il ferait, si cela du moins était faisable et possible.

Le lieutenant me le promit.

C'est dans ces circonstances que je fis la connaissance du lieutenant Carey et c'est en l'ayant trouvé, par la suite, fidèle à sa promesse, que je pus prendre part à la plupart de ses intéressantes et périlleuses expéditions.

Ces deux premières reconnaissances dont je viens de parler furent les seules que le Prince suivit avant le 1ᵉʳ juin, si j'en excepte toutefois une très courte et peu périlleuse faite par lord Chelmsford en personne, trois jours avant l'entrée dans le Zululand.

Le 20 mai au soir le Prince rentrait à Utrecht, après ces cinq ou six jours de fatigue, il ne bougea plus du quartier-général jusqu'au jour fatal que l'on connaît.

Je rentrai, moi, le 21 à Landman's-Drift, où je retrouvai bien la maison des correspondants mais absolument vide; tous mes confrères anglais avaient suivi une grande reconnaissance faite sous les ordres du général Marschall au champ de bataille d'Insalwana.

Depuis le massacre du 22 janvier, personne n'avait osé remettre les pieds dans ce champ de la mort. Quelques jours auparavant un petit groupe d'officiers du 24° en garnison à Dundee, et deux ou trois correspondants anglais avaient tenté l'aventure, et, traversant au galop ce lieu funèbre, avaient rapporté qu'Insalwana ne contenait pas seulement des ossements humains livrés à tous les vents, mais encore que la plupart des wagons de transport avaient été laissés par les Zoulous sur le champ de bataille. Une expédition fut projetée; la cavalerie mena avec elle des chevaux de train ; après des manœuvres brillantes, et sans qu'un seul Zoulou ait osé paraître, quarante wagons laissés là depuis quatre mois furent ramenés à Rorke's-Drift. On enterra des morts le plus qu'il fut possible dans le peu de temps accordé à cette expédition; la plupart des officiers furent reconnus à leurs bagues et à leurs bijoux ; car, particularité très curieuse, il est rare que les Zoulous qui dépouillent les morts ennemis jusqu'à la dernière épingle, il est rare, dis-je, que ces sauvages osent même toucher à tout ce qui peut être considéré par eux comme une amulette ou un fétiche, et en cela sont compris bagues, colliers, médailles, bracelets, — le port du bracelet est très usité parmi les officiers anglais au courant de ces mœurs singulières, — jamais un Zoulou ne touche à tout cela, surtout lorsque le bijou affecte la forme d'un serpent.

Chacun revint le soir même, qui avec des paquets de lettres ou de photographies trouvés sur l'emplacement des tentes, qui avec des assagays abandonnés, qui avec des boucliers zoulous teints d'un sang noirâtre et coagulé.

Cette expédition, les wagons exceptés, n'amena, il est vrai, aucun résultat pratique, mais elle fortifia un peu le moral de l'armée ; on parlait chaque jour de ces centaines de morts laissés sans sépulture depuis bientôt quatre mois dans les champs d'Insalwana ; et l'orgueil national frémissait à la seule pensée de cet abandon prolongé, dont les causes étaient humiliantes. Quand on apprit dans tous les camps que les armes anglaises avaient reparu à Insalwana, il y eut comme un immense soupir de soulagement.

Les correspondants anglais envoyèrent des dépêches de 3,000 mots, et tout fut dit.

Le soir dans notre maison, les uns racontaient la désolation dont ils venaient d'être témoins, et moi je narrai à mon tour les exploits du Prince.

Tout cela donnait la fièvre même aux plus timides et aux plus modérés ; des murmures s'accentuaient, on accusait les généraux de lenteur et d'indécision. Chacun voulait marcher en avant, et avec cela des bruits de paix circulaient chaque jour dans tous les camps ; la plupart bondissaient à ces bruits, non pas qu'il y eût grand enthousiasme, comme on a pu le voir plus haut, pour cette guerre ; mais ces officiers, la plupart venus volontairement, ne voulaient pas s'être dérangés pour rien ; puis on désirait en même temps en finir le plus tôt possible.

En feuilletant un petit calepin de poche, les seules notes précises que j'aie pu conserver dans la précipitation de mon triste départ, je trouve pour en revenir au Prince les quelques lignes suivantes écrites au crayon ; je les transcris dans toute leur sécheresse sans en changer une syllabe ; elles feront foi de la manière dont j'envisageais cette auguste personnalité à ce moment-là même ; ces notes ont été écrites à Conférence-Hill :

« — Dimanche, 18 mai. — L'intrépidité du Prince fait déjà le sujet de toutes les conversations des camps ; son adresse dans tous les exercices de corps fait l'admiration de ses compagnons d'armes ; l'amabilité de son commerce le rend cher à tous ; son zèle à s'instruire de toutes choses émeut et étonne ; quand il monte à cheval on court de tous côtés voir la légèreté et l'adresse avec laquelle le Prince saute plutôt qu'il ne monte en selle sans le secours des étriers ; dans ses quelques instants de loisir il s'amuse à couper en deux du tranchant de son sabre des pommes de terre qu'on jette en l'air : ce sont encore des bâtons en forme d'assagays qu'il se fait lancer avec force et dont il se gare du plat de son sabre ; après les exercices corporels, le Prince cherche à s'instruire sur toutes les choses de la guerre, il court par toutes les tentes de l'intendance : — quels sont ces ballots, ces caisses, interroge-t-il, quel en est le contenu, pour combien d'hommes ces approvisionnements?.. etc., etc. Toutes les réponses sont immédiatement consignées par lui sur son carnet ; plus on répond à ses questions, plus de notes il peut prendre, plus il est satisfait : à son passage au camp l'autre jour, on lui prépare une des grandes tentes de l'intendance pour passer la nuit, le Prince refuse : — Ce n'est pas parce que je suis prince, dit-il, que je dois être mieux logé que tout autre, — et il emprunte une de ces petites tentes-abri dont le simple soldat anglais lui-même ne veut pas se contenter et qu'on abandonne aux volontaires ; c'est sous ce morceau de toile ouvert à tous les vents qu'il passe une nuit glaciale ; le lendemain on construit un petit fort sur l'emplacement même, et on lui donne le nom de Fort Napoléon ; quant à son intrépidité et à son courage, la conduite du Prince pendant les six jours qu'il vient de passer dans le Zululand en a donné des preuves irrécusables.

« Un officier qui me donne la plupart de ces détails me dit : — Je pense que voilà un beau sujet de correspondance pour la France.

« — Non, répondis-je, le Prince a trop de qualités, on ne me croirait pas, ces notes sont pour moi, si jamais l'occasion se présente de pouvoir les mettre au jour avec une apparence de sincérité. »

A cet endroit je rapporte les paroles de lord

Chelmsford à l'endroit du Prince, paroles que j'ai transcrites plus haut, et j'ajoute ingénûment relativement à la confiance qu'accordait à son officier d'état-major le général en chef :

« — Il faut bien qu'il en soit ainsi puisque le général en chef permet au Prince de suivre des reconnaissances qui poussent leurs investigations jusqu'à près de moitié chemin d'Ulundi. »

Je crois aujourd'hui que ces notes inédites trouvent ici leur place sans crainte de les voir taxées du reproche de flatterie ou d'exagération.

CHAPITRE XV

UNE RECONNAISSANCE DANS LE ZULULAND
AVEC LE LIEUTENANT CAREY

Je passai presque toute la semaine au repos, écrivant ou devisant sur toutes choses et avec tous.

Il passait dans l'air comme une bouffée d'impatience avec une certaine pointe de satisfaction.

Chacun faisait le triage de ses quelques bagages, les ordres du jour prescrivaient de les réduire au strict nécessaire.

Notre maison des correspondants devait servir à abriter tout ce que les officiers abandonnaient comme inutile; et ce n'était pas mince préoccupation que ce choix hâtif dans ces mille riens appropriés aux besoins de chaque jour.

Ce n'était pas en effet pour beaucoup des objets seulement dont on se séparait, mais les habitudes restaient avec le sac qui les recélait.

Pour ma part, avec les habitudes de sobriété auxquelles je m'étais plié dès les premiers jours, le triage fut fait très rapidement ; de telle sorte que lorsque le vendredi soir, 23 mai, le lieutenant Carey m'annonça le départ pour le lendemain d'une reconnaissance sous ses ordres, j'étais prêt à m'absenter ; en cas d'avance de la colonne, mon domestique n'avait plus qu'à serrer les courroies pour se mettre en marche avec les troupes.

Le samedi 24 je quittai donc le camp de Landman's-Drift en compagnie du lieutenant ; notre escorte se composait de trois lanciers, trois dragons, deux Cafres à cheval, et un conducteur de l'intendance tenant en main un mulet chargé de provisions pour les hommes et les chevaux ; notre expédition devait durer deux jours, et il était de toute nécessité pour les chevaux anglais dont étaient montés les hommes de notre escorte, d'avoir sous la main du fourrage autre que l'herbe des prairies.

En sortant du camp, le lieutenant Carey me narra les difficultés de toutes sortes qu'il avait éprouvées au quartier général de cavalerie pour obtenir cette escorte, et cela malgré les ordres formels de lord Chelmsford dont il était porteur.

Il paraîtrait, d'après ce que me disait le lieutenant, que l'état-major de cavalerie résistait énergiquement à faire escorter les officiers de l'état-major général.

— Pour peu que cela dure, avait-on répondu à la première demande du lieutenant, c'est vous qui commanderez nos hommes; prenez des irréguliers noirs ou blancs, ils vous seront plus utiles.

Et le lieutenant s'était adressé aux irréguliers, mais ceux-ci avaient leurs chevaux fatigués par plusieurs excursions successives sur la frontière et n'avaient pu fournir, à titre simplement de guides, que les deux Cafres qui étaient avec nous. Alors le lieutenant, revenant à la charge, avait fini par obtenir les six hommes de troupe régulière.

Ne pourrait-on découvrir déjà dans ces incidents préliminaires, une des causes pour laquelle le Prince dut se contenter de six volontaires le matin du 1er juin ?...

A peu de distance du camp, au lieu de continuer la route de Conférence-Hill, le lieutenant prit immédiatement à gauche, notant dès cet instant à chaque pas les incidents de terrain ; il paraissait soucieux, préoccupé ; ce ne fut qu'au bout d'une heure, que remontant à cheval après un arrêt de quelques minutes, il me dit :

— Je crois que mon avis pourra être suivi maintenant ; la route de Koppei-Allein est à peu près indiquée.

C'est ainsi que j'appris que l'idée de l'entrée de la 2e division par Conférence-Hill, était à peu près abandonnée. C'était par le bas d'une petite colline voisine parfaitement désignée par son nom de Koppei-Allein (petite colline solitaire) que définitivement devait pénétrer l'armée dans le Zululand quelques jours après.

Les observations du lieutenant furent couronnées de

succès, et lorsque, à midi, nous parvînmes au pied de Koppei-Allein, la route que suivit la colonne quelques jours après était absolument trouvée et notée ; le lieutenant en était d'autant plus heureux qu'il fut sur le point de perdre une piste trouvée deux jours auparavant en sa compagnie par le colonel Montgomery, c'était le passage par un certain point d'un des *dongas ;* par ce *drift*, on évitait en suivant même une ligne plus courte, trois *dongas* successifs ; ce passage avait été franchi la nuit par ces deux officiers, sans point de repère bien déterminé, et le lieutenant eut toutes les peines du monde à le retrouver ; c'était, si on peut s'exprimer ainsi, la clé de cette route, au delà, en effet, nous pûmes galoper sans autre arrêt jusqu'à Koppei-Allein ; un sentier de chasse des anciens Boers y conduisait tout droit.

Grand est l'intérêt qui s'attache à ces curieuses recherches d'une route inconnue ; je doute que pareils travaux soient d'un usage bien connu dans beaucoup de nos armées européennes.

Les tracés de route sont bien, il est vrai, d'une pratique constante dans les travaux d'état-major, mais ces travaux portent sur des contrées généralement connues, au moins par leurs lignes essentielles.

Dans les reconnaissances dont je parle, rien de tout cela ; pays inconnu, routes à tracer, tel était le problème. Encore si par la variété de ses sites, par l'originalité de certains aspects, le pays lui-même eût facilité les recherches ; bien au contraire, les mêmes montagnes, les mêmes collines absolument dénudées se répétant à chaque pas, dans dix endroits différents, avec les mêmes contours, les mêmes points de vue, à tel point que, sans des observations solaires, il était souvent impossible de savoir si on avançait, si on reculait, ou si encore on tournait autour du même point; et cela avec une telle insistance qu'à vingt *milles* à la ronde, on ne retenait que ce petit pain de sucre dont l'éloignement particulier de toute chaîne avait frappé vivement les premiers explorateurs, au milieu de la monotonie du pays environnant.

Le lieutenant envoya l'escorte directement du côté du Blood-River, et nous contournâmes tous deux au galop une colline dont les pentes paraissaient plus accessibles aux wagons de transport que la route directe.

Nous redescendions vers la rivière, lorsque deux cavaliers, des Cafres à cheval, se détachèrent du pied même de Koppei-Allein et coururent vers nous. C'étaient des estafettes venues directement du quartier-général avec des lettres à destination du lieutenant. Je ris beaucoup de ce mode de poste ambulante; ces Cafres étaient là depuis la veille, attendant le passage de la reconnaissance.

Enfin nous parvînmes à la frontière même; cette étroite rivière n'avait pas été franchie, du moins militairement parlant, nous étions les premiers pionniers qui en explorions les contours.

Le lieutenant trouva facilement un *Drift* (gué) au

point de jonction de la rivière avec un donga et ordonna là une halte d'une heure et demie.

— N'allons-nous pas faire notre premier déjeuner dans le Zululand même? dis-je au lieutenant en lui montrant l'autre rive plus fertile pour la nourriture de nos chevaux.

— Soit, se contenta de répondre Carey.

Nous passâmes la rivière, et soldats et Cafres, les chevaux une fois dessellés, creusèrent de grands trous, dans lesquels ils allumèrent de grands feux d'herbes sèches.

Tel fut mon premier repas dans le Zululand, avec l'eau claire et pure du Blood-River pour toute boisson.

A 2 heures, nous remontions à cheval et nous piquâmes droit devant nous suivant la direction de ce que l'on appelait par convention la route d'Ulundi.

Un peu de confusion suivit notre départ ; le mulet de transport jeta de côté son sac de provisions, quelques-uns restèrent en arrière pour aider le soldat de l'intendance à rétablir l'équilibre du bât.

Je me retournai quelques instants après, trois hommes seulement étaient derrière nous, le lieutenant Carey ne s'était aperçu de rien.

Je lui fis part de la dislocation de l'escorte : — C'est insupportable, dit-il, il faudrait être aux ordres de ces traînards.

Et il repartit en arrière voir ce qui avait retenu le reste de l'escorte.

Quelques instants après enfin, nous étions tous réunis,

et nous galopions vers le sommet d'une colline, sur le plateau de laquelle nous arrivions sans autre incident.

Un *kraal*, à moitié brûlé par une reconnaissance de volontaires venus d'un autre point, fumait encore devant nous ; nous restâmes là quelques instants, les lanciers plongeaient leurs lances à travers la paille des huttes encore debout, et, pendant que le lieutenant pointait ses observations, je fouillais les cendres, cherchant quelque menus objets cafres.

Nous descendions quelques instants après la pente opposée de la colline, lorsque trois ou quatre chiens sortirent précipitamment des hautes herbes à 200 mètres de nous à peu près, poussèrent deux ou trois aboiements et disparurent.

Les dragons dégaînèrent, les lanciers mirent la lance au poing, le lieutenant se précipita du côté où étaient sortis les chiens, nous le suivîmes précipitamment ; mais là, quelle qu'ait été la rapidité de notre course, rien, rien, absolument rien. Non seulement nous ne trouvions aucun Zoulou, non seulement nous ne pouvions plus apercevoir le moindre chien, mais encore plus d'aboiements, on aurait dit que tout était rentré sous terre.

Nous étions furieux ; et alors de son propre mouvement, chacun partit de son côté explorer la vallée ; on fouilla tous les *dongas* et les hautes herbes, il fut impossible de rien découvrir.

A ce moment je compris tout ce qu'un pareil pays pouvait recéler de dangers et de périls ; instinctivement je laissai pendre mon revolver à la ceinture sans le remettre dans sa gaine; non pas que je désirasse faire œuvre de grand courage ni d'intrépidité ; mais je pressentais qu'en présence d'un pareil ennemi toujours à nos côtés et toujours invisible, il fallait être prêt à tout événement, même à se brûler la cervelle s'il ne restait plus que le choix entre l'assagayement et la mort immédiate.

Notre muletier était encore une fois resté en arrière, le lieutenant laissa un lancier et un dragon à côté de l'enceinte de pierre d'un ancien *kraal* pour l'attendre; c'est là que nous devions camper, s'il ne nous était pas possible d'aller rejoindre la frontière avant la tombée de la nuit.

Demi-heure après, les deux soldats et le muletier nous rejoignaient au triple galop ; ceux-ci avaient vu après notre départ une vingtaine de Zoulous rampant dans les herbes ; et ils venaient nous avertir.

Carey voulut en finir, nous revînmes très rapidement en arrière, et de nouveau nous explorâmes en tous sens le vallée, théâtre de notre premier incident.

Toujours rien.

Dans l'incertitude, le lieutenant prit enfin la résolution de regagner le Blood-River et d'aller passer la nuit à deux *milles* de la frontière dans une ferme où devaient camper cette nuit-là même une compagnie du génie et un régiment de *natifs* (Zoulous de Natal).

En repassant près du premier *kraal* que nous avions rencontré sur notre passage, un des Cafres qui nous accompagnait, remarqua je ne sais quoi d'insolite qui n'existait pas à l'aller.

Les cavaliers entourèrent très rapidement le *kraal* et mirent enfin la main sur deux vieilles femmes accroupies sous des peaux de bœuf.

A grands coups de fouet, le Cafre interprète les fit se redresser instantanément, puis les interrogea.

Ces femmes prétendaient ne rien savoir ; à leurs dires, elles n'étaient venues dans leur ancien *kraal* dévasté que pour récolter un peu de maïs.

Alors les soldats les poussèrent avec leurs lances, on voulait les amener prisonnières et les faire interroger.

Je ne sais si j'avais l'air moins terrible que tout autre, mais ces femmes se pressaient contre mon cheval et levaient vers moi des bras suppliants.

Elles tombaient mal, j'étais plus irrité que les soldats eux-mêmes de l'inutilité de nos courses et de nos recherches.

Mais la nuit tombait très rapidement, il y a très peu de crépuscule dans ces régions semi-tropicales, et à en juger par cette sorte de résistance passive que mettaient ces femmes à marcher à nos côtés, nous n'arriverions qu'au milieu de la nuit si nous nous obstinions à les traîner avec nous.

Le lieutenant donna ordre de les abandonner, nous n'avions pas fait quelques pas en avant, que toutes deux disparaissaient subitement.

Nous hâtâmes alors le pas, le trajet fut long et pénible, je ne sais combien de *dongas* nous eûmes à traverser; c'est dans ces circonstances que la présence d'un Cafre est vraiment précieuse, celui-là sait trouver un passage là où l'on passerait dix fois sans même croire à la moindre possibilité.

A 8 heures du soir enfin, brillaient devant nous les premiers feux du bivouac que nous cherchions; nous partageâmes là l'unique tente de l'officier du génie, et à 5 heures du matin nous remontions à cheval.

Mais le lieutenant fit laisser provisions et mulets, les selles des cavaliers furent débarrassées de tout le harnachement de guerre, et, ainsi allégés de tous les embarras de la veille, nous pûmes suivre le lieutenant pendant toute cette journée, sans voir se renouveler les retards du jour précédent.

Ce fut pendant dix heures consécutives une course permanente, continuelle, sans arrêt aucun; pour toute nourriture on grignotait quelques biscuits et, chose plus rare, personne ne se plaignait.

Nous avions longé, je crois, les monts *Incqutu* et nous avions devant nous la vallée des *Sirayos*; à notre droite pointait au loin la montagne d'Insalwana.

Le lieutenant fit arrêter l'escorte sur une colline, et, lui, alla à l'extrémité du plateau noter quelques points de repère.

Au bas de la colline s'étendait à nos pieds une longue vallée à l'aspect aride et dévasté, entrecoupée profondément par de larges *dongas*. A droite de la vallée le lieutenant me montrait une petite colline assez semblable comme aspect et comme solitude à Koppei-Allein, c'était au sommet de cette colline que se trouvait le *kraal Napoléon*.

Pendant que le lieutenant travaillait, je fouillais du bout de ma lorgnette toute cette vallée ; j'examinais surtout curieusement un *kraal* qui s'arrondissait à peu de distance de l'ouverture de la vallée.

Était-il habité ou abandonné? j'avoue que je ne pus rien découvrir.

Soudain, quelque chose s'agita sur les pentes d'un des ravins, c'était une vache et son veau, lesquels vinrent s'ébattre joyeusement à quelques mètres du *kraal*.

Lorsque le lieutenant revint je lui montrai le butin à saisir.

— Non, me répondit-il, l'accès du *kraal* me paraît dangereux, et d'ailleurs le service d'une reconnaissance ne consiste pas à rechercher le danger, mais au contraire à l'éviter et surtout à le faire éviter.

Un des Cafres, lequel avait compris à ma mimique le sens de ma question, s'approcha du lieutenant et lui dit que c'était là une ruse de guerre assez usitée chez les Zoulous ; ceux-ci attirent l'ennemi dans leurs pièges par l'appât de quelques pièces de bétail.

Le lieutenant précipita alors l'allure de l'escorte ; mais ce fut bien autre chose lorsque le même Cafre signala derrière nous à l'horizon une longue ligne noire, laquelle ligne lui paraissait représenter la marche d'une troupe ennemie.

Et comme les soldats de l'escorte remontaient une pente pour mieux s'assurer de la chose, le lieutenant s'emporta et fit dire aux retardataires qu'ils aient à le suivre sans autre retard.

A partir de ce moment, rien ne put arrêter la course du lieutenant, il était dans un de ces moments où le besoin de se mettre en sûreté dominait chez lui tout autre sentiment.

L'un disait que son cheval n'allait plus pouvoir suivre, l'autre qu'il devait s'arrêter quelques instants pour remettre sa selle en place, rien ne pouvait faire ralentir l'allure de Carey, il allait toujours, qu'il fût suivi ou non.

A cinq ou six *milles* de la frontière, je m'arrêtai moi-même quelques instants, priant le lieutenant de continuer sa marche sans s'occuper de moi ; quand je parvins quelques minutes après sur l'autre versant de la colline, au bas de laquelle je m'étais arrêté et qui dominait toute la vallée de Blood-River, je fus tout étonné de ne plus voir ni lieutenant ni escorte. Sans un des Cafres lequel m'avait atendu au sommet, j'aurais cru m'être trompé de direction.

Mais ce Cafre me fit comprendre que la petite expédition avait encore précipité son allure, et qu'elle était déjà de l'autre côté de la rivière.

Alors je revins tranquillement au pas, m'amusant à poursuivre la course gracieuse de ces petits cerfs qui pullulent dans le Zululand ; plusieurs se levèrent à notre approche.

A leur vue, mon Cafre, une bonne figure souriante, se dressait sur sa selle, et poussait une sorte de sifflement moitié aigu, moitié guttural en levant de grands bras.

Quand je fus de l'autre côté de la rivière, je trouvai le lieutenant Carey qui m'attendait au milieu de la compagnie du génie ; celle-ci était venue jusqu'au bord de la rivière travailler à établir un gué.

— Je vous demande pardon, me dit le lieutenant, d'être revenu si hâtivement sans vous attendre, mais je vous croyais derrière moi.

Nous rejoignîmes la ferme, prendre quelque nourriture, et le soir même nous étions de nouveau à Landman's-Drift.

C'est en rejoignant ce soir-là même le camp du général Newdigate, que le lieutenant m'apprit la part qu'il avait prise personnellement en 1871, après la guerre, dans la distribution des secours aux blessés, faite en France par les soins de l'ambulance anglaise.

Je ne sais s'il fut décoré, comme je l'ai entendu dire à mon retour en Europe, mais ce que je sais, c'est qu'il ne m'en parla nullement.

Le lieutenant avait conservé un excellent souvenir de l'accueil qui lui fut fait en France et il m'assura à cette occasion qu'il avait combattu personnellement et avec succès, une certaine tendance qu'il avait cru remarquer dans le comité anglais à favoriser les blessés llemands au détriment des ambulances françaises.

CHAPITRE XVI

ARRIVÉE DE LORD CHELMSFORD ET DU PRINCE IMPÉRIAL
A LANDMAN'S-DRIFT
DOUBLES RECONNAISSANCES DE LORD CHELMSFORD
ET DU PRINCE SUR LES BORDS DU BLOOD-RIVER.
INCIDENTS RELATIFS AUX RÉGIMENTS DE CAVALERIE,
ET INTERVENTION DU GÉNÉRAL MARSHALL
ARRIVÉE DE LA 2ᵉ DIVISION A KOPPEI-ALLEIN

A mon retour à Landman's-Drift, je trouvai l'état-major général installé au camp depuis la veille. Lord Chelmsford avait rejoint la deuxième division sans avoir prévenu personne de son arrivée.

A 6 heures 1/2 du soir, un grand mouvement s'était fait aux abords de la tente du général Newdigate.
— Son Excellence le général en chef, avait crié le planton du général.

Puis, on s'était serré autour de la petite table de l'état-major Newdigate, quelques-uns avaient dû se contenter pour siège des caisses de provisions, avec les assiettes d'étain sur les genoux ; on avait beaucoup ri, beaucoup plaisanté ; entre temps on avait préparé une grande tente d'intendance, que lord Chelmsford et le Prince s'étaient partagée pour la nuit, et les officiers d'ordonnance du général Newdigate s'attribuant le partage hospitalier des aides-de-camp du général en chef, chacun s'était réuni suivant son goût personnel.

Le lendemain matin, les tentes du quartier-général étaient enfin arrivées d'Utrecht et avaient été dressées immédiatement.

A notre arrivée le dimanche soir, mon cheval s'arrêtait devant le pavillon aux couleurs nationales du général en chef.

Le lieutenant Carey n'eut rien de plus pressé que d'aller rendre compte immédiatement au colonel Harrison des résultats de son expédition ; quant à moi, je regagnai sur la lisière du camp la maison des correspondants.

Le lendemain lundi 26, je vis de loin à mon lever un grand mouvement du côté du camp, là même où flottait le pavillon du commandant en chef : en même temps passait la rivière le régiment des dragons en tenue de campagne ; je fus bientôt au courant de toute cette agitation : lord Chelmsford allait en personne explorer les bords du Blood-River, dans les environs des Koppei-Allein et le Prince partait de son côté lever les plans des contours de la même rivière, un peu plus au sud du parcours.

Le Prince montait à cheval à quelques mètres de l'endroit où je me trouvais, son album à la main.

— Je vous félicite de votre expédition, me dit-il de loin, j'en ai connu hier au soir les détails et la part que vous y avez prise.

— Le témoignage de Votre Altesse m'est précieux, répondis-je en venant m'incliner sur la main que me tendait le Prince.

Il partit très précipitamment; une escorte de *dix* carabiniers, — irréguliers de la colonne commandés par le capitaine Shespteone, — avait été donnée au Prince.

Je fis seller un cheval et je me dirigeai à mon tour, une demi-heure après le départ de lord Chelmsford, dans la direction de Koppei-Allein.

Mais en route je rencontrai les dragons auxquels le colonel Montgomery traçait la route à suivre, et je m'oubliai pendant deux bonnes heures en compagnie de ce jeune et charmant officier.

Aussi ce ne fut que vers une heure de l'après-midi, que je pus rejoindre le général en chef sur les bords mêmes du Blood-River.

En suivant dans les hautes herbes les traces de l'état-major, je m'étais vu conduit à contourner Koppei-Allein, et me trouvant seul, après une assez longue course, sur une pente aride, au milieu de laquelle se perdait la trace des chevaux, je crus un instant m'être trompé de direction.

Heureusement que deux *Bassutos* laissés en vedette sur une colline voisine me tirèrent d'embarras.

En examinant plus attentivement avec ma lorgnette les gestes que ces *Bassutos* me faisaient, je vis leurs bras s'étendre dans la direction même de la rivière.

Je précipitai alors ma course et quelques instants après je dessellais moi-même mon cheval près de ceux du général en chef. Avec lord Chelmsford, se trouvaient là le colonel Bellairs, le colonel Harrison, le capitaine Molyneux, M. Francis le correspondant du « Times, » deux autres officiers dont j'ai oublié les noms, l'interprète cafre du général et cinq ou six hommes d'escorte.

Le noble lord nous offrit, à M. Francis et à moi, de partager avec lui les quelques provisions qui allaient servir à son lunch champêtre; après quoi, ayant donné l'ordre de remonter à cheval, le général en chef suivit tous les détours du Blood-River, jusqu'au *drift* que nous avions traversé l'avant-veille avec le lieutenant Carey.

Par ce *drift*, l'état-major rejoignit alors la vallée qui s'étendait aux pieds de Koppei-Allein ; là se trouvait rangé en bataille le régiment de dragons.

Lord Chelmsford donna aussitôt ses ordres sur les positions que devait occuper ce régiment, régiment dont l'historique, dans les préliminaires de la campagne, est assez curieux pour être noté ici.

La cavalerie était-elle venue à Natal sur la demande expresse du général en chef, ou avait-elle été envoyée *sponte suâ* par le ministère de la guerre? Je l'ignore.

Mais ce qui est certain, c'est qu'on fut d'abord très embarrassé de ce renfort considérable de chevaux anglais.

Non pas à proprement parler à cause des lanciers, cavalerie légère facilement maniable, et se prêtant aux manœuvres de tous les terrains ; la vue des longues lances, d'ailleurs, forme amplifiée de l'assagay, devait, croyait-on, impressionner fortement ces sauvages plus craintifs qu'on ne saurait le croire en présence d'armes semblables aux leurs alors qu'ils savent rester insensibles à la mitraille et aux feux de peloton.

Mais tout autre chose était le régiment des dragons ; lourds et lourdement harnachés, les chevaux de ce régiment ne pouvaient être dans la plupart des circonstances qu'un très grave embarras ; leur service était circonscrit à la garde des convois de transport, et l'utilité de leur emploi ne paraissait pas devoir compenser la difficulté des besoins extraordinaires de fourrage que nécessitait la présence simultanée des deux régiments de cavalerie.

En principe il fut d'abord décidé que les deux régiments remonteraient la colonie jusqu'à *Doorn-Berg*, et que là, le 17° lanciers irait se mettre à la disposition du général Newdigate, tandis que les dragons, prenant à gauche la route d'Utrecht, se dirigeraient vers le Transvaal.

Dans le Transvaal, ce régiment trouverait d'amples provisions de fourrage, et attendrait là que l'expérience ou des approvisionnements nouveaux eussent démontré la possibilité de l'utiliser dans un service plus actif.

Officiers et dragons se recrièrent, ils n'étaient pas venus vraisemblablement dans l'Afrique du Sud pour aller hiverner avec les Boërs, et, par une inconséquence puérile, tous demandèrent leur assimilation au régiment des lanciers ; ils feraient le même service, quoi qu'il advienne.

Le général de cavalerie Marschall vint appuyer énergiquement ces revendications auprès de lord Chelmsford ; cet officier supérieur crut le faire d'abord comme général de cavalerie ; il lui était de plus personnellement nécessaire de protester, lui aussi, dans l'intérêt même de l'utilité de sa présence dans l'armée.

Le général Marschall, était venu dans l'Afrique du Sud en qualité de brigadier de cavalerie, et comme les deux seuls régiments envoyés ne suffisaient pas pour représenter une brigade, le général s'était flatté de pouvoir réunir sous son commandement tous les corps d'irréguliers de la colonie ; avec un effectif assez considérable ainsi constitué, le général Marschall prétendait balayer lui-même tout le Zululand en quelques jours.

Je ne puis dire si ce projet très cavalièrement émis offrait beaucoup de côtés pratiques ; ma compétence ne va pas jusque-là ; tout ce que je sais, c'est qu'il trouva peu de crédit auprès des chefs de l'armée expéditionnaire.

D'un autre côté, les irréguliers offraient un service plus original et plus indépendant, c'est vrai, mais cette irrégularité même était plus appropriée à la stratégie particulière de la guerre du Zululand; puis, s'ils offraient très entièrement leurs services aux différents corps de l'armée, ils prétendaient ne pas être assimilés d'une façon complète.

Le général Marschall se trouva donc obligé de rabattre ses prétentions sur les deux régiments de cavalerie; et voilà que des difficultés d'un autre ordre venaient disloquer encore son semblant de brigade.

Suivrait-il ses dragons dans le Transvaal, ou se mettrait-il à la tête des lanciers dans le Zululand; des deux côtés, le rôle était au moins enfantin : un général commandant un régiment !

Celui-ci courut à Utrecht; c'était le moment où je le rencontrai moi-même à Newcastle. A Newcastle, il finit enfin par fléchir lord Chelmsford ; un point important pour lui fut décidé : les dragons n'iraient pas dans le Transvaal.

C'était ce jour-là à Koppei-Allein que les derniers ordres définitifs devaient être donnés à ce régiment.

Les escadrons se déploieraient le long de la frontière, de Conférence-Hill à Rorke's-Drift, les uns protégeant la marche des convois, les autres assurant le service des dépêches; un seul escadron suivrait le corps d'armée dans le Zululand.

C'est de cette manière ingénieuse qu'on parvint à sauver les apparences de l'utilité du commandement d'un général de cavalerie; la dislocation de la brigade n'en était pas moins réelle, mais dans les camps il y avait disparité de costume ; il n'était guère loisible de se rendre compte de très près s'il y avait plus ou moins de l'un ou l'autre régiment pour expliquer la présence d'un général à leur tête.

Une fois ces ordres donnés *ne varietur*, lord Chelmsford reprit la route de Landman's-Drift; pendant ce trajet, nous cûmes à traverser au galop deux ou trois *milles* de prairies entièrement livrées aux flammes.

Le feu, qui est une dévastation dans nos contrées européennes, est au contraire un bienfait dans ces régions livrées à tous les excès de la nature, un soleil torride ou des déluges sans exemple.

Jeter une allumette enflammée dans une prairie est pendant l'époque de sécheresse un aliment nouveau ajouté à la fertilité naturelle du sol ; l'herbe brûlée devient l'engrais nécessaire à ce sol sauvage ; cette poussière noirâtre, dont la prairie reste couverte, repoussera à la première ondée sous la forme de longues herbes à grands panaches.

La première fois que je pus contempler un feu de prairie, fut pendant notre traversée sur les côtes de l'Océan indien ; une sorte de pointe enflammée courait le long des hauteurs de la côte avec une vitesse vraiment extraordinaire : ou aurait dit le foyer d'une locomotive dégagée de son enveloppe de fer, et continuant sa course ardente avec des tremblements de colère.

La dernière fois, ce fut dans le Zululand même, à Itelezi, à l'issue de la cérémonie funèbre autour du corp

13.

du Prince ; ces feux brûlèrent pendant toute cette dernière nuit de camp sur les collines environnantes : lueurs funèbres dont je n'oublierai jamais le spectacle imposant.

Le 27, un ordre du jour général annonçait l'avance pour le lendemain ; la 1re division du 2e corps allait camper le jour même à Koppei-Allein, et le 28 mai à midi, lorsque je quittai moi-même Landman's-Drift, il ne restait plus de ce camp qu'un fort au milieu de la plaine, deux maisons crénelées et 200 hommes du 24e pour garder tout cela.

Je parvins assez rapidement à Koppei-Allein, je connaissais déjà si bien cette contrée que je pus m'offrir le luxe de certains raccourcis, et, à ma grande surprise, je trouvai personnellement des passages dont l'accès était certainement plus facile que la route tracée et suivie ; mais par contre je tombai immédiatement dans une vaste plaine, qui n'était qu'un immense ramassis de trous profonds, dans lesquels mon cheval roula plusieurs fois sur lui-même ; je ne sais vraiment comment je ne me brisai pas là quelque membre.

Ces sortes d'accidents étaient d'ailleurs très fréquents parmi les officiers, il n'était pas de jour qu'on n'eût à remettre quelque bras ou à rétablir quelque articulation à la suite de foulure.

C'était même la seule occupation des médecins militaires ; dans ces contrées saines et à l'air fortifiant sans ces accidents on n'aurait pas compté un seul malade dans toute l'armée.

Non pas que les Anglais ne soient d'excellents cavaliers. A ce point de vue leur réputation n'est pas à faire; mais quel cavalier, si ce n'est ceux aux chutes heureuses comme je le fus pendant toute la durée de la campagne, serait sorti sain et sauf de ces culbutes épouvantables que faisaient les chevaux, les jambes enfoncées dans les trous profonds que cachent les herbes.

Ces trous sont les produits d'une lutte ardente entre les fourmis qui pullulent dans ces contrées, et une sorte de bête revêtue d'une robe aux couleurs variées, laquelle appartient je crois à la grande famille des taupes.

Les fourmis, fourmis blanches, d'assez grosse espèce, creusent la terre à des profondeurs incroyables, et de cette terre remuée forment par dessus la fourmilière un revêtement circulaire en forme de calotte, dont les parois ont au-dessus du sol une force de résistance vraiment extraordinaire.

La taupe dont je parle n'a d'autre souci, une fois la fourmilière construite, que de venir creuser cette paroi extérieure; une fois dans la place, elle ne laisse échapper des habitants que ce qui lui est absolument impossible d'absorber sans coup férir.

Une fois les fourmis disparues sous cette forme tragique, le temps et les intempéries des saisons se chargent de faire disparaître à son tour le monument; peu à peu la terre de la calotte se desagrége, et au bout de quelques années, je dis bien, de quelques années seulement, c'est un énorme trou que l'on trouve à la place du revêtement; l'herbe pousse ensuite dans ce trou, et en dissimule la présence; puis quelque cavalier vient tôt ou tard s'y démettre un bras, ou se casser une jambe quand il ne s'y brise pas la tête.

Ces trous furent dans le principe l'objet de constantes préoccupations; je me souviens qu'à Landsman's-Drift, le général Newdigate n'eut rien de plus pressé, le lendemain de l'arrivée des premiers escadrons, que de faire monter les hommes à cheval et d'inaugurer à leur tête certaines manœuvres destinées à habituer hommes et chevaux à éviter ces trous.

La première victime fut le général lui-même; celui-ci revint de la première promenade une jambe entièrement démise, et quinze jours de repos forcé sous sa tente apprirent à ce brave général que ses chevaux avaient encore besoin plus que tous autres de plus amples exercices.

A Koppei-Allein j'étais fort embarrassé; j'avais mis à Maritzburg, sur des wagons, tout un attirail de campement, lequel, malgré toutes mes réclamations télégraphiques et autres ne m'était pas encore parvenu. Je ne savais donc comment abriter ma personne, lorsque le lieutenant Carey vint me renouveler une offre précédemment faite dans le Zululand de partager sa tente au quartier-général.

Je n'avais qu'à accepter et j'acceptai, j'aménageai mes quelques effets, et, l'esprit débarrassé de toute inquiétude matérielle, j'allai voir établir les emplacements des troupes et dresser les tentes.

Je trouvai les officiers de la 2ᵉ batterie du Royal-Artillerie, major en tête, convertis pour l'instant en boulangers animés d'un beau zèle. Depuis la veille, l'intendance avait prévenu qu'elle ne livrerait plus de pain, mais seulement la farine pour le confectionner.

Et les officiers faisaient eux-mêmes les premières expériences pour leurs besoins personnels ; chaque officier s'était joyeusement chargé du pétrissement de la pâte pour deux pains, le major, lui, ajoutait scientifiquement à cette pâte une composition chimique destinée à remplacer le levain ; les ordonnances avaient de leur côté creusé une tranchée, et par là atteint le bas d'une des fourmilières ; quelques morceaux de bois avaient grillé les fourmis dans ce four improvisé, et on avait chauffé à blanc les parois de la calotte de terre ; la pâte ainsi enfournée ressortait de là avec une couche dorée à l'aspect fort appétissant.

Pendant une heure je pris une leçon de boulangerie fort utile et très curieuse, mais je n'étais pas destiné à en retirer grande utilité vu le court séjour que me réservaient les circonstances au milieu de cette armée.

La tente que j'occupais avec le lieutenant Carey touchait sur la première ligne du campement général la tente même du Prince; Son Altesse, que je rencontrai au milieu de mon aménagement, m'annonça elle-même que tout l'état-major avec lord Chelmsford partait le lendemain matin effectuer une grande reconnaissance dans le Zululand ; quelques instants après le lieutenant Carey me dit qu'il allait lui-même avec un officier du génie ouvrir pour ainsi dire la route à la reconnaissance du général en chef; enfin des officiers de cavalerie songaient de leur côté à explorer le pays avec le capitaine Lane, officier d'ordonnance du général Newdigate.

Je me trouvai fort embarrassé du choix; en attendant, comme j'étais très fatigué je me hâtai de m'étendre sur mes couvertures; le hasard du réveil fixerait mes préférences.

CHAPITRE XVII

LA JOURNÉE DU 29 MAI DANS LE ZULULAND
UNE CONVERSATION AVEC LE PRINCE IMPÉRIAL

Depuis la veille, la pluie ne cessait de tomber, petite pluie fine et pénétrante qui tapotait sur la toile tendue des tentes avec un petit bruit sourd et continu. La chose paraissait d'autant plus extraordinaire que la sécheresse, pendant la période hivernale, est proverbiale dans ces régions du sud de l'Afrique. On ne savait à quoi attribuer cette perturbation atmosphérique, et j'émis timidement l'avis, que la présence de l'armée anglaise dans ces pays primitifs et déserts, pouvait ne pas être étrangère à ce dérèglement intempestif.

D'aucuns rirent beaucoup de ma dissertation scientifique ; on traita mon opinion de paradoxale.

Il est vrai que je soutenais mon opinion devant un officier qui lui-même m'avait saisi d'étonnement quelques jours auparavant, par l'exposé de certaines données scientifiques tout au moins hasardées. Comme je m'étonnais de l'aspect quasi uniforme de presque toutes les élévations granitiques de l'Afrique méridionale, cet officier voulut bien m'expliquer que des blocs de glace, entraînés dans les premiers âges par des courants atmosphériques, avaient rasé les pics élevés, et réduit la plupart des montagnes à cette forme de longues et et larges *tables,* dont presque toutes affectaient la forme.

Je ne sais si cet officier parlait sérieusement, je me contentai pour ma part d'écouter ses motifs, me réservant à la première occasion de profiter de la leçon, pour suivre mon spirituel interlocuteur dans l'histoire naturelle fantaisiste dont il paraissait vouloir m'ouvrir les voies.

J'en trouvai l'occasion à Koppei-Allein, et je n'y manquai pas, comme on doit bien le penser.

Peut-être sans trop nous en douter, avons-nous émis l'un et l'autre des théories plus réelles que nous ne le croyions : j'en fais juge les esprits compétents.

Lorsque le 29 au matin, je secouai un peu la lourdeur d'une longue nuit d'un repos bien mérité, le lieutenant Carey chaussait déjà ses éperons ; je ne dis mot du désir que j'avais de marcher à ses côtés ; si les Anglais vous font attendre parfois, par contre ils ne vous attendent jamais. Je me contentai de m'habiller à la hâte.

— Venez-vous avec moi ? me dit le lieutenant.

— Peut-être, lui répondis-je, au gré des circonstances et suivant l'état de mes chevaux.

En même temps je faisais préparer un cheval, mais le lieutenant et son escorte, une forte escorte de dragons cette fois, étaient déjà bien loin au delà du Blood-River, lorsque je fus en selle.

Toutes mes précautions prises pour me garantir de la pluie assez forte à ce même moment, je résolus de le rejoindre.

Je connaissais la route, la chose était simple ; je voulus même prendre au plus court et traverser un des lacets de la rivière sur un point inexploré ; cette hardiesse causa ma perte.

J'eus d'abord à perdre un temps infini, — plus certainement qu'il ne m'eût été nécessaire pour parcourir communément le détour tracé, — à trouver une pente de la berge facile à descendre en même temps que la rive opposée fût accessible.

Dès que j'eus cru trouver un point réunissant ces deux conditions je poussai mon cheval dans le lit de la rivière ; celle-ci n'avait pas à cet endroit plus de deux mètres de largeur, et une eau limpide et pure coulait sur un petit sable blanc.

Mais sur le bord mon cheval, se dressant tout à coup sur ses jambes de derrière, fit brusquement un demi-tour qui manqua me désarçonner ; j'eus toutes les peines du monde à le maintenir sur la pente ; la lutte dura quelques instants ; plus ma monture se refusait à entrer dans la rivière plus je m'obstinais de mon côté à la lui faire franchir.

Vaincu par mon opiniâtreté, et les flancs étroitement enserrés par le fer de mes éperons, le *pony* se décida enfin à tenter le passage, il tremblait de tous ses membres; mais aussitôt ses deux jambes de devant s'enfoncèrent dans le sable; comme la largeur était minime, deux bonds de cheval, je pressais davantage ses flancs pour l'enlever rapidement si le lit de la rivière ne présentait pas toute la solidité voulue ; la pauvre bête avait raison, le passage était impossible. A la première enjambée nous enfonçâmes jusqu'au cou, lui complètement enfoui, et moi jusqu'à la ceinture; nous étions tombés dans des sables mouvants d'une profondeur extraordinaire.

J'eus à ce moment assez de présence d'esprit pour me dresser debout sur la selle et bondir sur la berge, saisissant dans ma chute les herbes à pleine main, pour ne pas être entraîné de nouveau. Tout en sautant j'avais passé les rênes autour de mon bras, ce faible point d'appui suffit au cheval pour se retourner dans le sable, s'ouvrir furieusement une voie, et atteindre la berge; je n'étais pas debout qu'il se trouvait déjà à mes côtés. Les yeux de l'animal étaient injectés de sang ; évidemment nous venions l'un et l'autre de courir un très grand danger.

Je rapporte cet incident non pour faire parade de mes faits personnels, mais pour faire toucher du doigt, pour ainsi dire, un des mille dangers que l'on trouvait à chaque pas dans ce pays, sans parler du Zoulou, et le soin infini qu'il fallait apporter au choix des routes à suivre ; j'ai donné encore en le rapportent un exemple entre dix de l'instinct de ces chevaux du pays, dont j'ai pu apprécier en maintes circonstances le flair extraordinaire dans ces parages à eux familiers. La première résistance du cheval m'avait bien donné à réfléchir tout d'abord, mais je ne pouvais supposer tout ce que couvrait de dangereux cette onde pure et cristalline, et ce sable fin sur lequel elle courait.

Je remontai à cheval, et regagnai le camp pour m'éponger un peu ; en route je croisai lord Chelmsford et l'état-major ; alors craignant quelque nouvel incident qui m'empêchât de rejoindre cette seconde reconnaissance, je me joignis immédiatement à l'escorte quelque mouillé et crotté que je fusse.

Le docteur Scott, que j'interrogeai sur ce qu'il pensait de ce bain forcé, me montra la pluie qui tombait à torrents : — Mouillé par l'eau du ciel ou par un bain de rivière, me dit-il, cela revient absolument au même, vous êtes en ce moment ce que nous serons dans quelques instants, la course nous séchera.

A ce moment, le Prince nous rejoignit au galop. Son Altesse, si exacte en toutes choses, si militairement ponctuelle dans tout autre détail du service, avait par exemple le défaut d'être toujours en retard au moment du départ : il est vrai que le cavalier savait toujours réparer le temps perdu.

Presque tout l'état-major était là : les colonels Crealock, Bellairs et Harrison, le Prince Impérial, le docteur Scott, le capitaine Molyneux, le lieutenant Frère, le fils du Haut-Gouverneur, et deux ou trois officiers, dont j'ai toujours ignoré les noms ; 50 dragons, je crois, escortaient l'état-major.

J'eus là avec Son Altesse, pendant deux heures, botte contre botte, un entretien assez singulier dont je garantis sinon *tous* les termes propres, du moins la plus absolue exactitude de sens et de pensée.

Je vais le rapporter, aidé de quelques notes et surtout de ma parfaite mémoire.

— Je n'ai pu guère vous parler longuement, me dit le Prince, depuis quelques jours, dans le brouhaha de ces dernières marches ; j'ai été moi-même très occupé ; je suis d'ailleurs moins soucieux sur votre compte que je ne l'ai été, je puis vous l'avouer, les premiers jours de votre arrivée.

— Comment, repris-je vivement, Votre Altesse a-t-elle pu me faire l'honneur d'avoir si grand souci de ma personne ?

— Votre qualité de Français, n'est-ce donc pas assez ! je voyais le peu d'expérience que vous aviez de la langue anglaise, je pressentais beaucoup de difficultés, j'ai admiré votre courage à vous en préoccuper fort peu, et à aller droit devant vous ; maintenant que vous êtes sorti tout à votre avantage, je dois vous le dire, de cette première épreuve, je puis vous faire part, sans craindre de vous blesser, de tout le souci que j'ai eu sur votre compte à la suite de votre visite toute spontanée à Durban.

DERNIER PORTRAIT
du
PRINCE IMPÉRIAL
Photographié par KISCH frères à Natal

DERNIER PORTRAIT
de
PRINCE IMPÉRIAL
Photographié par KISCH frères à Natal

— Les difficultés, Monseigneur, ne devaient pas être aussi grandes que votre aimable sollicitude les présentait à Votre Altesse, puisque me voilà ici n'ayant qu'à me louer de la gracieuseté et de la bienveillance dont j'ai été accueilli sur tout mon passage. Quant à la langue, tous les officiers de l'armée parlent le français avec beaucoup de facilité ; pour mes besoins personnels, des règlements avec l'intendance me permettent de puiser ma subsistance dans les caissons mêmes de l'armée.

— A propos, reprit le Prince au bout de quelques instants, avez-vous reçu à Newcastle les journaux que j'ai eu le plaisir de vous y envoyer?

— J'ai eu cet honneur, Monseigneur, et je ne sais vraiment comment remercier Votre Altesse de toutes ses bontés ; le colonel Crealock me les a remis, et après lecture je les ai donnés le lendemain à lord Chelmsford pour les remettre à Votre Altesse : certains discours qu'ils contenaient, prononcés par vos amis à l'occasion de l'anniversaire du 16 mars, m'ont paru trop précieux pour Votre Altesse, je n'ai pas voulu l'en priver plus longtemps.

— Tiens, reprit le Prince de l'air le plus naturel, je ne les ai pas lus.......

Puis après une pause :

— Les avez-vous trouvés exagérés ? ajouta-t-il.

— Exagérés !..... peut-être pour ceux qui ne vous connaissent pas, Monseigneur, quant à moi personnellement je les ai lus avec beaucoup de plaisir, on entre autres m'a rappelé très agréablement le côté paradoxal de notre caractère français, c'est celui de M. Robert Mitchell; j'ai parcouru avec beaucoup de curiosité le labyrinthe très ingénieux suivi par l'orateur à travers des raisonnements très démocratiques et très républicains, pour arriver à préconiser votre avènement prochain, et en affirmer la nécessité...

— Vraiment!..... interrompit le Prince en se retournant brusquement vers moi; vraiment! reprit-il encore, je sais que M. Robert Mitchell est un homme d'esprit!...

Et, se courbant sur le cou de son cheval, le Prince piqua des deux, sur ces derniers mots, et rejoignit le groupe d'officiers dont nous nous trouvions un peu éloignés.

Avec beaucoup de discrétion, je rassemblai aussitôt les rênes de mon cheval et l'empêchai de suivre trop précipitamment celui du Prince.

Mais Son Altesse, comprenant vraisemblablement ma réserve, me fit signe de la main en me criant :

— Ne nous laissons pas trop distancer.

Puis quand je l'eus rejoint : — A nous attarder en arrière, reprit-il, nous retardons d'autant l'escorte, laquelle n'ose passer devant nous.

Alors la conversation devint générale, le Prince s'exprimait en anglais avec une pureté parfaite; on parlait des Zoulous, des précédentes reconnaissances et du temps nécessaire pour arriver à un résultat appréciable.

— Qu'en pensez-vous personnellement? me dit le

Prince, en se rapprochant de nouveau de moi.

— Puisque Monseigneur veut bien m'interroger, je lui dirai très franchement que j'ai fixé d'ici à un mois tout le temps que j'ai encore à rester près de l'armée ; j'estime qu'au bout d'un mois, on sera parvenu à un résultat appréciable ou on n'aura rien fait, et dans ce dernier cas, il y a pour moi deux ou trois années de guerre : dans les deux prévisions, je n'ai plus qu'à rentrer en Europe.

— Reviendrez-vous par l'Atlantique?

— A moins d'une nécessité absolue, non, Monseigneur ; je reviendrai par Zanzibar, Aden, la mer Rouge, l'Egypte et la Méditerranée.

— Vous me donnez une idée, je suis très indécis sur mon trajet futur ; beaucoup de projets s'agitent dans mon esprit ; ce qui est certain, c'est que je ferai un voyage avant mon retour définitif ; j'irai peut-être dans l'Inde ; peut-être, si le temps me manque, je suivrai le tracé dont vous me parlez.

— Ne me considéreriez-vous pas en ce cas comme trop indiscret, Monseigneur, si je ménageais mon retour de telle sorte qu'il coïncidât avec celui de Votre Altesse ?

— J'en serais très heureux, croyez-le bien, répondit très gracieusement le Prince ; vous pousseriez même l'audace de me suivre jusque dans l'Inde, que je n'y verrais aucun inconvénient ; pendant notre séjour ici, j'ai pu remarquer que vous feriez cela sans même que je puisse m'en apercevoir.

— Votre Altesse a trop bonne opinion de ma manière

de faire, j'essaierai par la suite d'en être absolument digne.

Comment la conversation en arriva-t-elle à parler à mots couverts, très couverts, des principaux membres de la famille des Bourbons? Sur ce point mes souvenirs sont peu précis et je craindrais dans un sujet si délicat de ne parler que par à peu près. Tout ce que j'ai pu retenir, c'est le respect, le très profond et très sincère respect que paraissait professer le Prince pour l'exilé de Frohsdorf.

Si je ne me trompe, un rapprochement entre la guerre de montagnes qu'avaient soutenus les carlistes et la guerre actuelle faite par les Anglais dans le Zululand, amena le nom des Bourbons sur les lèvres du Prince.

J'ai peu retenu de cette partie de la conversation, si ce n'est cette phrase textuelle que Son Altesse prononça avec une certaine vivacité en me regardant fixement :

— Je ne comprends pas la poursuite d'un trône par la guerre civile.

Je me gardai bien de relever le trait; le capitaine Molyneux vint à ce moment, très à propos, montrer au Prince une très haute montagne taillée à pic, sur les flancs rougeâtres de laquelle se balançaient deux arbres rabougris, les deux seuls visibles à plusieurs *milles* à la ronde.

— Je désire vous faire une question en toute confidence, me dit le Prince quelques instants après, à voix basse, et en se penchant sur sa selle ; connaissez-vous le dicton anglais qui fait dire qu'un Anglais vaut cinq

Français, je ne parle pas du nombre des autres nationaux que l'Anglais assure valoir ?

— Certes, dis-je très vivement, nous sommes en ce moment en France de ceux qu'on peut déclarer valoir.... jusqu'à la première occasion.

— Enfin le connaissez-vous ? reprit le Prince ; j'étais l'autre jour enfermé dans ma tente, et à quelques pas j'ai entendu répéter ce dicton ; j'en ai été très froissé ; j'ai tenu à vous en parler moi-même afin que vous n'en fussiez pas surpris si vous l'entendiez émettre sans transition aucune ; vous verriez peut-être la une allusion personnelle dans un bruit de camp qui n'a de valeur que celle que chacun veut bien lui accorder.

— Et je ne lui en accorde aucune, dis-je à Son Altesse, les Anglais ont un courage incontestable que caractérisent le sang-froid et l'opiniâtreté, les Français sont doués d'un courage ardent, impétueux, souvent empreint d'une témérité généreuse. Je me plais à rendre hommage aux qualités militaires incontestables de l'armée anglaise, dont je vois chaque jour sous mes yeux des preuves palpables et réelles, je veux dire la discipline la plus stricte, l'obéissance la plus correcte, une tenue irréprochable même en rase campagne, l'observation la plus aveugle du devoir à accomplir *quel que soit le danger ;* tout cela est beaucoup, c'est énorme peut-être ; à tout cela je préfère cette spontanéité entraînante et de prime-saut, laquelle chez nous a rempli, et remplit chaque jour les ordres du jour de nos armées. D'ailleurs, à vrai dire, je ne comprends pas la comparaison, à moins qu'on ne veuille mettre sur le même rang le courage du sanglier acculé dans un taillis et qui se défend, et la témérité de la lionne qui d'un bond se précipite sur l'ennemi, sans savoir s'il ne serait pas préférable de saisir ses lionceaux et de fuir avec eux. L'Anglais, avec son caractère pratique, meurt, soit par ordre, soit par nécessité, il meurt enfin s'il ne peut pas faire autrement. Nous, nous savons mourir sans ordre précis et régulier, ne puisant que dans notre tempérament cette force irrésistible qui nous attire vers le péril. Notre courage particulier sert peut-être moins nos intérêts que le courage plus calme des Anglais ; c'est peut-être cette raison qui a donné cours au dicton que Votre Altesse vient de me rappeler.

Le Prince me regardait pendant toute cette longue tirade, sans mot dire, mais sa physionomie s'illuminait parfois de rayons ardents ; on ne parlait pas impunément de courage devant ce jeune homme ; ce seul mot avait le don d'électriser ce tempérament ardent même jusqu'à l'excès.

Un officier — le lieutenant Carey — m'avait fait remarquer quelques jours auparavant que l'armée anglaise n'avait jamais eu d'organisation propre, et qu'elle puisait le mode de formation de ses cadres dans les différents organismes adoptés par les nations voisines les modifiant suivant les modifications faites et une fois l'expérience acquise.

C'est en suivant ce principe négatif que l'armée anglaise avait passé tour à tour du système français au système allemand, et revenait en ce moment, paraît-il, au système français. Dans mon entretien avec le Prince, je touchai quelques mots de ces observations; le Prince se récria : il n'y avait pas, suivant Son Altesse, théorie plus fausse d'un bout à l'autre.

Et alors, pendant quelques instants, le Prince me fit une description complète de la formation des régiments anglais, de la composition de leurs cadres, de l'intendance anglaise et surtout de l'état-major; Son Altesse me démontra point par point le peu de fondement que présentait la croyance que l'armée anglaise ne possédait pas un système d'organisation qui lui fût propre.

Je n'avais jamais vu le Prince si abondant de paroles et si pressé d'arguments; absolument ignorant pour ma part de toute chose purement militaire, je m'amusai cependant de temps en temps à forger une objection respectueuse, à avancer une critique timide ; alors le Prince se reprenait, battait en brèche mes arguments, les retournait, les confondait, et par un mot sec, bref, rapide, me démontrait triomphalement l'inanité de mes suppositions; et à part moi, je souriais bien doucement à toute cette prodigieuse fécondité d'expressions originales et de termes techniques. Pendant un quart d'heure tout au moins, j'eus là devant moi le Prince, tel qu'il était naturellement, sans détour et sans réserve, tel que je l'avais deviné, tel que je l'avais compris à mon premier entretien, c'est-à-dire un jeune homme exhubérant dans toute l'acception du terme, vif, entraînant, doué de tous ces dons naturels que rien ne peut faire acquérir, brave, valeureux, intelligent, prodigue de tout, même de sa pensée, lorsque la raison politique ne venait pas opposer quelque barrière.

Cet entretien particulier se termina là ; nous traversions à ce moment un champ de maïs, chacun ramassa quelques gerbes, le Prince fit comme tous.

A un moment, je lui vis porter la gerbe à sa bouche comme pour égrener avec les dents les rangs des graines pressées.

— Monseigneur, lui dis-je, aime donc la cuisine cafre ?

— Oh non, reprit vivement le Prince, j'examine seulement de près la forme de ces grains de maïs et leur degré de maturité.

Nous nous mêlâmes l'un et l'autre aux autres officiers d'état-major et je ne fis pas davantage attention à cet incident.

Quelques instants après, un des sacs de ma selle s'étant dérangé, je mis pied à terre et restai un peu en arrière pour le reboucler un peu plus fortement; grande fut ma surprise de trouver Son Altesse derrière toute l'escorte, dévorant à belles dents la gerbe de maïs qu'il prétendait quelques instants auparavant ne vouloir qu'examiner.

— Cette fois, Monseigneur, lui dis-je, vous allez pouvoir me renseigner, non seulement sur le point de maturité du maïs mais encore sur son goût.

Le Prince rougit un peu.

— C'est que, voyez-vous, me dit-il aussitôt, cette Afrique méridionale me donne un appétit extraordinaire, je ne saurai vraiment bientôt plus comment me rassasier, si cela continue.

— Me permettrez-vous, Monseigneur, de vous rappeler plus tard ce déjeuner primitif que j'ai surpris plutôt que vu?

— Certes, me répondit le Prince en riant, à une condition, c'est que je n'aie pas à ce moment-là perdu mon appétit, et que ce souvenir ne me fasse regretter bien des choses, ajouta-t-il avec une nuance de mélancolie.

Lord Chelmsford s'arrêtait au même instant sur une sorte de selle que formait un abaissement de terre entre le mont *Itelezi* et l'extrémité nord des monts *Incqutu*.

L'état-major prit quelques notes; là devait être fixé quelques jours plus tard l'emplacement du premier camp dans le Zululand.

Quelques officiers de cavalerie rejoignirent l'expédition de lord Chelmsford à peu de distance d'*Itelezi*, mais ne firent que la traverser ; ceux-là allaient par des chemins plus accidentés, et n'avaient pris aucune escorte : je demandai au Prince l'autorisation de le quitter pour suivre ces quelques officiers ; ce fut avec un profond soupir de regret que le Prince nous vit partir et galoper un peu à l'aventure. Je crois même qu'il désirait nous suivre, mais un ordre formel dut le retenir auprès du général en chef.

Ces officiers étaient le quartier-maître de cavalerie, le major Stewart ; l'officier d'ordonnance du général

Newdigate, le capitaine Lane ; un officier d'ordonnance du général Marschall, frère de Lord Downe, et trois autres officiers de cavalerie dont je ne connais pas exactement les noms.

Ce fut pendant cette reconnaissance et par ces officiers que fut explorée pour la première fois cette vallée de l'Ityotyozi, la même où le Prince devait être frappé trois jours après. Je dois dire que mes observations personnelles m'indiquèrent que cette partie du Zululand n'était pas aussi abandonnée que semblait l'être la première zone déjà parcourue.

Sur des *foot-pad*, — étroits sentiers que pratiquent les Cafres en marchant les uns derrière les autres, — nous trouvâmes même des gerbes des maïs et des bottes de paille abandonnées là précipitamment à notre approche, du moins tout l'indiquait. Dans les *kraals* les ouvertures n'étaient même pas bouchées par ces paillassons qu'adaptent les Zoulous lorsqu'ils désertent le foyer de la famille. Une vague odeur de fumée démontrait presque partout que des Zoulous pouvaient bien s'être trouvés là quelques heures auparavant.

Chose rare, nous trouvâmes près d'une hutte tout un fourniment de guerrier, d'un chef, à en juger par la grandeur du bouclier ; les officiers anglais me permirent de ramasser tout cela et d'en faire ma propriété, rendant spontanément hommage à l'arrivée bon premier que j'avais faite dans le *kraal*.

Sur les hauteurs de la vallée, nous traversâmes l'expédition du lieutenant Carey : celui-ci de son côté était venu jusque-là accompagné d'un officier du génie et à la tête d'une forte escorte de dragons, 80, si je ne me trompe. Le lieutenant allait contourner une colline voisine ; une heure après nous le rejoignions de nouveau après avoir repris l'Ityotyosi proche de sa source.

Pour prouver la hardiesse de cette expédition, je dirai que nous fîmes, à la suite du major Stewart, 60 *milles* dans la journée, ne nous arrêtant que deux fois, quelques minutes à peine, pour laisser souffler nos chevaux et nous partager quelques biscuits glissés au départ dans les fontes.

Le major de cavalerie Stewart avait voulu démontrer par lui-même que toute escorte était inutile dans ce pays ; que lorsqu'on voulait pousser très loin une reconnaissance, une escorte ne pouvait être qu'un embarras. Et il le démontrait le lendemain même : deux chevaux des dragons étaient morts dans la nuit, de ceux de l'escorte qui avait accompagné le lieutenant Carey.

Je n'entrerai pas dans ce débat ; mais j'estime, m'en tenant à toutes les expériences que j'ai vu tenter sous mes yeux, que le major Stewart avait raison jusqu'à certain point ; mais à la condition *sine quâ non* de n'employer dans les reconnaissances que des officiers aptes à toutes les fatigues et montés sur des petits chevaux du pays, conditions essentielles que possédaient ceux qui suivirent le major le 29 mai dans son aventureuse entreprise.

Nous ne parvînmes au camp que le soir très tard ;

toute l'escorte, en route, nous avait précédé, et pendant près de 2 heures nous nous trouvâmes absolument seuls dans le Zululand, le major Stewart, le lieutenant Carey, un officier de cavalerie et moi.

Je m'étonnai, à part moi, de ce sans-gêne vraiment poussé à l'extrême, qui faisait abandonner sans autre souci ceux qui tenaient à ménager leurs chevaux au prix même de dangers à courir. On voit que dans cet ordre d'idée nous fûmes la minorité.

CHAPITRE XVIII

LES 30 ET 31 MAI
UNE VISITE A LA COLONNE WOOD

Le lendemain 30, j'étais, comme chacun pense, extrêmement fatigué, mes chevaux davantage, et je ne songeais plus qu'à mettre en ordre ma correspondance, — c'était l'occupation de mes rares jours de repos, — lorsque le lieutenant Carey me dit qu'il allait rejoindre le jour même la colonne Wood, et me demanda si je ne désirais pas profiter de l'occasion pour aller faire la connaissance du commandant de la colonne mobile.

Voyant que personne ne songeait au repos je ne voulus pas y songer davantage, et à 1 heure de l'après-midi je montais encore à cheval avec le lieutenant et deux dragons ; le colonel Neadham, officier de la garde, lequel, à défaut de commandement actif avait accepté,

pour suivre l'armée, le titre de correspondant du
« *Daily-News* » auprès du général Wood, rejoignait
le camp et nous accompagna avec ses deux *Bassutos*.

Le lieutenant Carey allait, avec des ordres précis de
lord Chelmsford, provoquer le colonel Buller à une reconnaissance en commun dans la direction des points
reconnus la veille par les différentes expéditions de
Koppei-Allein. A ce moment l'objectif des deux colonnes était l'occupation des pentes de l'Ibabanango
à mi-chemin d'Ulundi ; la colonne Wood devait se joindre à la division Newdigate près de l'Ityotyosi.

La veille, le lieutenant Carey avait reconnu la marche
de la division Newdigate ; restait à savoir si de *Munhla-Hill*, où campait en ce moment la colonne mobile,
le général Wood pourrait facilement trouver un chemin
pour opérer sa jonction au point indiqué et à jour fixe.

Telle était la mission du lieutenant Carey.

Le Prince, parait-il, voulait accompagner le lieutenant, aussi ordre fut-il donné à Carey de partir sans s'attarder autrement, pendant que Son Altesse avait encore
quelques travaux à faire. Mais comme je quittais à mon
tour le camp pour suivre le lieutenant, le Prince me
cria de loin qu'il allait peut-être nous rejoindre. Il fallut
cette fois, parait-il, toute l'autorité du colonel Harrison
pour retenir Son Altesse.

Le camp du général Wood se trouvait à 14 *milles* de
Koppei-Allein ; nous y parvînmes assez rapidement ;
comme le trajet présentait quelque danger, les Zoulous
étant très experts à se placer à travers toute commu-

nication, nous ne quittâmes pas le galop pendant tout le parcours.

Le brigadier-général Wood — plus connu dans l'Afrique du Sud sous son titre de colonel Wood — est à proprement parler la seule figure intéressante dont les légendes militaires pourront relater les faits et gestes dans toute cette campagne d'Afrique.

Au milieu de toutes les imprudences, de toutes les fautes, de toutes les faiblesses, et surtout de toutes les hésitations, le général Wood fut le seul qui sut montrer quelque présence d'esprit et quelque hardiesse.

Les aventureux exploits par lesquels, à la suite des premiers désastres, le colonel sut tenir en respect les Zoulous et les empêcher de profiter de leur victoire, sont inscrits en lettres d'or dans les annales de la colonie.

Il faut dire aussi que, depuis près de deux années dans la colonie, le général avait pu étudier de près son ennemi et en faire son profit ; et tandis que les chefs de l'armée venaient apporter dans le Zululand toute la science et l'étude acquises dans les guerres européennes, le général, lui, s'appliquait, au contraire, à oublier bien des choses pour combattre les sauvages par leurs propres armes, c'est-à-dire la ruse d'abord et la hardiesse de décision au moment du danger.

Puis il fut secondé par certaines personnalités formées à ses propres côtés, et entre autres par un officier d'un grand mérite, le colonel Buller. Ces deux noms, Wood et Buller, ont été réunis de telle sorte qu'il est difficile de parler de l'un sans parler de l'autre.

Il était bien peu de points du Zululand, je parle du moins de la zone frontière, que le colonel Buller n'eût amplement explorés et reconnus. Aussi, dès les premiers jours, fût-on fort étonné à l'état-major, alors qu'un plan venait d'être amplement élaboré, discuté, et finalement adopté sur la foi de certaines cartes militaires, de voir le colonel renverser toutes les études, toutes les combinaisons par sa seule connaissance personnelle du pays.

Alors on s'habitua peu à peu à ne pouvoir plus se passer du colonel Buller, surtout au moment où l'on se rapprochait de la frontière.

Quelques rivalités surgirent ; les officiers supérieurs des différents corps d'armée ne pouvaient se faire à recevoir des ordres de l'état-major, ordres qu'ils savaient inspirés par ce simple et brave officier.

On fit sentir au colonel que l'indépendance de ses avis était impatiemment supportée.

Le colonel Harrison et le lieutenant Carey furent dès lors chargés seuls du service spécial des reconnaissances.

Le colonel Buller revint rejoindre à la hâte son fidèle général Wood.

Avec ce dernier l'entente était plus que facile ; ces deux hommes se complétaient admirablement.

Tandis que l'un courait le Zululand, édifiant les connaissances de son chef, celui-ci mettait les observations de son subordonné en pratique ; aussi les Zoulous ne purent-ils jamais prendre en défaut cette petite colonne mobile.

Une seule fois, vers la fin de mars, le corps du général Wood avait été enveloppé par l'armée zoulou et avait subi des pertes importantes ; mais le lendemain même, sans attendre davantage, le général les avait cruellement punis de leur témérité ; et les échos de Kambula répercutaient encore les cris de rage de plusieurs milliers de Zoulous égorgés sur les cadavres anglais de la veille.

Par la suite, malgré la présence constante du général, au cours des mouvements de concentration, dans le Zululand même, aucun Zoulou n'osa plus se montrer dans les environs du camp.

Ce qui me frappa, dès mon arrivée, fut la position sur laquelle le général Wood avait su établir ses tentes. A l'inverse de tous les autres camps, celui-ci se dressait sur une hauteur extraordinaire, dominant plusieurs vallées ; c'était sur les sommets des montagnes, à la source des cours d'eau, que le général cherchait ses campements, tandis que partout, je voyais les autres corps d'armée s'enfoncer dans des gorges étroites accessibles à toutes les surprises.

Le général Wood seul avait su trouver moyen de concilier la recherche de positions inexpugnables et inaccessibles avec les besoins d'eau de sa colonne ; il savait trouver, voilà tout.

Sur tout mon parcours, j'avais vu en outre les régiments indigènes abandonnés aux soins de leurs officiers, colonistes pour la plupart ; campements, vivres, marches, exercices, tout cela était laissé à ces officiers spéciaux ; c'est à peine si les différents états-majors s'occupaient de leurs auxiliaires noirs.

Le général Wood accordait lui au contraire une sollicitude toute particulière à ses bataillons cafres ; c'est même occupé à leur donner toutes les indications du campement de la nuit, que je trouvai le général à mon arrivée à *Munhla-Hill*.

Vêtu d'une capote grise avec le petit bonnet de police du soldat, personne n'eût reconnu là le général d'un si grand renom sans la déférence respectueuse que chacun montrait au passage de cette physionomie énergique.

Les Cafres militaires entonnaient à la suite le champ de guerre zoulou et agitaient leurs boucliers et leurs armes.

Ceux-ci étaient non pas vêtus uniformément, mais coiffés d'un même large chapeau de feutre, autour duquel s'enroulait une écharpe bleue.

La plupart de ces Cafres étaient de vrais Zoulous du Zululand venus à la suite de Oham.

A côté des tentes se dressaient leurs huttes de paille ; le général Wood avait tenu à leur laisser toutes leurs habitudes primitives.

Si jamais homme et caractère personnifient exactement ce que l'on en rapporte, le général Wood en est un exemple.

Cette figure bronzée par le soleil vous faisait rêver à toutes les hardiesses, à toutes les audaces ; l'activité surprenante du général justifiait toute la confiance aveugle que lui accordaient ses soldats.

Il régnait dans ce camp une certaine absence de préoccupations qui faisait plaisir à voir ; on peut dire que le corps du général Wood traitait cette guerre comme une promenade militaire ; rien n'y manquait, pour compléter l'illusion, rien, pas même cette musique militaire dont le général n'avait voulu jamais se séparer. A 4 heures régulièrement chaque jour, devant les tentes de l'état-major, une des deux musiques que possédait le camp venait détailler les morceaux les plus variés du répertoire militaire ; j'écoutais même curieusement le dernier motif d'un camée musical tiré des « Cloches de Corneville » lorsque je gravis les pentes de Munhla-Hill.

Cette absence de tristes préoccupations, le général en montrait les traces palpables sur son visage toujours souriant et gai.

— C'est ici que je viendrai continuer la campagne, dis-je au lieutenant Carey en descendant de cheval.

Je fus invité le soir même à la table du général.

Chose remarquable, on mangeait là des pommes de terre et on buvait du *clairet* (vin de Bordeaux).

Je m'étonnai en présence même du général de la présence de toutes ces choses absolument inconnues depuis plusieurs jours déjà dans les autres camps.

— Ne vous pâmez pas si vite, me dit le général à l'oreille, je n'ai plus que deux bouteilles de vin, et je ne pense pas qu'un de mes officiers qui revient demain d'Utrecht puisse m'en rapporter d'autres.

Je passai là une soirée dont le souvenir est resté

dans mon esprit comme un des points lumineux de mon court séjour dans le Zululand.

Le général me parla de la France qu'il aimait beaucoup, et de l'armée française qu'il avait vue de près en Crimée.

Le général était alors simple midshipman dans la marine anglaise, et son premier exploit date des côtes de la Crimée.

Un jour qu'il était de service sur le pont, un obus vint tomber à quelques pas de lui ; en moins de temps qu'il n'en faut pour le raconter, le jeune midshipman saisissait l'obus et le lançait dans la mer avant qu'il ne pût éclater.

Tel était enfant le futur général, tel il s'est montré en toutes circonstances ; sa poitrine constellée des décorations de tous les mondes en donne les preuves sans réplique.

Le général a tout au plus de 40 à 45 ans, je ne serais pas étonné qu'il devînt une des illustrations militaires de son pays.

Ce type de bravoure et de courage devait aimer le tempérament du Prince ; à première vue ce brave déjà aguerri et ce héros en herbe se comprirent et s'estimèrent mutuellement.

En veut-on un exemple :

Pendant le très court séjour du Prince au camp du général Wood, Son Altesse se trouva très fatiguée un matin par deux jours successifs et une nuit passés en expédition, et désirait prolonger son sommeil.

Le général, dont le Prince avait partagé la tente, voulut le faire lever pour l'heure du déjeuner ; le Prince résistait, peu lui importait le déjeuner : il voulait dormir.

Le général fut pendant quelques instants très perplexe ; le respect lui interdisait de trop secouer le Prince et d'un autre côté, il était nécessaire que Son Altesse prit quelque nourriture, après deux jours de fatigues et de privations.

Une idée vint au général; celui-ci laisse le Prince reprendre la suite d'un sommeil très profond, puis au bout de quelques instants, ouvrant précipitamment les deux battants de toile de l'ouverture de la tente :

— Monseigneur, cria-t-il brusquement, voici les Zoulous.

A peine avait-il prononcé le mot de Zoulous que le Prince bondissait hors de la tente l'épée à la main.

— Monseigneur, lui dit alors le général en s'inclinant, j'espère que vous ne pouvez plus vous dispenser de partager mon déjeuner.

Le Prince sourit, et cette histoire passa immédiatement par toutes les bouches.

C'est du général Wood lui-même que j'en tiens la narration.

Le lendemain matin le lieutenant Carey reprenait la route du Zululand avec le colonel Buller.

Moi je pris congé du général Wood et regagnai Koppei-Allein.

Je devais partir avec une troupe de lanciers et de

dragons, lesquels rejoignaient leurs corps respectifs après avoir escorté quelques officiers de Koppei-Allein à Munhla-Hill.

Mais je fus en retard et m'en vins absolument seul.

Savez-vous qui me blâma à mon arrivée de ce que l'on appelait ma témérité : le Prince en personne.

— Vous vous ferez tuer avant moi, me dit le Prince avec un sourire.

— En tout cas, Monseigneur, je ne serai pas tué avant d'avoir pu vous annoncer l'élection d'un député bonapartiste, M. Godelle, au centre de Paris.

— Vraiment, s'écria le Prince, oh ! comme je suis heureux ! heureux aussi, ajouta-t-il aussitôt, d'appendre cette bonne nouvelle de la bouche même d'un Français.

Et alors je dus expliquer au Prince que j'avais lu cette nouvelle dans des journaux anglais reçus la veille au camp du général Wood, où le service postal était fait plus régulièrement.

J'ai vu rarement chez le Prince joie plus expansive et plus franche que celle qu'il manifesta à cette occasion.

Son Altesse me déclara ensuite que le travail avait pu seul l'empêcher de nous suivre la veille à la colonne Wood ; qu'il avait été obligé de « piocher » toute la journée et qu'il avait gagné en se courbant sur les cartes « très mal dans le dos. »

Ses yeux un peu hagards indiquaient d'ailleurs qu'il avait en même temps un peu surmené la tension de sa vue, très délicate et un peu maladive.

Aussi lorsque le soir le lieutenant Carey rentra à son tour à l'état-major, celui-ci trouva les travaux du Prince faits avec une précipitation et une inattention telles qu'il fut obligé de passer toute la nuit à les rectifier.

Tout ce mouvement, toute cette vie agitée des jours qui précèdent l'entrée dans un pays ennemi surexcitaient le tempérament ardent du Prince, et les travaux d'étude ne cadraient déjà plus avec cette imagination toujours en éveil.

On l'avait surpris même quittant les crayons et le compas pour courir grimper sur quelque haute fourmilière ; là le Prince paraissait contempler passionnément ce Zululand dont on lui ravissait, à son avis du moins, les premières émanations. Que voyait-il à ce moment derrière ces monts dénudés, la mort ou la gloire ? Le lendemain même l'une et l'autre devaient accourir.

CHAPITRE XIX

LES JOURNÉES DU 1ᵉʳ ET DU 2 JUIN
DÉPART DE KOPPEI-ALLEIN DU LIEUTENANT CAREY ET DU PRINCE
MARCHE DE LA COLONNE
ANNONCE DE LA MORT DU PRINCE LE SOIR DU 1ᵉʳ JUIN
A LA RECHERCHE DU CORPS LE MATIN DU 2 JUIN
LES PREMIÈRES FUNÉRAILLES A ITELEZI-CAMP

Le samedi 31 mai, la première division de la colonne Newdigate était allée camper de l'autre côté du *Blood-River* à un *demi-mille* de Koppei-Allein ; le matin du 1ᵉʳ juin à 9 heures passait à son tour dans le Zululand le reste de la colonne, et à 9 heures 1/2 enfin, les deux divisions s'ébranlaient en même temps du côté d'Itelezi.

Le Prince et le lieutenant Carey étaient partis en avant vers 8 heures 1/2, précédant l'avant-garde à quelque distance.

Ce fut le lieutenant Carey lui-même qui vint précipiter le déblaiement de notre tente et m'annoncer ce départ en avant.

— Ne venez-vous point avec nous? me dit le lieutenant.

J'hésitai quelques instants, il y avait de tels mélanges dans la conduite militaire du lieutenant Carey, qu'à part moi, et sans me rendre trop bien compte de ce que je pensais, un de ces pressentiments secrets me poussait à suivre l'expédition. J'avais cru tout d'abord qu'il s'agissait d'une reconnaissance lointaine.

— Oh! non, reprit le lieutenant; il s'agit d'une avance sur la colonne de peu d'importance; nous n'allons pas plus loin que le campement qu'occupera l'armée ce soir même, campement dont nous allons déterminer l'emplacement définitif; cela n'est pas au delà de sept ou huit *milles* d'ici.

Après quelques hésitations, cette dernière raison me décida à rester avec la colonne; j'avais à surveiller mes quelques bagages dans cette première journée de marche, et, d'ailleurs, mes chevaux étaient très fatigués par toute une semaine de courses à peine interrompues.

Le Prince, qui vint quelques instants après, me dit d'un ton enjoué, en faisant allusion à cette longue reconnaissance faite trois jours auparavant par les officiers de cavalerie, reconnaissance que j'avais voulu suivre :

— Notre petite excursion ne doit guère vous intéresser, vous qui êtes déjà allé si loin dans le Zululand.

Puis, reprenant ce ton sérieux qui ne le quittait guère, le Prince me demanda une feuille de papier à lettre pour écrire en Europe.

— Je viens d'apprendre, me dit le Prince en propres termes, que M. Forbes (correspondant du *Daily News*) retourne ce matin à Landman's-Drift ; je voudrais écrire immédiatement et le charger de mettre ma lettre à la poste de ce camp, car, ajoutait-il, je dois vous prévenir que, de quelques jours, c'est là *notre dernière ressource pour envoyer de nos nouvelles en Europe.*

Le Prince avait son carnet de notes à la main, prêt à écrire sur quelques feuillets et à les déchirer ; je l'en empêchai, et ne pouvant lui donner moi-même ce qu'il me demandait, je lui indiquai une tente où il pourrait trouver tout ce qui lui serait nécessaire ; Son Altesse me remercia, y courut ; je ne le revis plus depuis.

Il ne remit pas sa lettre à M. Forbes, je m'en assurai après la catastrophe, mais le colonel Crealock, auquel je racontai le fait avant mon départ, se souvint et m'affirma que le Prince avait écrit avant de monter à cheval.

C'était à l'Impératrice ; ce fut l'auguste mère elle-même qui devait plus tard en Europe me parler de ces quelques feuillets de calepin sur lesquels son malheureux fils avait tracé ses derniers adieux :

« Je ne veux pas passer la frontière, écrivait le
« Prince à sa mère, sans venir vous donner de mes nou-
« velles. . . . . »

— Et, ajoutait l'Impératrice en me parlant de cette lettre, le Prince, qui habituellement était fort négligent pour ces sortes de détails, avait écrit très exactement la date : 1ᵉʳ juin.

Je m'attardai avec quelques correspondants dans la tente de M. Melton Prior, le correspondant de *l'Illustration anglaise*, et ne montai à cheval qu'au moment même où lord Chelmsford quittait lui-même le camp à la suite de son armée.

— Où est le Prince ? demanda Son Excellence en montant à cheval, et ne voyant pas près de lui son jeune officier d'état-major.

Un des officiers répondit : — Le Prince est un peu en avant de la colonne avec le colonel Harrison.

Pour bien comprendre la signification de cette réponse et la tranquillité que montra le général en chef en la recevant, il faut dire que les fonctions du colonel Harrison consistaient ce jour-là à surveiller la marche de la colonne et des transports, de concert avec l'état-major du général Newdigate ; que par conséquent, cet officier n'avait pas trop à s'éloigner de l'avant-garde, au contraire, et que par conséquent, le Prince étant avec lui il n'y avait guère de craintes à avoir sur son sort.

Je dirai et discuterai dans un chapitre spécial les conditions de la reconnaissance faite ce jour-là par le Prince, et j'expliquerai les anomalies et les contradictions que présentent d'un côté les dires du lieutenant et du Prince au moment du départ, ainsi que la réponse qui fut faite à lord Chelmsford, et d'un autre côté le fait réel, c'est-à-dire la mort du Prince à une distance assez considérable de la colonne.

Pour le moment, que l'on me permette simplement de raconter. Certaines explications sur lesquelles j'ai cru devoir glisser dans ma correspondance trouveront leur place dans ce livre, puisque la lumière n'a pu nous venir des pièces officielles.

Je passai au galop le long de la colonne, et je rejoignis à l'avant-garde la 1re batterie d'artillerie, je cheminai là, en compagnie des officiers pendant une heure à peu près; puis je poussai encore plus avant.

Une compagnie du génie avait été placée tout à fait en tête de la colonne, préparant hâtivement certains passages, si ceux-ci présentaient quelques difficultés à les franchir.

Le colonel Montgomery dont j'ai parlé montrait la route et c'est à ses côtés que j'arrivai au bas du col d'Itelezi.

Là, se trouvait une large bande marécageuse dans laquelle nos chevaux s'enfoncèrent jusqu'aux genoux.

Les soldats du génie déposèrent leurs fusils et prirent leurs pioches, en quelques instants ils eurent à peu près comblé une partie de cette bande, au moyen de mottes de terre que l'on arrangeait avec l'herbe qui les tenait agglomérées.

A ce moment lord Chelmsford accourut et donna d'autres ordres.

Un autre passage existait, paraît-il, plus au bas du marécage; là le fond présentait plus de résistance; les troupes allaient donc continuer par le drift que l'on comblait, les gros transports devaient passer par l'endroit qu'indiquait le général.

Le colonel Harrison accompagnait à ce moment lord Chelmsford, je cherchai le Prince du regard. Le Prince n'y était pas ; ne les voyant pas, je supposai naturellement que le Prince et le lieutenant Carey attendaient la colonne sur l'emplacement même du camp que l'on allait dresser.

Je gravis les pentes du col pendant que les troupes s'ébranlaient de nouveau, et en quelques minutes je parvins sur la hauteur; là, s'était arrêté le général Newdigate qu'accompagnait sir Gordon Cumming.

Plus bas avait piqué ses lances le régiment des lanciers.

Je remontai alors un peu sur la droite vers un champ de maïs, et comme je voyais tout le monde s'arrêter, j'arrêtai moi-même mon cheval dans ce champ; j'utilisai le moment d'arrêt au profit de ma bête, laquelle s'en donna à cœur joie au détriment du champ zoulou.

Je fus rejoint quelques instants après par le capitaine Stanley, le correspondant du « *Standard* ».

— N'allez pas plus loin, me dit Stanley en arrivant, car c'est ici que nous nous arrêtons.

— Je ne crois pas, répondis-je textuellement, car si c'était là l'emplacement exact du campement de ce soir, comme je suis arrivé des premiers j'aurais vu déjà, soit le Prince, soit le lieutenant Carey ; ils sont venus tous deux en avant choisir cet emplacement; là où ils seront, là nous devrons nous arrêter.

— Le Prince ne porte-t-il pas des bottes jaunes? me dit Stanley.

Et comme je répondais affirmativement :

— Eh bien! ajouta-t-il, il est avec les lanciers, je viens de voir avec eux un jeune officier qui de loin m'a paru répondre au signalement que vous me donnez.

Et comme le capitaine Stanley continuait à me soutenir que c'était bien là que l'on allait camper, et que d'un autre côté, il m'affirmait ou croyait pouvoir affirmer qu'il avait vu le Prince, je n'insistai pas davantage.

Près du champ de maïs se trouvait une enceinte de bœufs dont la seule ouverture était protégée par de grosses branches entrelacées.

Nous nous occupâmes alors avec Stanley de démolir cette clôture et de nous emparer du bois.

C'était une provision précieuse et rare pour la cuisine du soir.

Je rapporte ces souvenirs personnels pour en tirer immédiatement cette conclusion : c'est que de l'entretien que j'avais eu quelques instants avant leur départ de Koppei-Allein avec le Prince et le lieutenant Carey il résultait pour moi la conviction parfaitement arrêtée, que l'un et l'autre ne devaient pas aller plus loin que l'emplacement d'Itelezi.

Je passai toute l'après-midi à la poursuite de mon domestique, de mes chevaux et de mes bagages ; ce ne fut que vers 7 heures du soir que je pus enfin prendre quelque repos et gagner le quartier du Royal-Artillerie où l'on m'avait offert l'hospitalité.

J'entrais à peine dans la tente du lieutenant Trench,

lorsqu'un officier vint tout à coup, et sans transition, m'apprendre la mort du Prince.

— Le Prince Impérial a été tué, me dit-il précipitamment en anglais.

— Voulez-vous me répéter cela en français, lui dis-je brusquement en lui prenant le bras.

Et il le répéta; je n'en écoutai pas davantage.

Le quartier-général n'était qu'à quelques pas, j'y fus en quelques secondes; je n'eus qu'à franchir le fossé du Laager pour me trouver en présence de lord Chelmsford lui-même, debout devant sa tente. Il n'était besoin que de voir la figure sombre et bouleversée du général, pour s'assurer immédiatement que ce qui venait de m'être rapporté n'était pas un simple bruit de camp.

Lord Chelmsford me dit rapidement, et sans attendre mes questions, que le cheval du Prince venait de rentrer au camp sans son maître, à la suite de ce qui restait de l'expédition dont celui-ci faisait partie; que malheureusement tout faisait craindre que le Prince n'eût pu s'échapper lui-même des mains des Zoulous; pour une plus ample connaissance des faits, le général me désignait lui-même la tente où se trouvait en ce moment le lieutenant Carey.

Le lieutenant, dois-je le dire, dînait fort paisiblement avec le colonel Harrison et un autre officier d'état-major, et se fit d'abord prier pour consentir à se déranger quelque peu; je lui fis observer très sèchement que je n'étais pas en ce moment un correspondant en quête de détails, mais avant tout un Français désireux de savoir ce qui était arrivé, et principalement si la nouvelle de la mort du Prince était fondée.

Je pus apprendre alors qu'après avoir déterminé l'emplacement du camp dans lequel nous nous trouvions en ce moment, le Prince et le lieutenant Carey, accompagnés des six volontaires qui leur servaient d'escorte et d'un Cafre comme guide, avaient poussé jusqu'à 11 *milles* plus loin; que vers deux heures de l'après-midi, ils s'étaient arrêtés dans un *kraal* pour dessiner l'emplacement du second camp, pendant que leurs hommes préparaient le café; qu'enfin vers trois heures et demie, au moment de remonter à cheval, ils avaient été surpris par une troupe de Cafres, dont d'épais champs de maïs avaient protégé l'avance; quant au sort du Prince, le lieutenant prétendait ne savoir rien autre chose, si ce n'est que, se retournant dans sa fuite après avoir traversé un donga très profond, distant du *kraal* de deux ou trois cents mètres, il avait vu, sortant d'un autre point du donga, le cheval du Prince, sans son cavalier, qui les suivait; le lieutenant Carey ajoutait qu'il manquait encore deux volontaires, ainsi que le Cafre qui leur servait de guide, mais il ne connaissait pas plus le sort de ces derniers qu'il ne connaissait celui du Prince.

Je quittai à l'instant même le lieutenant Carey sans lui adresser autrement la parole; je ne voulais pas laisser échapper peut-être quelques-unes des réflexions pénibles et blessantes que m'inspiraient ce récit, et le sang-froid avec lequel il était débité.

Mon unique préoccupation fut, en ce moment, de m'enquérir si un détachement quelconque n'allait pas être envoyé immédiatement en avant pour reconnaître les lieux et rechercher la personne du Prince ; dans cette prévision, je faisais demander à lord Chelmsford l'autorisation de marcher en avant.

Il me fut d'abord répondu, un peu partout, d'un ton assez étonné, que l'heure — huit heures du soir — était peu propice pour une expédition quelconque, et que, d'ailleurs, la chose était inutile. On semblait attendre, à ce qu'il m'a paru du moins, que le Prince, si par hasard il n'était pas mort, rentrât ou se traînât de lui-même jusqu'au camp ; et si, le jour venu, on n'en avait pas encore de nouvelles, alors seulement on s'inquiéterait de rechercher son corps.

Je faisais bien remarquer à quelques officiers que la nuit était une de ces nuits lunaires pendant lesquelles dans cette partie de l'Afrique, il existe peu de différence avec la clarté du jour ; j'ajoutais encore, et cela d'une façon pressante, comme un argument que je croyais irrésistible, qu'il était affreux de penser qu'à quelques *milles* seulement de deux corps d'armée, blessé ou vivant, le Prince pouvait, à l'heure même, attendre encore quelques secours, et que, s'il était mort, son corps allait rester toute une nuit sans défense, livré à la brutalité des sauvages ou à la voracité de ces bandes d'oiseaux carnassiers qui pullulent dans cette contrée ; je multipliais mes protestations, mais la guerre a des lois et des règles absolues, je ne reçus jamais que la même réponse froide et sèche, et je compris bientôt que je n'avais pas à insister davantage.

Je fis alors interroger quelques-uns des volontaires qui étaient revenus avec le lieutenant Carey ; aux premiers mots qui me furent rapportés, je vis bien que personne ne pouvait plus avoir de doutes sur la mort du Prince et je télégraphiai cette triste nouvelle la même nuit en France.

Je fus alors prévenu que toute la cavalerie, sous les ordres du général Marschall en personne, partirait dès le lever du jour, et que j'avais à me trouver vers cinq heures, au quartier-général de cavalerie, si je voulais prendre part à l'expédition.

A quatre heures du matin, je sellais déjà moi-même mon cheval, et à l'instant où sonnait le réveil — cinq heures un quart — je me présentais devant la tente du général Marschall. Le général m'offrit, suivant l'usage, une tasse de thé que j'acceptai de grand cœur, mais que je ne pus terminer, alors qu'avec beaucoup de calme il me fut dit que le départ s'effectuerait à neuf heures. Je ne sais vraiment, tellement je fus suffoqué, si je laissai à ce moment échapper quelque exclamation de surprise ou de colère ; je sortis de chez le général Marschall et je me rendis auprès de M. Forbes, le correspondant du « *Daily News* », une vraie puissance dans l'armée.

Quelques instants après, les ordres étaient de nouveau changés, et je pus enfin apprendre que l'on se décidait à sacrifier le déjeuner et à partir à sept heures.

A heure fixe, cette fois, tout le monde était prêt ; avec la cavalerie, et en tête de l'expédition, marchait le corps des volontaires qui, la veille, avait fourni l'escorte du Prince ; un régiment de Cafres marchait aussi avec nous, ces derniers ayant demandé comme une faveur d'aider les recherches ; enfin une troupe de *bassutos* à cheval était flanquée sur les côtés.

On le voit, le général Marschall ne s'aventurait pas sans forces imposantes, et je songeais à part moi que la veille encore on avait peut-être refusé quelques hommes de plus pour protéger la personne du Prince. J'étais en avant avec le lieutenant Carey, qui montrait la route. On nous rappela dans la suite du général, ou plutôt on rappela le lieutenant et je crus, par déférence, devoir régler de mon côté le pas de mon cheval sur l'allure de l'état-major du général Marschall ; ainsi faisaient d'ailleurs les officiers de lord Chelmsford qui représentaient le général en chef dans cette expédition, le capitaine Molyneux, le fils de sir Bartle Frère et le docteur Scott.

Mais ce qui était facile à prévoir, en face de ce déploiement intempestif de forces, arriva ; il fallut procéder à des manœuvres de cavalerie ; et, à vouloir continuer à me tenir auprès du général Marschall, lequel, du haut d'une colline, contemplait toutes ces manœuvres en général qui exerce ses troupes, je m'aperçus bientôt que nous allions nous trouver simplement à l'arrière même de l'expédition. Je laissai donc là le général Marschall et ses manœuvres, et, sans plus m'inquiéter de la déférence, je poussai mon cheval jusqu'aux éclaireurs volontaires qui marquaient la route. Ils étaient quatre, dont un était précisément de ceux qui la veille faisaient escorte au Prince. C'était un Mauricien (habitant de l'île Maurice), lequel s'exprimait assez couramment en français pour me donner quelques renseignements.

Ces renseignements me parurent plus ou moins concorder avec ce que j'avais appris déjà, mais comme celui-ci me disait qu'il avait vu le Prince essayer encore de monter à cheval dans un donga, et comme je connaissais déjà ce côté du pays pour l'avoir parcouru moi-même quelques jours auparavant, je pus tirer de ce volontaire quelques indications qui me fixèrent sur l'endroit précis où il était présumable que le Prince avait été tué.

Nous arrivions à ce moment à une sorte de col assez élevé, et devant nous le terrain s'abaissait jusqu'à une petite vallée qu'enserre la rivière Ityotyozi, c'était au fond de cette vallée que la reconnaissance avait été attaquée.

Je ne pus me défendre d'un serrement de cœur en songeant que le Prince avait été tué là même où, quelques jours auparavant, nous ramassions avec quelques officiers différentes armes cafres abandonnées dans un *kraal*.

Entre temps, les officiers de lord Chelmsford nous avaient rejoints, ainsi que les deux correspondants du « *Times* » et du « *Daily News*, » MM. Francis et Forbes. Ils avaient dû faire les mêmes réflexions que moi, et ils s'étaient hâtés de prendre les devants.

Avec nous galopait encore Lomas, un des ordonnances du Prince.

En quelques minutes nous fûmes dans la vallée, et là des aboiements de chiens nous indiquèrent d'abord le voisinage d'un lieu habité; nous nous trouvions en effet près d'un des deux *kraals* qui occupent cette vallée; un donga très profond nous en séparait. Les volontaires s'arrêtèrent pour chercher un passage ; quant à nous, poussant hardiment nos chevaux sur les pentes raides du ravin, nous fûmes assez heureux pour les descendre et les gravir ensuite du côté opposé.

Notre petite troupe ne fit que passer devant le *kraal*. Quant à moi je voulus en faire le tour très rapidement; tout indiquait que ses huttes venaient d'être abandonnées précipitamment; une seule vieille femme se trouvait encore accroupie devant son toit de chaume, et elle me cria en cafre des mots inintelligibles.

Nous apercevions alors à notre gauche une petite troupe de cavaliers; c'était le colonel Buller, de la colonne Wood, avec ses volontaires, lesquels arrivaient de leur côté à la recherche; c'est à peine, d'ailleurs, si au premier abord nous pûmes distinguer cette troupe, tellement étaient élevées les herbes qui couvraient la vallée. On comprenait immédiatement toute l'imprudence commise la veille à s'attarder dans ces bas-fonds ; mais je ne veux ici que raconter ; les observations viendront plus tard. Quelques minutes après nous atteignions enfin le second donga, à peu de distance de l'autre *kraal* ; c'était bien là ce donga dont m'avait parlé le volontaire, je me reconnaissais tout à coup, et ce fut là que nous commençâmes nos recherches.

Elles ne furent pas longues d'ailleurs ; à peine descendions-nous les pentes du donga qu'un des chevaux s'arrêta de lui-même à un détour ; devant nous gisait un cadavre complètement nu, affreusement mutilé et les entrailles au vent ; quoique la tête fût enveloppée d'une chemise de flanelle, la haute stature de ce malheureux nous indiquait immédiatement que ce n'était pas là le Prince ; on lui découvrit la face, et nous pûmes alors nous expliquer comment les Zoulous, chose rare, avaient abandonné sur le corps ce vêtement de flanelle ; toute la figure, contractée par les cruelles tortures de l'assagayement, ne nous présentait plus qu'un masque tellement informe et horrible que ses bourreaux eux-mêmes en avaient dû être épouvantés ; ceux-ci lui avaient voilé la face, même au prix de ce morceau de flanelle.

Nous reprenions nos recherches, tout bouleversés de cet horrible spectacle, lorsqu'un volontaire qui suivait les hauteurs du ravin, à deux cents mètres plus loin, nous cria qu'il apercevait un second cadavre dans le donga ; nous n'eûmes qu'à pousser nos chevaux. Cette fois, c'était bien le Prince ; nous reconnaissions, même de loin, ce petit corps blanc et ferme, chez lequel les formes les plus pures n'altéraient en rien ni la force ni l'adresse.

Le Prince était étendu sur le dos, les bras, raidis par la mort, un peu croisés au-dessus de la poitrine, et la tête légèrement inclinée sur le côté droit ; la physionomie n'indiquait pas trace de contractions ni de souffrances; la bouche était légèrement ouverte, l'œil gauche — l'œil droit avait été enlevé par un coup d'assagay, — l'œil gauche, dis-je, grand ouvert regardait fixement le ciel et conservait encore cette expression bienveillante et douce que j'avais remarquée chez le Prince à ma première entrevue.

La poitrine était percée de plusieurs coups d'assagays, de dix-sept ou dix-huit, je crois, et le ventre, selon la coutume zouloue, avait été ouvert; mais ces sauvages, à l'encontre de leur pratique habituelle, n'avaient osé faire qu'une petite incision et avaient respecté les entrailles, comme, si dans leur science brutale, ils avaient jugé inutile de taillader plus profondément ces formes délicates.

Dès le premier instant, mus par des sentiments peut-être différents, mais sans échanger une seule parole, nous voulûmes vérifier, le docteur Scott et moi, si la version donnée la veille au camp était exacte, et si le Prince avait été frappé par derrière, ce qui l'aurait empêché, disait-on, de monter à cheval; je soulevai le corps, et le docteur palpa. Le dos ne portait nulle trace de blessure, si ce n'est quelques déchirures produites par les pointes des assagays en traversant la poitrine de part en part.

Que l'on me pardonne ce que l'on pourra peut-être appeler un excès de chauvinisme, que l'on m'excuse surtout de le rapporter ici, mais je ne pus me défendre à ce moment d'un élan d'orgueil national, et me penchant sur la poitrine du Prince, je posai mes lèvres sur ses mains glacées. C'était bien là un Français qui, seul et abandonné de tous, avait su mourir en Français, le visage tourné vers ses ennemis.

Ce fut encore à ce moment qu'en soulevant la tête du Prince, nous aperçûmes à terre le collier d'or que le Prince portait habituellement à son cou et qui soutenait quelques petits médaillons ainsi qu'un petit cachet de sa famille, rapporté d'Égypte par le général Bonaparte ; le capitaine Molyneux le ramassa et le joignit à une chaussette bleue et à une paire d'éperons, les seules choses que nous ayons pu trouver à côté du corps ; ce sont les seules reliques que l'on a pu rapporter à l'Impératrice.

Je me trompe, l'Impératrice possède au moment où j'écris ces lignes le précieux sabre que portait le Prince dans le Zululand.

Des négociations heureuses ont fait rentrer lord Chelmsford en possession de cette épée, et lui-même a eu l'honneur de la remettre il y a quelques jours à Camden à Sa Majesté.

Cependant les abords du donga s'étaient peu à peu garnis de soldats et d'officiers de tous grades ; le général Marschall lui-même avait fini par nous rejoindre ; chacun se découvrait respectueusement devant cette première victime de la reprise des hostilités. Je priai alors les docteurs d'envelopper le corps ; une couverture arrachée d'une selle servit de premier linceul au dernier Napoléon. Je m'agenouillai alors auprès du

corps, et là, pendant que j'essayais par la chaleur de la main de vaincre le froid de la mort et de fermer les paupières du Prince, de combien de pensées multiples et diverses mon esprit ne fut-il pas assiégé!

Un fourgon d'ambulance avait été amené à tout événement et laissé à deux *milles* de distance au delà des collines; un officier fut dépêché pour le faire avancer. Les médecins fixèrent alors la couverture dont le Prince était enveloppé, au moyen de lances, et formant ainsi une sorte de brancard, en présentèrent les côtés aux principaux officiers supérieurs présents, lesquels se firent avec empressement un honneur de transporter eux-mêmes le corps jusqu'à la rencontre du fourgon. On marcha ainsi jusqu'à peu près un *mille* de distance. Là arriva le fourgon, le corps du Prince y fut déposé, et, lanciers et dragons formant un cortège imposant à ce char funèbre, nous reprimes lentement et au pas la route du camp. Le trajet dura près de trois heures. Ce ne fut qu'à deux heures de l'après-midi que les restes du Prince reposèrent enfin dans une des tentes du quartier-général.

Je ne saurais passer sous silence cette longue délibération de l'état-major, à la suite de laquelle seulement, au milieu d'ordres et d'avis différents, il fut décidé que le corps serait transporté immédiatement et sans aucun autre retard en Europe.

On a prétendu que sur mes instances seules furent abandonnés les ordres d'après lesquels le corps du Prince devait être enseveli sur l'emplacement même

16

d'Itelezi-Camp, et que ce ne fut que grâce à mes sollicitations pressantes que l'avis du transport immédiat finit par prévaloir. Je n'ai pas eu à donner mon avis, pas plus qu'on n'avait à me le demander. Il est vrai que lorsque, quelques instants après notre arrivée au camp, un officier du 24ᵉ vint me prévenir confidentiellement qu'une escouade de son régiment était commandée pour creuser la tombe et ensevelir le Prince, et que, sur un geste de doute de ma part, cet officier me montra, rangés près des tentes de l'état-major, une vingtaine de soldats la pioche à la main, prêts à exécuter l'ordre reçu dès que le signal en serait donné, je ne pus me défendre d'en témoigner ouvertement ma vive surprise, et que je pris mes dispositions pour quitter immédiatement le camp, ne voulant pas être témoin d'un pareil enfouissement dans le Zululand.

Je fis demander à lord Chelmsford une audience de congé; mais j'entrais à peine dans la tente du général, que celui-ci m'annonçait déjà qu'un fourgon d'ambulance allait être préparé pour transporter le lendemain matin même le corps du Prince jusqu'à Durban, et que là, un vaisseau de guerre se tiendrait prêt pour l'Angleterre; qu'un télégramme venait d'être envoyé à l'instant même dans ce sens au commodore. Je n'eus donc même pas à parler à lord Chelmsford des premiers ordres donnés, pas plus que lord Chelmsford ne m'en parla lui-même. Je lui fis part de la résolution que je prenais d'accompagner le corps, j'en réglai les dispositions avec les autorités militaires, et je n'eus pas d'autre part dans un incident qui paraît avoir fait un certain bruit dans le camp, et dans la colonie.

La cérémonie funèbre eut lieu en face du camp.

J'ai vu à mon retour en Europe, perdu dans la foule qui envahissait le parc de Camden, une cérémonie peut-être plus magnifique et plus éblouissante que celle à laquelle j'assistai dans le Zululand : mais je doute qu'elle ait pu imprimer dans mon âme un souvenir plus durable et plus imposant.

A Chislehurst on entoura le cercueil de velours et de fleurs ; l'auguste reine d'Angleterre pleurait à son passage, et les rejetons de cette glorieuse maison souveraine se disputaient l'honneur d'entourer le char funèbre ; les lamentations les plus éloquentes ont fait frissonner les voûtes sacrées du temple ; et, sous le crêpe épais qui les voilait, on pouvait voir scintiller encore les riches broderies des uniformes éclatants de l'armée anglaise ; tout cela n'a pu me faire oublier, pour ma part, ce grand silence bien autrement éloquent de toute une armée, dans laquelle on ne distinguait l'officier du soldat que par l'épée qu'il abaissait devant ces dépouilles augustes. Je n'oublierai jamais ce simple canon de campagne, sur lequel, enveloppé de cette seule couverture dont nous l'avions couvert le matin même, se trouvait fixé le corps du Prince ; il avait fallu une mort princière pour déranger ce canon de la ligne de défense, et on pouvait encore apercevoir, le long de l'enceinte du Laager, le trou béant que faisait son absence.

Et le cortège ! Autour du corps, les officiers du Royal-

Artillerie, c'est-à-dire presque tous les compagnons d'études du Prince, et, plus loin, s'appuyant tristement sur sa canne, les yeux rouges et le cœur plein d'amertume, ce général infortuné pour lequel aucun malheur ne voulut rester ignoré depuis le jour de son arrivée dans le sud de l'Afrique; et puis, à quelques pas de lord Chelmsford, les officiers d'état-major du général, les camarades de la veille, cette famille militaire du Prince, la seule famille qui pouvait le pleurer à l'instant même de ces premières funérailles.

Et de chaque côté, ces deux lignes rouges de vieux et de jeunes soldats, appuyés, fixes et immobiles, sur la crosse de leurs fusils, les uns pensant à tous ces compagnons d'armes dont la terre du Zululand avait déjà dévoré le sang; les autres épouvantés de voir, à leurs premiers pas sur cette terre inculte, tomber tant de choses sous l'assagay d'un Zoulou.

Pour moi qui, seul dans ce triste cortège, avais le privilège civil de marcher tête nue, en voyant à notre passage le drapeau de l'Angleterre se courber lentement jusqu'au sol, *en signe de salut royal*, devant ce cadavre qu'enveloppait le drapeau tricolore, je songeai combien auront à se repentir ceux dont les outrages poussèrent ce malheureux Prince à faire preuve de virilité et de force, même au prix de son sang, alors que l'histoire saura dire que sur cette terre lointaine, le dernier des Napoléon sut encore faire honorer par sa mort même, le drapeau de la France.

Le cortège s'arrêta au centre du carré que formaient

les troupes, et l'aumônier catholique dit les prières des morts. Puis, à la lueur de l'incendie des prairies, allumé sur les collines voisines, le corps fut transporté jusqu'aux tentes d'ambulance et livré aux médecins du camp.

Les préparatifs d'embaumement durèrent presque toute la nuit. Si j'en juge par ce que l'on m'en a rapporté, après l'ouverture du corps à Wolwich, la tentative des médecins réussit au delà de leurs propres espérances ; si les formes corporelles étaient altérées à l'arrivée du funèbre convoi en Europe, les dépouilles mêmes furent conservées intactes de toute décomposition.

A l'issue de la cérémonie, le colonel du Royal-Artillerie, le colonel Brown, vint m'offrir, en témoignage d'estime, le drapeau tricolore sous lequel, pour la première et dernière fois, le Prince avait reçu de l'armée anglaise le salut réservé aux rois ; je fus profondément ému et touché de cette offre loyale et spontanée. Mais tout en osant accepter un pareil trophée, je priai ces messieurs de ne considérer mon acceptation que comme l'acceptation d'un dépôt sacré, estimant que seule était digne de le posséder la famille de celui qui a su le rendre glorieux et historique.

Ce drapeau a rejoint à Chislehurst tous les souvenirs glorieux de cette grande famille.

CHAPITRE XX

COMMENT DUT MOURIR LE PRINCE
LES RESPONSABILITÉS : LORD CHELMSFORD, LE COLONEL HARRISON ET LE LIEUTENANT CAREY

Je viens de raconter comment fut retrouvé le corps du Prince, il me reste maintenant à raconter comment il mourut, ou plus exactement comment il dut mourir.

C'est en faisant ce triste récit que je serai conduit à remplir une tâche plus pénible encore : rechercher par quelles circonstances le Prince se trouvait un peu à l'aventure, et comment, malgré les ordres les plus précis, il fut conduit à s'y trouver.

Je serai ici plus explicite que dans ma correspondance au « *Figaro* » et cela pour plusieurs motifs.

Je ne voulus pas en arrivant en Europe faire œuvre de justicier et empiéter arbitrairement sur les décisions de la commission d'enquête dont j'avais appris la réunion avant mon départ de la colonie.

J'estimais en outre qu'en dehors des faits connus de tous, certaines anomalies, certaines contradictions seraient dévoilées et mises en lumière par les recherches du conseil de guerre.

Dans mon esprit même une certaine confusion enveloppait des doutes, pour ne pas dire des certitudes; et comme il s'agissait en définitive de la responsabilité et de l'honneur d'hommes qui, chaque jour, dans ces contrées sauvages avaient fait et faisaient encore chaque jour le sacrifice de leur vie pour la défense des intérêts de leur patrie, j'estimai qu'il n'était pas trop d'un jugement longuement mûri et patiemment réfléchi pour se former, à leur égard, une opinion définitive et dégagée de toute partialité.

Aujourd'hui, la réserve n'est plus de mise, les principaux témoins de la catastrophe sont près de nous : il n'est plus à craindre de frapper des hommes flétris ou incapables de se défendre : le drapeau anglais abrite toujours non plus seulement le lieutenant, mais le capitaine Carey ; une seule victime est restée sur les bords de l'Ityotyozi, c'est la personne du Prince ; je ne parle plus devant un conseil de guerre possible mais devant l'opinion publique plus ou moins satisfaite : nous sommes donc maintenant dans le domaine de l'histoire, sur ce terrain il est un devoir de tout dire, après surtout que l'on a montré que l'on n'avait nulle prétention à devancer les explications précises des principaux intéressés.

J'ai pour moi et comme garantie de la fidélité de mon

récit et de l'impartialité des jugements que je pourrai porter sur chacun, d'abord une fréquentation quotidienne et constante de ceux que cette catastrophe a mis soudain en évidence, et particulièrement du lieutenant Carey et du Prince; ma qualité d'étranger me permet en outre de me dégager sans nul effort de toute sollicitation; ma réserve première repousse l'idée de toute animosité particulière.

J'ai déjà précédemment tiré cette conclusion première : c'est que, quelques instants avant le départ de Koppei-Allein, le lieutenant Carey et le Prince assuraient qu'ils n'allaient pas plus loin que le camp d'Itelezi, lequel camp nous devions occuper dans la journée.

Cela, je l'affirme de la façon la plus absolue et la plus certaine; et non seulement je puis le certifier, mais je crois que telle devait être la conviction de l'officier d'état-major qui répondait le matin à lord Chelmsford que le Prince « était un peu en avant avec le colonel Harrison ».

Je n'étais donc pas seul à avoir cette conviction importante le matin du 1er juin, et j'en suis fort aise : pour nous tous à l'état-major, le Prince n'allait pas jusqu'à la vallée de l'Ityotyosi.

Que se passa-t-il donc depuis le moment où je vis le Prince et le capitaine Carey? Les ordres furent-ils changés au moment du départ? Et par qui? Ou bien la résolution ne fut-elle prise qu'en route d'aller plus avant dans le pays ennemi? Et par qui cette résolution fut-elle suggérée?

Comment allèrent-ils plus loin et comment, au moment même où je cherchais des yeux le Prince près de la montagne Itelezi, ce malheureux jeune homme se faisait-il tuer à onze *milles* plus loin ?

Telles étaient les questions que je posais dans le « *Figaro* » dès mon arrivée en Europe, pour les réponses je m'en référais respectueusement aux décisions de la commission d'enquête. Aucun document officiel n'est venu répondre à ces points d'interrogation très importants cependant ; je vais donc essayer d'en faire des points d'affirmation.

Je mets de côté d'abord pour le moment la personnalité de lord Chelmsford ; pour moi la responsabilité du général en chef est amplement couverte, je m'en expliquerai plus loin.

Restent le colonel Harrison et le lieutenant Carey, auprès desquels le Prince était plus particulièrement accrédité.

Dans ses conversations avec les représentants de la presse, dès son arrivée en Angleterre, le lieutenant Carey rapporte que le colonel Harrison lui aurait dit en propres termes :

— « Le Prince fera demain une reconnaissance de la route que vous avez choisie, afin de désigner un campement ; vous ferez bien de rester au camp et de finir votre carte. »

Et qu'il lui aurait répondu :

— « Demain la colonne sera en marche et je ne pourrai pas travailler à ma carte. Cela vous serait-il égal que j'allasse demain avec le Prince parce que je voudrais revisiter le terrain pour vérifier un détail particulier sur lequel j'ai des doutes ? »

Et le colonel Harrison après quelques hésitations lui aurait répondu : — Très bien, vous pouvez y aller.

Comprend-on exactement l'hésitation du colonel Harrison à permettre au lieutenant Carey d'accompagner le Prince, pour un service qui était plus particulièrement confié au lieutenant lui-même !

Cette hésitation m'étonne moi-même, et je ne la comprendrais pas plus que chacun si je ne connaissais et si je ne faisais connaître ce que venait ajouter à la résolution primitive l'adjonction de la personne du lieutenant.

On remarquera d'abord la forme soigneusement vague que prend le lieutenant pour expliquer à ses interlocuteurs européens ce qu'allait faire au juste le Prince en avant de la colonne.

— C'est, suivant ce qu'il fait dire au colonel Harrison, une reconnaissance du Prince de la route qu lui-même, lieutenant, a choisie les jours précédents afin de désigner un campement.

Puis, cherchant à préciser, toujours dans les mêmes termes vagues, le lieutenant ajoute :

— « Le prince remplissait une mission spéciale confiée à lui seul, et je l'accompagnais tout simplement pour profiter de la protection de son escorte *pendant que je poursuivais de mon côté un but qui m'était tout personnel.*

Quelle était donc cette mission spéciale confiée au Prince ?

Le lieutenant Carey ne précisant pas, je vais préciser pour lui.

Cette mission était très simple et peu périlleuse : marcher à quelque distance en avant de la colonne, désigner l'endroit précis du premier campement, et y faire arrêter l'avant-garde. Voilà tout.

La chose était si peu périlleuse, que, pas plus pour le Prince que pour le colonel Harrison, *aucun ordre n'avait été donné pour préparer une escorte.*

Le lieutenant Carey vint changer toutes ces dispositions..... je puis me contenter de suivre les dires du lieutenant.

— La veille, dit-il, j'avais été à cheval jusqu'à deux *milles* du *kraal* qui était devant nous, en compagnie du colonel Buller, et lorsque je lui (lord Chelmsford) indiquai le chemin que j'avais choisi, il se mit à rire de mon choix en disant que sur ce chemin il y avait un ravin (donga) de trente pieds de large et me demandant comment je comptais le faire franchir à la colonne. Je répondis au général en chef que je croyais qu'il se trompait, mais l'affirmation de Sa Seigneurie ne laissa pas de me préoccuper.

Alors le lieutenant s'en ouvre à son chef le colonel Harrison. Comment faire pour aller rectifier la chose et démontrer l'efficacité de la route tracée ?

C'est le Prince lui-même qui va être le chef apparent de la reconnaissance; cette escorte que l'on ne veut pas demander à l'état-major, rien de plus facile que de la réunir au nom du Prince ; une fois à Itelizi, décider le Prince à accompagner le lieutenant Carey jusqu'à l'Ityotyozi sera la chose la plus simple ; *on connaît le Prince, on sait qu'il ne refusera aucun danger.* En se pressant un peu tout le monde pourra être de retour au camp avant même que personne ne puisse s'apercevoir de cette absence.

Telle est la combinaison qui va permettre au lieutenant Carey d'aller en avant rectifier ses observations.

Telle est la combinaison qu'approuve le colonel Harrison.

Il n'est possible que de réunir six volontaires et un Cafre ; le Prince est même obligé de donner à ce dernier un de ses propres chevaux. Le lieutenant Carey voudrait encore six *bassutos,* mais il n'est possible de les avoir qu'avec un ordre précis ; avec cela le temps presse, alors le colonel Harrison se charge de la chose ; les six *bassutos* iront rejoindre la petite expédition pendant le premier arrêt à Itelezi.

Voilà comment le Prince part avec six volontaires ; voilà comment il sera tué pour permettre à un officier de rectifier des observations prises deux ou trois jours auparavant avec un peu trop d'inattention.

C'est ainsi que le lieutenant peut dire aujourd'hui hautement qu'il n'avait nullement le commandement de l'expédition, alors que je dis, moi, que ce n'est que pour lui rendre service que le Prince a consenti à aller au-delà d'Itelezi, que le Prince n'avait rien à faire près de l'Ityotyozi, et que le lieutenant Carey seul avait un intérêt personnel à entraîner l'expédition jusque-là.

Le Prince, auquel par déférence d'ailleurs, si ce n'est pour tout autre motif, le lieutenant Carey laissa le commandement effectif, l'avait si peu en réalité, que le lendemain matin, alors que nous partions à la recherche du corps, le lieutenant Carey, qui se plaignait à moi en particulier de cet oubli de l'envoi des six *bassutos*, me disait en propres termes :

— Ah ! je sais bien que si j'avais dit : *Je veux attendre* ce complément de l'escorte, *personne n'avait rien à me dire*, mais le Prince était impatient de partir et je ne crus pas devoir *interposer mon autorité*.

Quoi qu'il en soit, le Prince et le lieutenant ne s'arrêtèrent qu'une heure à peu près à Itelezi, et au bout de ce temps les six *bassutos* n'étant pas arrivés, l'ordre fut donné de partir en avant, soit par le Prince, soit par Carey, soit peut-être encore par le colonel Harrison qui devait être à ce moment dans ces mêmes parages.

D'une seule traite, le Prince et le lieutenant Carey atteignent alors les hauteurs qui dominent la vallée au bas de laquelle coule la rivière Ityotyosi ; là, on s'arrête une heure à peu près sur les collines ; le Prince dessine la contrée, et le lieutenant détermine sur la carte des points d'observation et de repère ; puis ils descendent peu à peu dans la vallée, attirés peut-être par le voisinage de la rivière ; ils pénètrent dans un des *kraals*, s'y établissent et font desseller les chevaux.

J'ai pris part à plusieurs de ces reconnaissances, je ne sache pas qu'il y ait eu exemple d'une imprudence pareille, du moins à une aussi grande distance de la frontière. Je dois même dire que, ne reconnaissant pas là, de prime abord, la prudence ordinaire du lieutenant Carey, je n'hésitais pas, dans ma correspondance au « *Figaro* », à faire remonter jusqu'au Prince lui-même la responsabilité d'un pareil oubli des précautions les plus élémentaires.

Mais la mémoire de ce vaillant jeune homme aura eu cette singulière fortune, de ressortir encore plus pure de toute faute personnelle à mesure que les faits sont mieux connus et plus exactement établis.

Il est certain, en effet, et il est pleinement démontré que la responsabilité du choix de cette halte fatale appartient au lieutenant Carey et à lui seul.

D'une part, l'excursion sur l'Ityotyosi avait été provoquée, comme on vient de le voir, par le lieutenant Carey, elle était faite dans son intérêt, le Prince ne l'accompagnait que par condescendance ; Carey seul connaissait la direction du point qu'il voulait vérifier, il devait donc prendre seul la direction de l'itinéraire à l'aller comme au retour.

A cette preuve tirée de la logique des choses, il en faut ajouter une autre confessionnelle. Carey est inquiet ; le 20 août, dès son arrivée, devant quelques correspondants et parmi eux, le correspondant français du « *Gaulois* », le lieutenant avait dit textuellement :

« Je n'ai pas désigné le lieu de la halte, je voulais

« m'arrêter sur une hauteur. Le Prince a ordonné le
« campement dans une sorte de vallée étroite ; je n'avais
« pas le droit de faire prévaloir mon opinion : le Prince,
« très autoritaire, ne l'eût pas admise. »

Deux jours après, le 22 août, cette première déclaration le préoccupe, il craint apparemment d'être mis en présence de versions contradictoires, *émanées de lui-même ;* c'est le correspondant du *Daily-News* qui va être son confident dans cette sorte de rectification tardive.

« Je désire, dit alors textuellement le lieutenant,
« qu'il soit clairement compris que je n'ai point de
« reproches à faire à l'infortuné Prince pour le choix
« du lieu où on a dessellé, le choix de ce lieu étant une
« chose pour laquelle, peut-être, tous étaient plus ou
« moins responsables. »

Je ne m'arrête pas sur l'ambiguité des derniers mots : je ne veux la signaler que pour montrer une fois de plus avec quelle habileté de langage le lieutenant sait tourner ses premières déclarations.

Je ne veux même pas *rechercher* quelle pût bien être *la raison directe* qui dans l'espace de 48 heures amenait le lieutenant à retracter des allégations mûries pendant tout un mois de traversée ; il me suffit d'indiquer rapidement l'anomalie de la première version. Carey voulait s'arrêter sur une hauteur, dit-il, pourquoi n'a-t-il pas insisté pour faire prévaloir son opinion auprès du Prince ? Il croit s'excuser en ajoutant :

« Le Prince très autoritaire ne l'eût pas admise. »

Comment? Carey croit remplir son devoir de commandant, ou tout au moins d'officier aguerri et expérimenté, en gardant le silence, en ne signalant pas un danger qu'il redoute; il espère faire croire à des hommes sérieux que le Prince prévenu, mis en garde, aurait, par un *esprit très autoritaire qui ne fut jamais le sien*, exposé la vie de ceux qui l'accompagnaient ; tout cela est dépourvu de bon sens et de vérité.

C'est ce dont s'aperçoit à temps le lieutenant, et, le 22 août, il se hâte de dire, rétractant ainsi, je le répète, sa première version : « Il ne faut pas accuser le Prince, « le choix de ce lieu étant une chose pour laquelle, peut- « être, tous étaient plus ou moins responsables. »

Certes je comprends l'embarras du lieutenant et son hésitation à dire franchement : « C'est moi, je suis seul « responsable. » Sur ce point important la responsabilité, en effet, est lourde à supporter.

Que si même, laissant de côté toute autre circonstance préliminaire, on veut bien ne s'attacher simplement qu'à la marche de cette petite expédition, on est conduit à reconnaître que, malheureusement, le Prince et ses compagnons sont morts victimes de cet oubli regrettable des choses et du pays. Il est certain qu'ils ne tombèrent pas là dans une embuscade de Zoulous; s'il en eût été ainsi, le Prince et son escorte n'auraient pu rester un aussi grand laps de temps sans être enveloppés et surpris ; si c'eût été une embuscade, qu'on ne l'oublie pas, pas un de cette petite troupe ne fût rentré au camp.

Les Zoulous qui les attaquèrent furent, au contraire, des Zoulous qui habitaient simplement les *kraals* de cette vallée, et qui d'abord s'enfuirent sur les hauteurs lorsqu'ils virent s'avancer le Prince et son escorte.

Je tire cette opinion de mes propres observations personnelles dans de précédentes reconnaissances.

Ce ne fut qu'alors que, réfugiés sur les sommets des collines voisines, les Zoulous purent se rendre compte que les chevaux étaient dessellés et que les officiers dessinaient, pendant que les hommes préparaient le café ; ce ne dut être, dis-je, qu'à ce moment que, tentés par l'occasion qui s'offrait à eux, ces sauvages prirent la résolution de surprendre ces quelques hommes. Et l'on peut même ajouter que la distance qui les séparait devait être considérable, puisque, malgré la longueur inusitée de la halte, ces intrépides marcheurs ne purent parvenir près du *kraal*, que lorsque déjà on avait ressellé les chevaux et que l'on s'apprêtait à remonter en selle. Mais, alors, l'attaque fut brusque, tant les Zoulous purent craindre un instant voir leur proie leur échapper.

Que se passa-t-il à ce moment, et comment le Prince fut-il oublié en arrière ?

Dans sa fuite, le lieutenant Carey rencontra quelques officiers du général Wood, et sa première version fut qu'il avait vu tomber le Prince mort, frappé d'une balle au cœur. Il expliquait ainsi sa fuite précipitée sans avoir fait même un effort pour sauver son auguste compagnon.

Le soir au camp d'Itelezi et en ma présence il fut moins affirmatif; le lieutenant supposait alors que le Prince avait été tué dans le kraal, mais il ne pouvait préciser comment et dans quelles circonstances.

En retrouvant, le lendemain, le corps du Prince à 300 mètres, il fut démontré pour tous que l'abandon ressortait de la topographie des lieux d'une manière certaine et indiscutable.

Quant aux particularités de cet abandon, au milieu des contradictions qui se sont fait jour, dans les dépositions du lieutenant et des volontaires survivants, il résulte un point certain et réel, c'est que le Prince, mettant le pied à l'étrier, donna immédiatement quelques ordres brefs et rapides pour maintenir ses hommes et réprimer tout affolement : mais il résulte aussi d'une façon plus absolue et plus certaine encore ceci, c'est que lieutenant et volontaires, laissant là le Prince et ses commandements, prirent immédiatement la fuite, ne voulant d'autre guide que la peur qui les talonnait.

Le lieutenant Carey était près du Prince, et partit le premier au galop; quatre volontaires suivirent, et le cheval du Prince, sans attendre que son cavalier fût en selle, partit à son tour. Non pas que ce cheval, habituellement fort paisible, eût été effrayé par quelque cri ou par la brusquerie de l'attaque, mais c'était un cheval de la colonie, lequel, comme tous les chevaux de cette contrée habitués à marcher en troupe, se mit immédiatement à prendre l'allure des chevaux qui l'entouraient.

Alors dut avoir lieu cette poursuite horrible des Cafres, cherchant à atteindre celui qu'ils pouvaient considérer déjà comme leur victime, et du Prince essayant de son côté de rejoindre sa monture; enfin le Prince, du moins la chose est présumable, parvint à saisir un des sacs d'arçon et à s'y cramponner ; pour une seconde il dut se croire sauvé, et il sautait déjà en selle lorsque l'attache de cuir qui relie les sacs entre eux, cédant sous l'effort, se rompit brusquement.

Le malheureux Prince une fois encore perdit l'équilibre; cette fois, c'était fini; le cheval précipita sa course, et toute espérance s'enfuit avec lui.

Le Prince était seul et bien seul.

A ce moment, le lieutenant traversait lui-même le donga sur un autre point, il vit le cheval sans son cavalier, et n'en continua pas moins sa course folle.

Lui aussi le malheureux jeune homme, du donga où il s'arrêta une dernière fois, lui aussi, dis-je, put voir au même moment le lieutenant et les hommes de l'escorte fuir de toute la vitesse de leurs chevaux.

Il n'y avait plus, dès lors, qu'à se défendre.

Dans de précédentes publications, j'avais exprimé l'opinion que le Prince avait dû tomber du premier coup à en juger par la position du corps et l'expression du visage. Le docteur Scott et le docteur Robinson du 17e lanciers avaient cru, de leur côté, que l'assagay qui avait perforé l'œil droit et déchiré la cervelle, avait été lancée à distance et avait dû causer une mort immédiate.

D'autres investigations ont été simultanément faites sur le lieu où le corps a été retrouvé; des témoignages ont été recueillis, des constatations médicales sont intervenues, et je n'hésite pas à reconnaître que ma conviction s'est entièrement modifiée.

Mon examen a été naturellement hâtif, troublé par une poignante émotion; peut-être même, mon cœur a-t-il instinctivement accepté comme une sorte de consolation que la mort avait été instantanée au lieu d'être précédée de cruelles souffrances; mon erreur a donc été bien excusable.

Au nombre des documents officiels récemment publiés par le gouvernement anglais, je trouve particulièrement sur ce point un rapport du capitaine Molyneux adressé le 2 juin 1879, au lieutenant-général lord Chelmsford, dont il était l'aide-de-camp; ce rapport a été complété par un mémorandum ultérieur; je donne la traduction de ces deux pièces officielles à la fin de ce volume, traduction qui a tenu à respecter les formes mêmes de l'idiome anglais.

Cet officier distingué avait été chargé, ainsi que je l'ai dit plus haut, par le général en chef de procéder à la recherche du corps de son Altesse le Prince Impérial; les éléments qu'il a recueillis, les preuves qu'il a constatées, lui donnent cette conviction absolue : *que la résistance a été désespérée.*

En effet, sur le fond du donga humide, presque mouillé, le sol présentait des traces disséminées de pas qui portaient l'empreinte de bottes (un autre officier signale aussi cette particularité). Les semelles de ces bottes, découvertes peu après, étaient maculées de sang, des taches de sang apparaissaient sur les courroies des éperons couverts de boue ; et de l'existence de ces traces diverses, le capitaine Molyneux conclut que le Prince avait été grièvement blessé avant sa mort, debout et faisant face à l'ennemi.

Le corps de la vaillante victime offre au capitaine une démonstration plus éclatante, mais bien douloureuse de cette défense héroïque.

Les dix-sept blessures signalées ont toutes été reçues par devant : le bras gauche conservait encore *l'attitude de parade,* après la mort ; l'avant-bras était pour ainsi dire tailladé par de nombreux coups d'assagays, le bras droit était sillonné par des blessures longitudinales.

Les circonstances, le caractère du combat ne deviennent-ils pas manifestes ? Ce fier jeune homme seul contre le nombre ne peut espérer vaincre ou disperser ses assaillants ; mais il veut disputer chèrement sa vie et mourir noblement ; du bras gauche il forme un bouclier pour protéger la poitrine, de l'autre bras il tient le sabre et combat..... Les bras sont criblés de coups d'assagays, ces blessures sont évidemment reçues pendant la vie, elles ont pour but de désarmer la défense ; leur siège, leur multiplicité démontrent à la fois l'énergie et la durée de la résistance. Mais enfin la poitrine est pénétrée à son tour par l'arme meurtrière et une assagay lancée ou non à distance perfore l'œil droit, atteint le cerveau, le Prince tombe pour ne plus se relever.

Ce coup mortel qui, selon les docteurs Scott et Robinson, aurait empêché la lutte, a été celui qui a mis fin à cette tragédie fatale. Un dernier mot, le rapport du capitaine Molyneux n'était point encore livré à la publicité, lorsque furent dressés à Wolwich, le 12 juillet 1879, les procès-verbaux officiels de constatation d'identité ; ces documents sont restés confidentiels, mais la presse a fait connaître le résultat des vérifications médicales confiées aux docteurs Corvisart et baron Larrey. Or, les hommes de la science ont décrit les phases du drame lamentable du 1er juin absolument comme l'avait fait l'homme de guerre.

Peut-on penser sans frémir à cette fatalité terrible, qui fait que le Prince tomba sous les assagays des Zoulous pour n'avoir pu monter à cheval ! Lui, l'écuyer intrépide et sans rival, dont la réputation était proverbiale même chez les Anglais !

Deux volontaires tombèrent encore sous les coups des Zoulous, l'un près du *kraal* à quelques mètres à peine des huttes, le second sur un autre point du donga ; ceux-là n'eurent pas vraisemblablement la promptitude de résolution de leurs camarades ; eux aussi moururent en cherchant à fuir, et on ne peut même accorder cette consolation à leurs mémoires qu'ils trouvèrent la mort en essayant de se défendre ou de défendre la personne du Prince.

Le Cafre disparut aussi, et on ne retrouva son cadavre que plus tard ; à ce sujet, les choses sont parfaitement explicables.

Les Zoulous considèrent comme des traîtres leurs frères de Natal en armes contre eux.

Un genre de supplice tout particulier est réservé, dans les *kraals*, aux Cafres faits prisonniers, et leurs cadavres, s'ils sont tués, sont traînés dans les assemblées de guerriers pour y subir les derniers outrages.

Qu'étaient-ce donc que tous ces hommes qui, au moment du danger et en présence d'une poignée de sauvages, jetèrent même leurs fusils pour fuir plus rapidement ? C'étaient des volontaires. Nous avons vu en France, à nos époques de désastres, tout ce que pouvait renfermer, à côté même des meilleurs, un corps d'irréguliers. Il en était à ce moment dans les colonies de l'Afrique du Sud, comme il en fut jadis dans notre pays ; certains avantages pécuniaires et autres y attirent les aventuriers de toutes les nations ; de tout ce ramassis auquel on adjoint l'élément colonial, — lequel, isolé, serait excellent — on forme des corps de volontaires.

Mais, d'ailleurs, je ne veux pas insister davantage sur la qualité des hommes qui composaient l'escorte, mon jugement s'arrête alors que je vois, ainsi que me le disait l'un d'eux, un officier anglais, bien en avant, leur donner l'exemple de la fuite.

Que faut-il donc penser du lieutenant Carey ? Je n'ai jamais pour ma part songé à accoler à ce nom une épithète outrageante. La conduite antérieure de cet officier doit faire juger, d'ailleurs, son attitude dans cette circonstance avec plus de modération.

J'ai déjà dit et je veux répéter que le lieutenant Carey oublia, dans un moment de trouble, qu'au prix même de sa vie, on ne quitte pas un champ d'honneur alors qu'on y laisse le droit de porter une épée.

Pour sa défense, le lieutenant a dit et répété de son côté que, n'ayant pas le commandement de l'expédition, il n'avait aucune responsabilité des événements accomplis et que, seul avec quatre hommes, il avait pensé qu'il était inutile, *une fois lui-même en sûreté*, de retourner au secours du Prince.

Pour la question du commandement, je m'en suis expliqué plus haut alors qu'il s'agissait des conditions dans lesquelles avait été entreprise l'expédition ; quant au fait particulier de l'attaque, je ne saisis pas exactement comment le lieutenant peut excuser sa fuite précipitée, en cherchant à rejeter la responsabilité du commandement sur le Prince lui-même.

Que le lieutenant ait eu ou non le commandement de l'expédition, son rôle dans cette circonstance présente certains côtés fâcheux.

Avait-il le commandement ? le devoir le plus strict, du lieutenant Carey, et je mets en dehors la personnalité du Prince, était de prendre au moins le temps moral de s'assurer si tout son monde était à cheval et le suivait.

S'il ne l'avait pas, ah ! le cas est bien plus grave ;

que penser en effet d'un officier qui prend sur lui de fuir sans attendre les ordres de son chef ; n'est-ce pas un cas de désertion prévu et puni dans tous les codes militaires ?...

Je ne vois donc pas ce qu'a pu gagner le lieutenant Carey à discuter cette question de commandement : dans les deux cas il est répréhensible ; dans le second cas, celui dont il se couvre, il est passible des peines militaires les plus sévères et les plus inflexibles.

En vérité il n'y eut pas à proprement parler de commandement réel pendant cette fatale expédition ; l'un des deux officiers, le Prince, finissait son service spécial à Itelezi, et, en camarade dévoué et brave, prêta son concours spontané au lieutenant Carey désireux de pouvoir justifier auprès du général en chef l'exactitude de ses recherches et de ses observations.

L'autre, le lieutenant Carey, se couvrit de la personnalité du Prince pour réunir une escorte et rendre possible l'expédition ; il payait ensuite le Prince de son concours dévoué en l'abandonnant au moment du danger sans même se retourner ou tenter un effort.

Et aujourd'hui encore il est possible de voir la mémoire du Prince rabaissée singulièrement par le lieutenant lui-même, qui d'un peu plus accuserait le Prince de l'avoir entraîné insoucieusement jusque-là.

L'autorité militaire s'est contentée des explications du lieutenant, élevé même au rang de capitaine. Je ne sais si l'armée d'Afrique, que compte rejoindre le nouveau capitaine, ratifiera cette décision.

Je m'en suis expliqué plusieurs fois, j'ai trouvé chez le lieutenant des côtés sympathiques et intimes qui m'avaient attaché à cet officier.

Ces côtés, je ne les ai pas oubliés, j'ai plaidé pour l'homme dans un de mes derniers articles dans le « *Figaro* »; ici je parle du soldat pendant la catastrophe du 1er juin et je ne puis le faire dans des termes autres que ceux que m'inspire la conduite de cet officier dans la circonstance terrible dont il fut le principal acteur.

Pour moi, il résulte donc une responsabilité complète du lieutenant au point de vue militaire et moral pour avoir entraîné le Prince dans le Zululand au mépris de tous les ordres et en dehors d'une certaine régularité; et en second lieu responsabilité plus grave encore du colonel Harrison, qui, chargé de la personne du Prince, a permis cette infraction grave aux instructions précises de lord Chelmsford.

Quant au général en chef, je ne prétends ni l'accuser ni le défendre.

L'accuser, je ne le pourrais sincèrement en toute justice; le défendre, c'est toujours une tâche difficile que de défendre un homme malheureux, et je ne suis pas de la taille de ceux qui peuvent se constituer les défenseurs d'office d'un noble lord et d'un général en chef d'une armée.

Quand le Prince se présenta à Natal à lord Chelmsford, ce dernier ne se dissimula en rien toute la responsabilité qu'assumait sur lui la présence du Prince au milieu de son armée. On écrivait d'Angleterre : « le Prince est brave et impétueux. » Il attacha alors le Prince à sa personne, non pas que les fonctions d'officier d'état-major soient, surtout dans ce pays, celles dans lesquelles on puisse trouver le plus de sécurité, mais, en même temps qu'il satisfaisait les désirs du Prince, lord Chelmsford ne confiait ainsi à personne qu'à lui-même le soin de veiller sur ce jeune et intrépide volontaire.

Les instructions précises données au colonel Harrison montrent d'ailleurs que, tout en confiant la personne du Prince à un service spécial le général n'entendait pas qu'on pût disposer de cette précieuse personnalité sans son avis personnel et direct.

Se rappelle-t-on la question immédiate que fait lord Chelmsford le matin du 1er juin, lorsqu'il ne voit pas le Prince à ses côtés ?

Que veut-on demander de plus, que cette preuve d'une solicitude incessante, à ce général en chef qui, le jour même, fait pénétrer dans le Zululand trois corps d'armée et des centaines de wagons de transport ? Ses préoccupations devaient être grandes ce jour-là même, et cependant, la première pensée de lord Chelmsford est pour son jeune et noble officier d'état-major.

Le grand embarras de lord Chelmsford fut que le Prince se présenta à lui comme une puissance déchue, qui voulait prouver à tous, qu'héritier d'un nom militaire, il ne voulait laisser oublier aucune des qualités de sa race. Celui-ci demandait à servir en soldat. Faire oublier le Prince, ne vouloir être qu'un officier avec ses devoirs et ses obligations, telle fut, à partir de son arrivée dans la colonie, la seule et unique préoccupation de ce cœur sublime.

Je cite ou je rappelle quelques faits au hasard :

A Durban, malgré les sollicitations et les prières du vieux serviteur qui l'avait suivi, il laisse derrière lui cet Uhlmann, le valet de chambre de son enfance et de sa jeunesse, qui ne l'avait jamais quitté un seul jour, et ne veut emmener que deux soldats qu'il a engagés spécialement en Angleterre pour faire la campagne.

A Dundee, un de ces deux serviteurs est resté en arrière : le Prince ne sollicite de personne ni secours ni aide, il étrille lui-même son cheval, le panse et le conduit à la rivière.

A Conférence-Hill, on lui prépare, un jour qu'il passe par là, une des grandes tentes de l'intendance : le Prince refuse et passe la nuit sous une mauvaise tente-abri que lui prête un volontaire. Partout enfin, il désire que les distances de grades soient observées, et n'admet nullement qu'il ait le pas, lui simple lieutenant, sur des officiers de haut grade.

Toujours d'humeur égale, le Prince ne s'impatiente que lorsque quelqu'un veut résister à ses nobles désirs, et trop se souvenir de son nom et de sa naissance ; lord Chelmsford fut doucement étonné d'abord ; il fut captivé bientôt.

A Chislehurst, le Prince avait su surmonter tous les obstacles qui s'opposaient à son départ ; d'un sourire, il avait séché les larmes de sa mère, et d'un froncement de sourcils, arrêté toutes les objections de ses conseillers. Sa première victoire en Afrique fut celle de son général, il la dut à son naturel vif et entrainant.

J'ai cité dans un précédent chapitre les paroles presque textuelles de lord Chelmsford relatives au rôle actif que le général avait donné au Prince pendant l'expédition.

A-t-on demandé à lord Chelmsford de faire pour sauvegarder la vie du Prince, tout ce qui était *humainement* possible de faire? Voilà la question, et je ne sais si l'on sera de mon avis, mais les faits répondent pour le noble lord, mieux que tout raisonnement ne saurait le faire. A moins toutefois, qu'on n'ait désiré que lord Chelmsford, ne considérant le Prince que comme un *impedimentum* nouveau ajouté à tant d'autres, ne le reléguât aux derrières de l'armée? En ce cas, et je puis l'assurer, non, le Prince Impérial de France n'eût point été tué, car il ne serait pas resté un jour de plus dans une armée qui eût refusé de tenir compte de son courage et de son droit d'occuper, au premier rang, la place que lui indiquaient à la fois son nom et sa nationalité.

CHAPITRE XXI

LE 3 JUIN
RETOUR EN EUROPE PAR LA COLONIE DE NATAL
L'OCÉAN INDIEN ET L'ATLANTIQUE

La nuit du 2 ou 3 juin, le service médical de l'armée la passa donc presque toute entière à assurer la conservation du corps, autant du moins que les moyens possédés pouvaient le permettre.

A 4 heures du matin seulement l'opération fut terminée, et à 5 heures on me faisait prévenir que le fourgon d'ambulance se préparait pour transporter le cercueil.

Je dis cercueil ; mais on eut beau fouiller tout le camp, il fut impossible de trouver autre chose qu'une enveloppe de zinc qu'on recouvrit d'une caisse formée par des planches grossières et informes.

Nous ne nous mimes en route cependant que vers huit heures du matin à peu près.

Le docteur Scott et le capitaine Molyneux présidaient à tous les apprêts avec une sollicitude et un soin parfaits.

Toute l'armée était déjà en marche, lorsque nous quittâmes ce qui fut l'emplacement du camp d'Itelezi.

Je fus moi-même un peu une cause de retard ; je négociais près de l'ambulance la possession de la couverture sur laquelle avait été couché le Prince ; une large tache de sang la couvrait en partie ; j'arrivai assez à temps pour empêcher qu'on ne nettoyât cette couverture avant de la rendre à l'officier auquel elle appartenait ; j'offris les miennes en échange et, beaucoup de courtoisie aidant, je pus enfin emporter avec moi cette précieuse relique.

— Prenez garde de vous salir, me dit un officier, ne se rendant pas exactement compte, je l'espère, de ce qu'il me disait.

— N'en prenez pas souci, lui répondis-je très étonné, le sang d'un prince français ne tache pas, il honore.

Un piquet du 17me lanciers, sous les ordres du lieutenant Jenkins, le fils de la comtesse actuelle de Lovelace, fit escorte jusqu'à la frontière, autant pour honorer la personnalité du Prince que pour protéger son cercueil en cas d'attaque.

J'avoue qu'à mon départ du camp je fut surpris de ne voir aucun délégué du général en chef accompagner le convoi : si j'en excepte les deux ordonnances du Prince, je fus seul à monter sur l'ambulance.

En quelques heures nous atteignimes le Blood-River,

l'emplacement de ce camp de Koppei-Allein, d'où trois jours auparavant le Prince était parti un matin, dans toute la force de la vie et de la santé.

Un petit fort, et 200 hommes du 24me pour le défendre, voilà tout ce qui restait de ce camp désormais historique.

Nous ne fîmes qu'une très courte halte à Koppei-Allein, le temps seulement de laisser souffler les six mulets qui trainaient le fourgon, et leur distribuer un peu de fourrage.

A mon grand regret, et je le dis pour la personne même de l'aimable et très distingué officier qui commandait le détachement, les lanciers avaient ordre de nous quitter à Koppei-Allein et de rejoindre le même jour la division.

Le service militaire postal immobilisait en outre dans ce petit camp les quelques dragons qui s'y trouvaient ; aussi une estafette fut-elle envoyée immédiatement à Landman's-Drift pour ramener une escorte de carabiniers volontaires.

Mais pour n'apporter, suivant le désir de tous, aucun retard dans notre marche, le major C. J. Bromhead, qui commandait le fort, detacha une partie de la petite garnison pour escorter le fourgon jusqu'à la rencontre des carabiniers.

Lui-même monta à cheval, ne voulant laisser à personne, malgré les dangers possibles, le soin de veiller sur les dépouilles du Prince.

L'infanterie, d'ailleurs, était à ce moment plus que

suffisante pour escorter le fourgon ; les mulets étaient fatigués par les marches de l'armée les jours précédents, et les conducteurs fort inhabiles à profiter de quelques derniers restes de vigueur.

C'est à peine si nous pouvions suivre même le pas régulier de l'avant-garde.

Je m'en plaignis doucement au major Bromhead, lequel m'assura qu'aussitôt qu'il pourrait renvoyer ses hommes rejoindre le fort, il se hâterait lui-même de prendre les devants jusqu'à Landman's-Drift pour faire préparer dans ce camp, si c'était possible, de nouveaux mulets et d'autres conducteurs.

A 5 heures du soir enfin, nous arrivions à Landman's-Drift; on fut obligé d'atteler plusieurs paires de bœufs pour faire traverser le *Buffalo* au fourgon.

Le major Bromhead avait déjà rejoint Koppei-Allein nous croisant à son retour, mais il était resté là son frère, lequel s'était illustré quelque temps auparavant dans la défense désespérée de Rorke's-Drift. Je pus enfin là prendre quelque nourriture, grâce à la prévenante sollicitude de ces deux charmants officiers, nés tous deux en France, à Versailles, ainsi que me l'écrivait, il y a quelques jours, la sœur de ces deux héros.

Un attelage de huit mulets frais et dispos remplaça nos six mulets étiques, et un volontaire expérimenté monta sur le siège à la place des conducteurs ambulanciers.

A 6 heures, sans tarder, nous repartions pour Dundee, et, grâce au changement qui avait été fait nous pûmes très rapidement gagner ce dernier camp, où nous arrivions à 9 heures du soir.

Là, attendait le colonel Desgacher du 24ᵉ, celui-là même qui commandait ce régiment lors du désastre d'Insalwana.

Les deux frères Bromhead étaient nés à Versailles, lui, le colonel, portait le nom de sa mère, une Française de cœur et d'esprit.

Français donc par sa mère, le colonel Desgacher a pris encore avec le nom maternel une sincère affection pour la France, qu'il considère d'ailleurs comme sa patrie de prédilection, dont il parle la langue avec une pureté sans exemple, et où il compte de nombreux amis.

Le colonel avait les larmes aux yeux : quelques heures avant la mort du Prince, il avait reçu d'un de ses amis de France une lettre touchante, dans laquelle on lui recommandait de veiller sur les jours du Prince, autant du moins qu'il lui serait possible.

Le colonel était au moment de répondre que l'on devait se rassurer de toute crainte, lorsque la dépêche annonçant la translation des restes du Prince lui était parvenue.

Depuis lors, ses vieux soldats, quelques débris d'Insalwana ne cessaient d'assiéger sa tente lui demandant *satisfaction* (vengeance) pour la mort du Prince, et s'irritant de rester relégués dans un camp éloigné.

Lui aussi, le colonel, avait bien des souvenirs qui criaient vengeance, n'avait-il pas trouvé le soir d'Insalwana, son propre frère horriblement assagayé par ces sauvages?

Nous ne nous reposâmes qu'une heure à Dundee.

Pendant ce temps, le colonel Desgacher, lequel par une prévoyance toute spontanée et bien française, avait dévalisé de tout le drap noir qu'elle contenait, l'unique maison de la contrée, en fit recouvrir cette caisse grossière dont la vue faisait peine à voir : on put même tendre tout l'intérieur du fourgon.

A 10 heures, le même soir, nous reprenions notre route.

Le major Furse de l'intendance nous accompagnait, et je montai dans sa petite voiture.

Nous avions 40 *milles* à faire pendant la nuit, pour atteindre Ladysmith, et cela par une contrée absolument déserte, loin de tout camp et de toute habitation.

La prévoyance de l'intendance avait toutefois su établir dans tout ce long trajet, des dépôts de vivres et de fourrages accumulés sous des tentes.

Nous prîmes alors les devants, le major et moi, réveillant sur notre passage les préposés de l'intendance, faisant préparer du thé et du café pour les hommes, et du fourrage pour les mulets et les chevaux de l'escorte.

Le major fut même assez heureux pour rencontrer au repos tout un convoi de transports traîné par des mulets.

Alors sur la route même vers 4 heures du matin, on put changer les mulets pendant que les hommes se reposaient un peu, et c'est ainsi que nous pûmes gagner Ladysmith dans l'après-midi du 4, sans avoir eu besoin de faire des haltes trop prolongées.

A Ladysmith, il fallut s'arrêter jusqu'au lendemain ; un des essieux du fourgon s'était à moitié rompu au passage d'un donga ; de plus, comme il ne fallait plus compter sur aucune escorte à cheval, les marches de nuit ne convenaient plus à ces garnisons d'infanterie auxquelles la vie des camps était inconnue.

Le départ fut donc fixé au lendemain matin 6 heures.

A l'heure dite, tous les habitants étaient réunis autour du cercueil ; le fourgon traversa lentement toute cette longue bourgade ; les femmes, en habit de deuil, chantaient des cantiques protestants sur la route, le petit harmonium du temple y avait même été transporté à cet effet ; les hommes à cheval suivaient l'ambulance et l'escortèrent jusqu'au-delà de la rivière.

Il en fut ainsi, car je ne veux pas éterniser cette narration, sur tout le parcours jusqu'à Maritzburg, et ce que firent les habitants de Ladysmith fut renouvelé avec les mêmes marques de douleur et de respect à *Colenso*, *Etscourt*, *Moil-River*, *Hawick* et autres lieux.

Le convoi arriva à Maritzburg dans la journée du 8 juin ; il y avait juste huit jours, heure par heure, que le Prince était tombé sous les assagays des Zoulous.

A Estcourt, j'avais rencontré un des prêtres français de la mission de Durban, le Père Baudry ; à 10 heures du soir, j'étais allé prendre le Père Baudry dans un stationnement militaire voisin de la bourgade, et l'avais prié de joindre les exercices de notre culte aux honneurs militaires.

Le Père Baudry était envoyé à la colonne Wood en qualité d'aumônier catholique et craignait de se détourner de sa route. Je lui déclarai que j'en prenais toute la responsabilité à l'égard du général Clifford, je joignis quelques arguments à l'appui, et le lendemain enfin, le Père Baudry reprenait aussi la route de Maritzburg derrière le cercueil du Prince.

Quant à moi je dépassai le convoi, et d'une seule traite dans la même journée, l'intendance m'ayant fait préparer les relais suffisants, je franchis les 70 *milles* qui séparent Estcourt de Maritzburg.

Je désirais voir au plus tôt le major-général Clifford, pour faire regagner autant que possible tous les retards qu'entraînait cette malheureuse escorte d'infanterie que l'on avait attachée au cercueil du Prince.

J'arrivai à Maritzburg vers une heure du matin, et je trouvai le major général à son poste, c'est-à-dire devant son bureau, occupé à transcrire et à envoyer des dépêches aux différents corps d'armée.

Le général Clifford, dont j'ai parlé précédemment déjà, est resté pour moi le problème le plus compliqué d'une existence humaine détachée de tous les besoins corporels. Malgré mes soins les plus attentifs pour m'en rendre compte, je suis parti de la colonie, ne sachant pas quand et comment le général Clifford prenait ses repas, quand et comment il prenait quelques instants de repos et de sommeil. Et je n'exagère rien.

A quelque heure du jour ou de la nuit qu'il m'ait été donné d'avoir besoin du général, j'ai toujours trouvé celui-ci dans son *office ;* il n'y a que ses aides de camp qui se relayent pour les besoins du service, quant à lui, on est toujours sûr de le trouver et de pouvoir lui parler, et cette grande lumière qui, la nuit, s'étend au bout de Church-Street, apprend à chacun que la porte est toujours ouverte à tout venant.

J'ai tenu à faire connaître ce modèle extraordinaire d'une activité peu commune, d'abord parce que cela sort absolument des habitudes anglaises, et surtout pour bien faire comprendre quelles facilités nouvelles et bien entendues entourèrent la marche du convoi, dès que le général Clifford put enfin appliquer ses soins personnels à la rapide transmission du corps en Europe.

Pour activer les apprêts de transport, le général employa toutes ses facultés d'organisateur exercé et habile ; pour organiser les honneurs dignes de ces augustes et chères dépouilles, le catholique n'eut qu'à puiser dans sa foi ardente ; l'amitié profonde et sincère qu'il portait à la personne du Prince, ne fut pas étrangère à bien des détails touchants et imprévus.

Je n'eus donc qu'à écouter et à apprendre toutes les dispositions déjà prises. Entre autres choses, le général me dit qu'il avait retenu à Maritzburg et empêché d'aller au-devant du cortège ce vieux valet de chambre du Prince, Uhlmann, laissé dans la colonie par son maître pour veiller à ses affaires personnelles, et assurer les communications avec l'Europe.

Les Pères de la mission française m'avaient offert l'hospitalité ; ils eurent idée meilleure, le matin même ils firent venir Uhlmann près de moi.

— Comme cela, me dit le Père Barett simplement, nous serons tous les Français auprès de ce cercueil.

Uhlmann était depuis vingt-deux ans avec la famille impériale, et il n'avait jamais quitté le Prince un seul jour, dans la bonne comme dans la mauvaise fortune. J'ai vu rarement douleur plus poignante et plus sincère que celle de ce vieux serviteur qui se reprochait, presque comme un crime, de n'avoir pas désobéi aux ordres formels du Prince, et de ne pas avoir suivi son maître jusque dans les camps. Je connaissais le dévouement de ce brave homme pour le Prince, et je fus très étonné de ne pas le voir près de lui dans les campements; j'en parlais un jour au Prince, qui me fit remarquer que simple officier, il n'avait pu prendre pour le suivre à l'armée que des serviteurs qui fussent soldats; que son valet de chambre lui était bien plus utile au centre de la colonie que dans les camps, « et d'ailleurs, ajoutait le Prince en riant, je n'ai plus besoin de ma nourrice. »

Je cherchai à consoler Uhlmann ; je ne pus y parvenir qu'en lui promettant de passer par dessus toutes les craintes du général Clifford à son sujet, et de l'amener moi-même au-devant du convoi. Nous partîmes, en effet, dans l'après-midi ; notre voiture se brisa en mille pièces sur la route, dans de longs sillons creusés par les eaux de pluie ; mais comme nos contusions étaient légères, nous pûmes continuer à pied, et atteindre enfin Hawick vers le commencement de la nuit. Là s'étaient arrêtées l'ambulance et l'escorte. Je confiai Uhlmann, à moitié mort de douleur, aux deux serviteurs anglais, et je regagnai Maritzburg le soir même, à pied, n'ayant pu trouver aucun autre moyen de transport.

Une proclamation du général Clifford convoquait la population pour une heure et demie ; l'affût d'un canon fut transporté en avant ; et, à deux milles de la ville, le cercueil passa de l'ambulance sur ce canon ; un grand drapeau tricolore tenait lieu de drap mortuaire.

A l'heure dite, toute la population se trouvait à l'entrée de la ville ; tous avaient pris l'habit de deuil, et le drapeau français flottait à mi-mât sur la plupart des maisons et des édifices publics.

Je ne ferai pas ici la nomenclature de toutes les autorités civiles et militaires qui suivaient le général Clifford derrière le cercueil, ni des ordres maçonniques ou autres, qui avaient revêtu leurs insignes pour honorer le Prince ; je ne les connaissais pas, pour ma part, et je n'ai vu et remarqué à travers la garde d'honneur militaire qui nous entourait, que cette seconde garde, bien plus imposante encore, de toute une population silencieuse et recueillie, dans laquelle, tous les rangs confondus, chacun ne cherchait et ne demandait qu'une chose, prier le plus près possible du corps de ce malheureux Prince.

Le cortège traversa ainsi toute la ville, et, avant d'être transporté à l'église catholique, le corps fut déposé dans une grande salle dépendant des locaux de la mission. On devait procéder aux constatations légales de l'identité du cadavre; on ouvrit le cercueil primitif, et bientôt le corps nous apparut enveloppé dans une sorte de poussière rougeâtre, dont les médecins le débarrassèrent avec soin; puis, ils étendirent sur ce cadavre une sorte d'onguent arsenical; après quoi, ils le déposèrent dans un premier cercueil capitonné de satin blanc, que le général Clifford avait fait préparer en toute prévision; des petits sacs contenant du carbone furent déposés autour du corps du Prince, et le corps même fut enveloppé d'une sorte de gaze imbibée d'acide carbonique; enfin, toutes les précautions furent encore prises à Maritzburg pour assurer la conservation du corps.

Je dois dire, d'ailleurs, quelque informes qu'aient été les moyens employés par les médecins du camp, que le corps fut trouvé à Maritzburg dans un état de conservation parfaite, et cela, malgré les huit jours passés avec les cahotements inévitables dans ces routes horribles et pierreuses. L'acte de décès fut rédigé en trois originaux, et signé par le général Clifford, Uhlmann et moi; l'un fut déposé dans le cercueil, un autre restera dans les archives de la colonie, et le troisième était destiné à être transmis par le consul français à Paris, lieu de naissance du Prince, et surtout comme son dernier domicile dans sa patrie.

Brisé par tant d'émotions, Ulhmann, après avoir

embrassé une dernière fois son maitre, était tombé défaillant dans un coin de la salle; il me fit demander, et me remit quelques objets qu'il n'avait pas la force de déposer lui-même sur le corps du Prince : c'était d'abord, un chapelet béni par le Pape, et ensuite trois photographies, l'une de l'Empereur, la seconde de l'Impératrice, signée : « Eugénie, 27 février » jour du départ du Prince de Southampton pour l'Afrique; la troisième enfin, d'une cousine du Prince morte depuis quelques années, la duchesse de Mœdina-Cœli, fille de la duchesse d'Albe.

A ce moment, comme il n'avait été laissé dans la salle que le personnel strictement nécessaire pour assister les docteurs, la supérieure du couvent, religieuse française, fit demander l'autorisation de voir le Prince une dernière fois ; cette pieuse fille, prise en face de ce cadavre d'un élan de douleur, d'un mouvement brusque, arracha de sa poitrine les scapulaires de son ordre et les déposa sur la poitrine du Prince; c'était tout ce qu'elle possédait dans ce monde, tout ce qu'elle pouvait offrir, tout ce qui lui était le plus cher; elle ensevelit tout cela dans ce cercueil. Je ne sais pas ce qu'il faut le plus admirer dans cet acte tout spontané, et dont l'élan nous arracha des larmes, ou de cette religieuse française qui se dépouillait de ses saintes reliques, ou de ce Prince, dont le souvenir inspirait encore dans cette âme détachée des choses de ce monde de pareils élans et de semblables sacrifices.

A six heures et demie, le corps était transporté à

la chapelle catholique, convertie en chapelle ardente, et toute la nuit chacun put venir prier près de son catafalque.

Le lendemain lundi 9, à huit heures et demie du matin, la mission célébrait une messe solennelle, après laquelle, toujours fixé sur un canon et enveloppé dans un drapeau tricolore, le cercueil fut dirigé immédiatement par la route jusqu'à Durban ; c'était la dernière étape dans la colonie même : on y parvint le mardi 10, à quatre heures du soir.

A Durban, comme à Maritzburg, même affluence de tous, mêmes marques sincères de douleur et de regrets, avec peut-être un peu plus d'expansion ; cela dû surtout à la présence, dans cette dernière ville, d'une petite colonie française, et à des souvenirs plus vivaces de la personne du Prince, lequel s'y était arrêté quelques jours à son arrivée, et que l'on avait pu venir voir assez librement chez le capitaine Beynton, le représentant à Natal de la compagnie « l'Union » dont un des paquebots avait eu l'honneur de prendre le Prince en Angleterre.

C'est ainsi que, le lendemain matin, lorsque le cortège se dirigea vers la Pointe de Durban ou plus exactement Port-Natal, distant de la ville de trois *milles* à peu près, toute la population, sans exception, l'accompagna. Je dis sans exception, car, obligé de rester en arrière pour m'occuper à la hâte de quelques affaires personnelles, je ne traversai plus qu'une ville absolument déserte où tout était fermé, depuis la plus petite échope jusqu'à la maison de Banque. Des N et les armes impériales avaient été fixés sur la plupart des maisons, et le pavillon français flottait sur toutes. Quand j'arrivai à la Pointe, le corps était déjà en rade sur la *Boadicea;* les autorités du port refusèrent de laisser sortir le petit vapeur qui avait été mis à ma disposition; la mer était horrible et la barre est très dangereuse. Ce ne fut que le lendemain matin, au milieu de vagues énormes, que je pus regagner la frégate laquelle alors leva l'ancre à neuf heures, immédiatement après notre arrivée.

En partant, j'avais reçu l'original de l'ordre du jour du major Butler, qui représentait le général Clifford à Durban; je le donne plus loin comme monument remarquable des sentiments que sut inspirer la mort du Prince dans l'armée et la population de la colonie.

Le dimanche 15, nous arrivions à Simon's Bay, port militaire du Cap, vers une heure, et immédiatement le transbordement fut effectué sans toucher terre. Tous les canots des différents vaisseaux de guerre formaient la haie de la *Boadicea* à l'*Orontes*. Avec sir Bartle Frère, se trouvaient lady Frère et la famille du Haut-Gouverneur des colonies du Sud de l'Afrique; toutes les autorités civiles, maritimes et militaires avaient accompagné le Haut-Gouverneur sur l'*Orontes*.

Une escadre d'études hollandaise qui avait mouillé la veille à Simon's Bay, avait aussi envoyé ses états-majors; le canon tonnait sur toute la ligne et le spectacle avait vraiment quelque chose d'imposant. Il y eut un seul point noir dans la tenue générale, ou plutôt pour parler plus exactement, un seul point gris. Je veux parler de la présence du Consul français du Cap à bord de l'*Orontes*. Je vis passer dans le mausolée un monsieur dont la tenue négligée faisait peine à voir. Pantalon gris, jaquette grise déboutonnée, et petit chapeau melon, — je crois que c'est le terme, — et tout cela d'une propreté même douteuse; ce monsieur était le représentant de la France ; au milieu de ces uniformes de grande tenue et de ces dames en deuil, je ne l'aurais certainement pas reconnu si sir Bartle Frère, le prenant par la main, ne l'eût conduit devant moi.

M. le consul de France voulut bien me dire alors qu'il était inutile de parler de sa présence ; qu'il n'était venu qu'en simple *reporter* pour rendre compte à son gouvernement de certains détails de « cet événement si important » et que par sa tenue même fort négligée, il avait bien voulu exprimer de quel caractère non officiel il entendait couvrir sa présence à bord de l'*Orontes*.

Je me contentai de montrer à M. le Consul le pavillon français qui flottait au-dessus de nous, et celui-ci pourra rendre compte à son gouvernement, s'il veut invoquer mon témoignage, que personne autour de moi ne cacha en rien l'impression pénible que produisit une pareille tenue en pareille circonstance.

Le représentant d'un grand pays comme la France

devait au moins, à défaut d'instructions spéciales, avoir comme instruction générale cette simple formule, dont l'étude pourrait lui servir à défaut de tact personnel :

— Ne rien faire qui puisse blesser les sentiments intimes des nations chez lesquelles vous êtes accrédité.—

La traversée sur l'*Orontes* s'effectua dans des conditions excellentes, et ainsi que les officiers de la *Boadicea* et le commodore Richards, dont la frégate portait le pavillon, je tiens à remercier publiquement l'état-major de l'*Orontes* et particulièrement son chef, l'excellent capitaine Kinaham, des soins attentifs et de chaque minute dont a été entouré le cercueil du Prince.

Je faisais un triste et lugubre voyage, partagé entre les pieux devoirs à rendre à ces augustes dépouilles, et les consolations que je devais apporter chaque jour, presque chaque heure, à la douleur poignante de ce vieux serviteur, dont les larmes ne tarirent jamais pendant cette longue traversée.

Les officiers de l'*Orontes* firent de leur côté tout ce qu'il était en leur pouvoir pour relever chez moi aussi le moral chaque jour de plus en plus affecté.

Parlerai-je encore des soins touchants que mit le capitaine à conserver à travers la chaleur des tropiques, les soignant dans sa propre cabine, ces caisses de plants de violettes dont l'attention respectueuse de lady Frère avait entouré le cercueil du Prince.

Ces caisses étaient destinées à l'Impératrice, comme un dernier souvenir de ces terres lointaines.

. Ces plants parvinrent presque tous intacts en Angleterre, j'espère qu'ils doivent fleurir encore dans quelque coin de Camden.

Le 10 juillet, nous mouillions devant Plymouth ; ma mission était terminée, c'est là que j'arrêterai le récit de mon voyage.

Le matin de notre arrivée, je déposai sur le cercueil du Prince un bouquet d'immortelles cueillies à Sainte-Hélène sur l'emplacement même où fut le tombeau de Napoléon Ier.

Ce fut mon dernier hommage.

Je devais ces immortelles à la gracieuseté des officiers de l'*Orontes*.

CONCLUSION

Faut-il une conclusion à un livre de ce genre ?

Une récente polémique m'en a inspiré une.

J'ai vu discuter ardemment dans la presse anglaise l'opportunité d'élever un monument au Prince dans l'abbaye de Westminster.

Le Prince, disait-on, tout en combattant pour l'Angleterre, ne combattait que pour son propre intérêt et pour relever son prestige.

Je ne veux pas entrer dans ces détails.

Mais s'il ne peut être démontré suffisamment que le Prince mourut en défendant le drapeau de l'Angleterre et si, partant, le souvenir de son sacrifice ne peut trouver une place indiscutable dans le Panthéon des illustrations de ce pays, il est une autre place que personne, je l'espère, ne pourra lui contester, c'est la vallée de l'Ityotyosi.

Que les armes anglaises disputent victorieusement à Ketshwayo le *donga* où tomba le Prince, et croyez bien que des mains françaises et dévouées sauront aller dans ces contrées sauvages élever à leur Prince, de leurs propres mains, un monument digne de sa mort.

On l'élèvera assez haut pour qu'en passant par dessus l'extrémité de l'Afrique, le regard rigide du Prince puisse se fixer sur Sainte-Hélène. Plus tard sous la même latitude, l'histoire trouvera ainsi le commencement et la fin d'une dynastie qui, à travers bien des décombres, sut aussi inscrire son nom sur bien des pages immortelles de notre vie nationale.

DOCUMENTS OFFICIELS

RELATIFS A LA MORT DU PRINCE IMPÉRIAL

ET

AU TRANSPORT DE SON CORPS EN EUROPE

EXTRAITS DU BLUE-BOOK

(LIVRE BLEU)

CONCERNANT LES AFFAIRES COLONIALES DE L'AFRIQUE DU SUD

N° 35 DU BLUE-BOOK.

Du lieutenant-gouverneur sir H. Bulwer K. C. M. G., à son Excellence sir Michael Hicks Beach, baronnet (reçu le 14 juillet 1879.)

Government House,
Maritzburg, Natal, 10 juin 1879.

Sir,

J'ai l'honneur de vous transmettre, pour votre information, copie de la correspondance relative à la réception à Maritzburg des tristes dépouilles du Prince Impérial Louis-Napoléon, tué sur la terre du Zululand le 1er juin courant, et pour montrer le grand regret ressenti par toute la Colonie dans cette triste et déplorable calamité publique.

2. — Le corps est arrivé à Pietermaritzburg le dimanche 8 courant, à 2 heures après midi, et a été reçu à l'entrée de la ville par les autorités civiles et militaires, et suivi par une grande affluence de la population en procession solennelle jusqu'à l'église catholique romaine préparée pour la réception du corps. Dans les rues par lesquelles la procession est passée, de chaque côté étaient rangés les habitants ; la plupart revêtus de deuil, deuil dont avaient été aussi parées la plupart des maisons. Le plus grand ordre a présidé à cette cérémo-

nie. La conduite du peuple de Pietermaritzburg a été généralement remarquée par le respect, la sympathie et le bon sentiment, montrés par toutes les classes.

3. — Le lendemain, matin à 8 heures, une messe Requiem a été célébrée, à l'église catholique romaine, à laquelle ont assisté toutes les autorités civiles et militaires. Après la cérémonie, le corps a été replacé pour être envoyé à Durban accompagné par une escorte militaire et une escorte de la gendarmerie de Natal. Le colonel Mitchell, secrétaire colonial, accompagnait le corps et m'a représenté jusqu'à son embarquement à bord du vaisseau de guerre désigné pour le recevoir à Port-Natal.

4. — Il y a par toute la colonie un seul sentiment de douleur concernant cette lamentable perte.

J'ai l'honneur, etc.

Signé : HENRY BULWER.

ANNEXE 1 AU Nº 35.

Quartier général, inspecteur général des lignes de communication et bases, à son Excellence le lieutenant-gouverneur de Natal.

Pietermaritzburg, 4 juin 1879.

Sir,

J'ai l'honneur d'informer Votre Excellence, j'ai un grand regret de le dire, de la confirmation officielle reçue par moi de la triste mort du Prince Impérial Louis-Napoléon, tué dans le Zululand le 1er courant.

Le lieutenant-général commandant m'informe que le corps du Prince est envoyé ici *en route* pour l'Angleterre.

J'ai reçu, du commandant de Ladysmith, avis que le corps a quitté Koppei-Allein le 3 juin (hier); alors probablement, il arrivera ici lundi prochain 9 courant.

Je supplie Votre Excellence d'avoir la bonté d'accorder toute l'assistance qu'elle jugera nécessaire pour diriger dans la limite du possible l'expression, par tous les moyens en notre pouvoir, des sentiments de douleur causés par ce triste événement; et, pour montrer tout le respect possible pour les restes de l'infortuné jeune Prince qui était au milieu de nous.

Dans cet ordre d'idées, je me propose d'inviter les quelques officiers et soldats que leur devoir maintient à Pietermaritzburg, pour aller avec moi recevoir le corps quand il arrivera, probablement lundi prochain.

Je me mets moi-même en relation avec le clergé catholique romain dans cette ville, et je le prie d'avoir la bonté de recevoir le corps à son arrivée, et de le garder dans son église pendant qu'il restera ici et de faire les cérémonies religieuses dans le temps et les circonstances qui leur sont prescrits.

Je serais très heureux si Votre Excellence avait la bonté de prendre part à la réception du corps et d'ordonner toutes les mesures à prendre pour faciliter tous les désirs exprimés par les habitants de Maritzburg, pour montrer leur respect et leur douleur.

J'ai télégraphié au commodore Richards, R. N., commandant la station du Cap à Durban, par ordre de Son Excellence le lieutenant-général commandant, lui demandant d'avoir la bonté, si c'est possible, de faire en sorte que les restes du Prince soient transportés en Angleterre sur un vaisseau de guerre.

J'ai communiqué aussi avec mon assistant, Major Butler, D. A. Q. G., I. G. Lof C. D. B. Dept., Durban, lui demandant de faire tous les préparatifs en son pouvoir pour la réception du corps à Durban, et pour le faire embarquer sur le vaisseau indiqué par le commodore, etc...

J'ai l'honneur, etc.

Signé : H. H. CLIFFORD.

ANNEXE 2 AU N° 35.

Sir H. Bulwer au secrétaire colonial.

NOTE.

1° Les autorités locales de Pietermaritzburg et de Durban se mettront en rapport avec l'officier désigné par le général de brigade pour l'exécution des détails de toutes les dispositions à prendre relativement à la réception du corps du Prince.

2° Il en sera également fait communication aux maires en réclamant leur coopération pour faciliter aux habitants les manifestations de respect.

3° Une escorte de police montée se rendra à Estcourt.

4° Une escorte de police montée sera fournie de Pietermaritzbourg à Botha's Hill.

5° Des gardes d'honneur, pour recevoir le corps, seront formées par les volontaires à Pietermaritzburg et à Durban.

6° Un officier du gouvernement colonial sera désigné pour être de service depuis l'arrivée du corps à Pietermaritzburg jusqu'à son embarquement à bord d'un des navires de Sa Majesté, à Durban.

Agréez, etc.

Signé: H. BULWER,
Lieutenant-gouverneur.

ANNEXE 3 AU N° 35.

Le général de brigade Clifford, inspecteur général des L. de C. et B. Quartier général, à Sir H. Bulwer.

Pietermaritzburg, le 6 juin 1879.

J'ai l'honneur de vous accuser réception de votre lettre datée d'hier en réponse à la mienne du 4 courant par laquelle j'eus le douloureux devoir de vous annoncer que j'avais reçu de Lord Chelmsford la confirmation officielle de la triste nouvelle de la mort du Prince Impérial Louis-Napoléon.

J'ai l'avantage de vous remettre copie des dispositions militaires à prendre pour recevoir le corps du défunt et pour les démonstrations de respect dont il sera entouré pendant qu'il se trouve sous notre garde.

Votre Excellence a bien voulu me dire qu'elle assistera à la réception du corps à Pietermaritzburg; je vous serais donc obligé de me fournir aussitôt que faire se pourra, une copie du programme qui sera adopté avec votre approbation, en indiquant la place que Votre Excellence occupera dans le cortège, ainsi que celle des membres du conseil exécutif et des autres fonctionnaires qui seront présents. J'ai l'avantage de vous remettre également une invitation vous priant, dans le cas où vous n'y verriez pas d'inconvénient, d'assister au service funèbre qui sera célébré lundi prochain, le 9 courant, à huit heures et demie, à la chapelle catholique romaine, après lequel le corps du prince sera escorté à Durban pour être transporté à bord d'un navire de guerre à Cape-Town et de là en Angleterre.

Comme j'ai appris par le maire de Pietermaritzburg que les volontaires désirent marcher dans le cortège avec leur musique pour recevoir le corps, au lieu d'être formés en rangs sur la place où il doit être déposé temporairement, et que j'ai appris en même temps que vous appouvez cette idée, j'ai jugé à propos de les mentionner sur le programme militaire.

Agréez, etc.

Signé : H. H. CLIFFORD,
Général de brigade I. G. L. de C. et de B.

DOCUMENT N° 4 INCLUS DANS LA DÉPÊCHE N° 35.

De Sir H. Bulwer au major-général l'Hon. H. H. Clifford, V. C., C. B.

Government House Pietermaritzburg,
Natal, 7 juin 1879.

Sir,

Vous trouverez ci-incluse la copie de l'ordonnance publiée par le maire de cette ville pour informer le public des dispositions qui ont été prises à l'occasion de la réception du corps du Prince Impérial Louis-Napoléon à son arrivée à l'entrée de la ville, et du cortège qui l'accompagnera à la chapelle catholique de Burgher Street.

J'ai l'honneur de vous informer que j'ai désigné le colonel Mitchell, secrétaire colonial, comme mon représentant pour accompagner les restes mortels du regretté Prince pendant leur trajet de Pietermaritzbourg jusqu'au moment de leur embarquement à Port-Natal.

J'ai l'honneur, etc.

Signé : H. BULWER.

DOCUMENT N° 5 INCLUS DANS LA DÉPÊCHE N° 35.

ORDONNANCE PUBLIQUE

Mesures d'ordre à observer à l'arrivée du corps du Prince Impérial Louis-Napoléon, à l'entrée de la ville.

Le cortège se formera au bas de Commercial Road au coin de Greyling Street, et s'avancera vers l'école catholique romaine en suivant l'itinéraire suivant : Commercial Road Church Street, Chapel Street et Burgher Street.

L'ordre du défilé sera, les civils d'un côté ayant à leur tête Son Excellence le lieutenant-gouverneur, puis les militaires à la tête desquels sera le major-général l'Hon. H. H. Clifford. V. C., C. B., etc., tous à pied.

Les civils qui viendront se joindre au cortège devront être vêtus de deuil. Les affaires seront suspendues pendant le défilé du cortège.

Le public sera averti une demi-heure avant de la formation du défilé par le son des cloches de toutes les églises de la ville et par un coup de canon que tirera le fort Napier.

Le cortège est attendu à 2 heures de l'après-midi dimanche prochain 8 courant.

Au premier coup de canon, tous les drapeaux qui flotteront à ce moment devront être *mis en berne*.

Les carabiniers de Maritzburg, musique en tête, prendront part au cortège.

Hôtel de ville de Pietermaritzburg, 5 juin 1879.

Signé : FRANCIS,

Maire.

Dispositions militaires pour la réception des restes mortels de S. A. I. Louis-Napoléon à Pietermaritzburg, dimanche prochain le 8 juin 1879, à 2 heures de l'après-midi.

Pietermaritzburg, le 6 juin 1879.

Ceux qui désireront prendre part au défilé se réuniront sans leurs montures au bout de Commercial Road, au coup de canon que tirera le fort Napier à l'arrivée du cortège à deux milles de la ville.

Le major Chamberlin, commandant de Pietermaritzburg, secondé par son état-major, sera assez bon pour prendre les mesures nécessaires à l'ordre du défilé, etc.

Quelques dispositions urgentes devant être prises d'avance; le corps sera d'abord déposé dans la salle de l'école catholique et sera placé ensuite dans la chapelle catholique romaine. On fera savoir l'heure du service funèbre qui sera célébré dans la chapelle catholique ainsi que celle où les restes mortels du regretté Prince seront transportés de Pietermaritzbourg et escortés à Durban pour être dirigés vers l'Angleterre.

Le major-général Hon. H. H. Clifford, V. C., C. B., I. G. L. de C. B. et son état-major conduiront le deuil et agiront comme chefs de sections et autres officiers pour former le cortège par rang d'âge, les plus jeunes marchant en tête.

H. H. CLIFFORD,
Major général I. G. L. de C. et B.

37

Le très honorable Sir H. B. E. Frere, baronnet, gouverneur G. C. B., G. C. S. I. au très honorable Sir Michael Hicks Beack, baronnet.

(Reçu le 12 juillet 1879.)

Government House, Capetown,
le 16 juin 1879.

Sir,

Depuis le dernier courrier, je n'ai reçu aucun nouveau détail officiel au sujet de la mort lamentable du Prince Impérial. Il est possible qu'il en arrive par dépêche avant la fermeture du courrier; naturellement je les enverrais sans retard.

Il paraît que les dépouilles mortelles du prince ont été l'objet de tous les respects, tant en Zululand qu'à Natal, de la part du lieutenant général Lord Chelmsford, au camp de Son Excellence, de la part de Son Excellence le lieutenant-gouverneur, Sir Henry Bulwer, et des autorités militaires et civiles, de la part du capitaine de vaisseau commodore Richards et de tous les officiers de marine sous ses ordres, et de la part de la population non officielle à Pietermaritzburg et à Durban et partout à Natal où l'occasion s'est présentée de lui témoigner du respect.

Sans doute le gouvernement de Sa Majesté aura reçu des rapports détaillés par l'entremise du lieutenant général Lord Chelmsford, du lieutenant-gouverneur et du commodore.

Le cercueil contenant la dépouille mortelle du Prince a été transporté à Simon's Bay à bord du navire royal « Boadicca » portant le guidon du commodore Richards. Le « Boadicea » est arrivé à Simon's Bay samedi le 15 courant, vers deux heures de relevée, et à trois heures et demie le cercueil a été transbordé à bord du navire royal « Orontes », capitaine Kinahan, chargé par le commodore de le transporter en Angleterre.

Les canots des navires royaux qui se trouvaient dans le port, formaient une double haie du « Boadicea » à « l'Orontes » à bord duquel le cercueil a été reçu par l'évêque Léonard et le clergé de l'église catholique romaine, par moi-même et mon état-major, le capitaine Adeane, commandant le navire royal « Tenedos », le doyen des officiers de marine de la station et les officiers de marine de tous les navires royaux dans le port, par le colonel Hassard C. B. du génie, l'état-major de la garnison du Cap, l'honorable M. Gordon Sprigg, premier ministre de la colonie, l'honorable M. Upington, le procureur général et l'honorable M. Laing, commissaire des domaines de la couronne et un certain nombre d'habitants civils ; étaient également présents les officiers des vaisseaux de guerre hollandais « Silveren Kruis » et « Van Galen » qui se trouvaient dans le port.

Des coups de canon, espacés de minute en minute, en nombre correspondant à l'âge du prince, ont été tirés pendant le transbordement de la dépouille mortelle à bord de « l'Orontes », ainsi qu'au coucher du soleil ; peu de temps après, le navire partait pour l'île de Madère.

Le Révérend Père Rooney, prêtre catholique romain de Simon's Town, qui a été chargé par l'évêque Léonard d'accompagner la dépouille mortelle en Angleterre, a obtenu de l'honorable secrétaire de la colonie la permission nécessaire pour cela.

Toutes les dispositions avaient été surveillées par le capitaine Adeane de la marine royale, qui n'a rien omis qui pût témoigner du respect dû à la dépouille mortelle du prince et des profonds regrets que sa perte a causés parmi les serviteurs de Sa Majesté et les sujets de la colonie de toutes les classes et professions.

Je suis persuadé que le capitaine Adeane se joindrait à moi pour exprimer à l'évêque Léonard et à son clergé notre reconnaissance pour l'aide qu'ils nous ont prêtée. On m'a assuré que tous les désirs de l'évêque ont été accomplis autant qu'il a été possible.

Agréez, etc.

Signé : H. B. E. FRÈRE,
Gouverneur et Haut-Commissaire.

Au très honorable secrétaire d'État, office colonial.

P. S. Après avoir écrit ce qui précède j'ai reçu le rapport sur la découverte du corps du prince. Ci-joint une copie.

J'envoie également un dossier de correspondances que j'ai reçues du général Clifford au sujet de la remise de la dépouille et de l'embarquement à Durban.

ANNEXE 1 AU N° 37.

CAMP ENTRE LES COLLINES D'INCENCI ET D'ITELEZI

Zululand, ce 2 juin 1879.

MY LORD,

Conformément à vos instructions, je marchai ce matin avec la patrouille de cavalerie sous le major général Marshall à la recherche du corps de son Altesse le Prince Impérial. Le surgeon-major Scott, de l'état-major du quartier-général, le lieutenant Bartle Frère A. D. C. et les domestiques de son Altesse Impériale m'ont accompagné.

La patrouille quitta le camp à 7 heures avant midi, et, conduite par le lieutenant Carey du 98ᵉ régiment, marcha environ trois milles vers le N. E. puis changea de direction à environ E. S. E. et continua pour cinq milles. Je me suis avancé alors dans la ligne d'éclaireurs, composée de cavalerie de Natal, et guidé par l'un d'eux, qui avait été hier avec Son Altesse, j'allai vers le kraal où l'attaque avait eu lieu. Ce kraal est situé à l'Ouest de la jonction des fleuves Iombokala et Ityotyozi, (tributaires de l'Umvolozi blanc), et entre les deux.

Les éclaireurs de la colonne volante sous le général de brigade Wood se sont rejoints à notre gauche et, ensemble, nous avons cherché à l'entour du kraal. Nous fîmes bientôt la découverte des corps des deux soldats de la cavalerie de Natal, et, à 9 heures avant midi, le capitaine Cochrano du 32ᵉ régiment de l'infanterie légère attira mon attention et celle du surgeon-major Scott sur un autre cadavre au fond d'un donga, lequel, en l'atteignant, fut découvert être celui de Son Altesse Impériale.

Il se trouvait à 200 yards, environ au N. E. du kraal et à peu près un 1/2 mille au S. S. O. de la jonction des deux rivières.

Le corps était entièrement dépouillé, à l'exception d'une chaîne d'or, avec des médaillons, qui était encore attachée au cou. Son sabre, revolver, casque et habillement n'y étaient pas, mais nous avons découvert dans l'herbe, des éperons avec les courroies attachées, et une chaussette, marquée N. J'ai tous ces effets avec la chaîne en ma possession.

Le corps avait dix-sept blessures, toutes par devant, et les marques sur la terre et sur les éperons que nous avons trouvés, indiquaient une résistance désespérée. A dix heures avant midi, un brancard ayant été fait avec des lances et des couvertures de cheval, le corps fut porté du donga par des officiers, en montant la côte vers le camp. Le major général Marshall, le capitaine Stewart, major de brigade, le colonel Drury-Lowe et trois officiers du 17ᵉ régiment lanciers ; le surgeon-major Scott de l'état-major du quartier-général, le lieutenant Bartle Frère, Rifl brigade A. D. C, et moi-même ; M. Deléage, correspondant du *Figaro*, exprimait spécialement le désir d'être autorisé à assister, ce qui lui fût immédiatement accordé. A onze heures avant midi, l'ambulance arriva, le corps y fut déposé, et des détachements, commandés par des officiers du Kings Dragoon Guards et du 17ᵉ lanciers, escortaient au camp, auquel nous sommes arrivés à 2 heures 15 après midi.

J'ai, etc.

W. C. F. Molyneux,

Capitaine du 22ᵉ régiment et A. D. C.

A Son Excellence le Lieutenant-Général lord Chelmsford.

K. C. B.

Memorandum transmis après la distribution du Blue-Book.

Selon mon rapport du 2 juin 1879 à lord Chelmsford sur le recouvrement du corps de Son Altesse Monseigneur le Prince Impérial je constatai qu'il y avait des indications de résistance et je fus porté à cette opinion en observant ce qui suit:

Le corps était étendu sur le dos ; le bras gauche courbé à travers le corps, comme s'il était en parade, et les blessures là-dessus étaient principalement sur l'avant-bras. Le bras droit était à peu près droit, la main à demi-fermée, et les blessures, autant que je pouvais voir, en long du bras.

Le terrain autour du kraal était sec, mais le fond du donga était humide, presque mouillé, l'herbe avait été foulée, et, sans être certain, il me semblait que quelques-unes des traces de pied montrèrent l'empreinte de bottes. Les éperons, que je ramassai, étaient certainement couverts de boue, avec du sang sur les courroies et, autant que je puis me rappeler, les molettes étaient courbées aussi bien que le « neck » d'un des éperons. On les a envoyés en Angleterre, tels que je les ai trouvés.

Les indications ci-dessus et le fait que toutes les blessures étaient par devant, me portaient à la croyance que, sur le lieu et au moment même, il y a eu une lutte et je ne connais nulle raison, jusqu'à présent, pour changer mon opinion.

Les bottes furent découvertes après, et, avec le sabre, ont été récemment envoyées à Sa Majesté l'Impératrice : Il y avait du sang sur les semelles, ce qui aurait été à peine le cas si le Prince n'avait pas été grièvement blessé et à pied, avant sa mort.

W. C. F. MOLYNEUX,
Capitaine du 22ᵉ régiment.

10 septembre 1879.

DOCUMENT N° 2 INCLUS DANS LA DÉPÊCHE N° 37.

A bord du « Tenedos », Simon's Bay, 13 juin 1879.

Monsieur,

J'ai l'honneur de vous informer que le navire de Sa Majesté, le « Boadicea » portant les restes du Prince Impérial, a quitté Port-Natal, hier à 9 heures du matin, et arrivera probablement à Simon's Bay dans l'après-midi de dimanche 15 courant.

Le corps sera transbordé sur le navire de Sa Majesté
« l'Orontes » aussitôt qu'on le pourra après son arrivée ; et
je compte qu'il pourra lever l'ancre quelques heures après.

J'ai l'honneur, etc.

Signé : E. S. ADEANE,

Capitaine et doyen des officiers.

Gouverneur Sir Bartle Frère, Bart, etc., etc., etc.

Memorandum pour informer Son Excellence le Haut-Commissaire, Cape-Town.

Pietermaristzburg, dimanche, 8 heures au soir.

De pressantes affaires m'ont empêché d'adresser à Votre Excellence, sur la mort déplorable du Prince Impérial, un rapport aussi complet que je l'aurais désiré. Les pièces que je vous envoie vous donneront, je l'espère, une idée des efforts que nous avons faits pour montrer notre respect et notre profonde douleur à l'occasion de la fin malheureuse du jeune Prince. Son corps est arrivé ici à 2 heures de l'après-midi et avec le lieutenant-gouverneur et toute la population civile et militaire de Pietermaritzburg, nous l'avons reçu à son entrée dans la ville et l'avons escorté jusqu'à l'école catholique, où, en présence des autorités légalement constituées, M. Ulhmann, le valet de chambre du Prince, M. Deléage, correspondant du « Figaro », le colonel Mitchell, secrétaire en la colonie, et moi, avons constaté son identité et avons apposé notre signature aux documents légaux, dont nous avons mis une copie dans son cercueil.

J'en expédie deux autres en Angleterre au Secrétaire d'Etat pour la guerre, dont une pour la mère du Prince. J'ai pris sur moi la responsabilité de faire mettre le corps dans un meilleur cercueil (en bois et en plomb) et je me félicite de l'avoir fait. Rien de mieux que les mesures médicales qui ont été prises. Le corps repose maintenant dans la petite chapelle catholique qu'il y a ici et nous faisons tout notre possible pour montrer notre profond chagrin et toutes nos sympathies dans ce grand malheur national. Après le service, demain à 8 h. 30 m., le corps sera conduit sous escorte à Durban, où l'on fera de nouveau tout ce qu'exigent les circonstances comme témoignages de notre douleur et de notre respect. Je compte arriver à Durban mardi ; bien que je sois plein d'inquiétude à la pensée de quitter mon poste dans un pareil moment, mon premier devoir, je crois, est de montrer notre respect pour les obligations que nous imposent les circonstances présentes.

Signé : H. H. CLIFFORD,

Major général.

De la part du secrétaire militaire, par la voie de Ladysmith, au général de brigade Clifford à Pietermaritzburg.

Le 3 juin 1879.

Le corps de feu le Prince Impérial va être envoyé à Ladysmith. Le général désire que vous preniez immédiatement les mesures nécessaires pour qu'il soit transporté à Durban, sans perte de temps, et que vous vous mettiez en rapport avec le commodore pour le cas où il pourrait le faire transporter en Angleterre, à bord d'un vaisseau de guerre. Soyez assez bon pour transmettre en Angleterre un rapport sur les dispositions que vous êtes à même de prendre. Veuillez communiquer toutes les dispositions à M. Uhlmann, le domestique de confiance du prince chez le capitaine Baynton, à Durban. Le général me prie d'ajouter que le prince n'a pas été tué d'un coup de feu, mais bien de coups d'assagaie. Les blessures étaient toutes de face. Le camp sera levé demain.

Au Général de brigade Newdigate.

Camp, le 2 juin 1879.

Le lieutenant général commandant (en chef) vous prie de vouloir bien prendre des mesures pour que le corps de feu le Prince Napoléon soit transporté demain dans une ambulance, à Koppei-Allein, en sortant du camp de bonne heure, escorté par une petite troupe de cavalerie commandée par un officier lequel rejoindra ensuite la 2ᵉ division.

De Koppei-Allein, l'ambulance devra être envoyée par l'officier qui commande ce poste, à Landman's Drift, sous une escorte convenable, c'est-à-dire un détachement de la cavalerie qui s'y trouve. Le corps sera transporté de la même façon de poste en poste jusqu'à ce qu'il atteigne Ladysmith où de nouvelles instructions seront données par l'inspecteur général des lignes de communication. L'ambulance sera renvoyée par le premier convoi pour rejoindre la 2ᵉ division.

Par ordre,

Signé : W. BELLAIRS,
Adjudant général délégué.

*De la part du commandant à Ladysmith, au général Clifford,
Pietermaritzburg.*

Le 3 juin 1879.

Le corps du Prince Impérial a quitté Koppei-Allein le 3 juin. Quelle escorte dois-je fournir, à son arrivée ici, pour l'accompagner à Maritzburg ?

Le général de brigade Clifford, à Pietermaritzburg, au commandant à Ladysmith.

Le 4 juin 1879, 8 heures du matin.

Si c'est possible, envoyez un officier, un sergent, un caporal, trois hommes, comme escorte. Si vous pouvez prendre d'autres dispositions plus convenables, faites-le.

Signé : H. H. C.

Le général de brigade Clifford, à Pietermaritzburg, au commodore Richards à Durban.

Le 3 juin, 10 heures du soir.

Lord Chelmsford me charge de vous demander si vous pouvez rapatrier le corps du Prince à bord d'un vaisseau de guerre. On s'attend à l'arrivée du corps ici vers lundi, le 9 juin. Veuillez me répondre par télégraphe.

Signé : H. H. C.

Le commodore à Durban, au général de brigade Clifford, à Pietermaritzburg.

Le 4 juin 1879.

Je prendrai toutes les mesures pour me conformer aux désirs de Lord Chelmsford.

Le général de brigade Clifford à Pietermaritzburg, au commodore Richards à Durban.

Le 4 juin, 1 heure du soir.

Je vous remercie beaucoup. Voulez-vous avoir l'obligeance de m'envoyer un grand drapeau français et un grand drapeau anglais.

Le commodore à Durban, au général de brigade Clifford à Pietermaritzburg.

Le 4 juin 1879.

Oui, certainement ; les drapeaux seront débarqués demain et envoyés immédiatement.

Le commandant à Ladysmith, au général de brigade Clifford à Pietermaritzburg.

Le 4 juin 1879.

La dépouille mortelle du Prince est arrivée ici aujourd'hui à une heure et demie. J'envoie un officier, un sergent, deux caporaux, douze hommes comme escorte ; elle partira ce soir vers six heures, avec l'ordre de faire 30 milles par jour.

Baynton à Durban, au général de brigade Clifford à Pietermaritzburg.

Le 4 juin 1879.

Le domestique du Prince est parti pour Pietermaritzburg, par le train de midi vingt.

Durban, le 4 juin 1879.

Mon cher général Clifford,

Je viens de voir le valet de chambre du Prince Impérial qui va se rendre à Maritzburg. Je l'ai connu dans le temps lorsque je me trouvais ici, et comme il m'a demandé un mot pour vous certifier qu'il est, j'ai fait droit à sa demande.

Je pars pour Tugela demain matin.

Votre tout dévoué,

Signé : P. W. WALKER.

Durban, le 4 juin 1879.

Mon cher général,

C'est le domestique de confiance de feu le Prince Impérial qui vous remettra ce mot.

Il entreprend ce voyage pour remplir le triste devoir de ramener la dépouille de son maître au bord de la mer.

Votre tout dévoué,

Signé : W. E. BUTLER.

M. Uhlmann à M. Pietri, Chislehurst.

Prince tué le 1er juin. Je vais rentrer avec son corps.

A M. Pietri à Chislehurst, Camden Park.

Le général de brigade Clifford à Pietermaritzburg, au major Butler à Durban.

Le 4 juin 1879, 8 heures du matin.

Voyez le commodore et demandez si un navire de guerre peut rapatrier le corps du Prince. Je lui ai télégraphié pour le lui demander. Voyez le capitaine Baynton ; priez-le de m'envoyer M. Uhlmann, le domestique de confiance du Prince. J'attends le corps ici vers lundi. Consultez-vous avec le commandant et préparez-vous avec une garde à rendre le plus grand hommage possible à la dépouille mortelle. Elle devra être déposée dans la chapelle à Durban. Voyez le prêtre et prenez des dispositions.

Signé : H. H. CLIFFORD,

Général de brigade.

Le major Butler à Durban, au général de brigade Clifford, à Pietermaritzburg.

Le 4 juin 1879.

La garnison de cette station rendra volontiers à la dépouille mortelle de feu le Prince Impérial tout l'hommage que nous pourrons lui témoigner à son départ du sol africain, depuis sa sortie de l'église catholique jusqu'à ce que la mer la reçoive.

Des coups de canon seront tirés de minute en minute ; le cercueil ne sera descendu de l'affût et remis en place que par des officiers ; les rues seront évacuées et je ne doute pas que toute la population civile s'empressera de se joindre à nous pour témoigner son deuil profond de ce grand malheur.

Pietermaritzburg.

le 5 juin 1879.

East se rend à Pietermaritzburg vendredi. Il enverra deux drapeaux à Pietermaritzburg.

ORDRE SPÉCIAL.

L'inspecteur général des lignes de communication et des bases d'opération.

Quartier-général, Pietermaritzbourg,
Natal, le 4 juin 1879.

L'inspecteur général des lignes de communication et des bases d'opérations, a reçu de Son Excellence le lieutenant général commandant, la confirmation officielle de la calamité, qui a frappé les forces qu'il commande, par la mort devant l'ennemi, du jeune et vaillant soldat, le Prince Impérial Louis-Napoléon, qui, faisant par suite de son éducation militaire, partie de l'armée anglaise, était arrivé dernièrement dans ce pays pour prendre part à la campagne contre les Zoulous.

L'inspecteur général croit agir selon les désirs de Son Excellence le lieutenant général commandant actuellement en

Zululand, en manifestant par la présente, les sentiments de regrets profonds et de sympathie qu'éprouvent tous les officiers et soldats au sujet de la perte que nous venons de faire.

Le corps du malheureux Prince arrivera ici probablement lundi prochain le 9 de ce mois, *en route* pour l'Angleterre. Des dispositions seront prises pour le recevoir avec tout le respect et avec l'expression de deuil qui lui sont dûs.

Par ordre
Signé : H. H. CLIFFORD,
général de brigade I. G. L. of C. and B.

Government House,
Maritzburg, Natal, le 5 juin 1879.

Monsieur,

J'ai l'honneur de vous accuser réception de votre lettre datée d'hier.

C'est avec le plus profond respect que je reçois la confirmation officielle de la triste nouvelle de la mort du Prince Impérial Louis-Napoléon, dans la campagne du Zululand.

Pleinement d'accord avec le contenu de votre lettre, et désireux de montrer, autant qu'il est en notre pouvoir, le respect et le regret qu'on ressent dans cette colonie à l'occasion d'une perte, qui, sous tous les rapports, est un vrai malheur public, j'ai communiqué l'après-midi même au conseil exécutif votre lettre et, d'accord avec lui, j'ai publié des ordres pour que toutes les mesures convenables soient prises pour atteindre, dans la circonstance, le but que nous avons tous en vue.

Les magistrats résidents de Pietermaritzburg et Durban ont témoigné le désir de se mettre en rapport avec les officiers que vous pourrez désigner, à l'effet de préparer tous les détails auxquels on pourra s'arrêter relativement à la réception à faire dans ces villes aux restes du regretté Prince.

J'ai, en même temps, fait donner des instructions aux maires respectifs de Pietermaritzburg et de Durban sur le même sujet.

Un détachement de la police à cheval stationnée à Estcourt recevra l'ordre d'accompagner le corps comme escorte dans son trajet de cette ville à Pietermaritzburg, et une escorte de la même arme sera fournie par cette dernière ville pour accompagner le corps jusqu'à la station du chemin de fer de Botha's Hill.

On fera en sorte que les carabiniers de Maritzburg fournissent une garde d'honneur pour recevoir le corps à son arrivée à l'église catholique et une semblable garde d'honneur sera fournie par les carabiniers royaux de Durban à l'arrivée du corps à Durban.

Je me propose de prendre part moi-même à la reception du corps à son arrivée à Pietermaritzburg et de nommer un officier de gouvernement pour accompagner, comme mon représentant, les restes du regretté Prince jusqu'à leur arrivée à bord d'un des navires de Sa Majesté ou de tout autre navire qui sera désigué pour les recevoir à Port-Natal.

J'ai l'honneur, etc.

Signé : HENRY BULWER,
Lieutenant-gouverneur.

Au Major-général l'Hon. H. H. Clifford. V. C., C. B. etc.

J. G. L. de C. et B.

Quartier général I. C. L. et C. et B. Pietermaritzburg.

Le 4 juin 1879.

Révérend,

Ayant reçu de Son Excellence le lieutenant général commandant la confirmation de la triste nouvelle de la mort du Prince Impérial Louis-Napoléon en service dans la campagne du Zululand dimanche dernier, 1ᵉʳ courant, et appris en même temps que ses restes mortels devant être portés en Angleterre traverseraient cette ville probablement lundi prochain, j'ai l'honneur de vous prier d'être assez bon pour vous mettre personnellement en rapport avec moi dans mon bureau, ne pouvant à cause de pressantes affaires me rendre moi-même chez vous pour nous entendre sur les mesures à prendre pour recevoir le corps dans notre église, le sauvegarder et célébrer toutes les cérémonies religieuses que le temps et le circonstances permettront.

J'ai l'honneur, etc.

Signé : H. H. CLIFFORD,

Major-général.

Au principal chapelain, Pietermaristzburg.

Par message spécial. Le 3 juin 1879, du major-général Clifford, Pietermaritzbourg à Colonel Davis commandant, Conférence-Hill.

Le corps du Prince pourra-t-il être couvert de nouveau si je vous envoie un cercueil de plomb pour lui ? Informez-vous auprès de lord. C. et donnez-moi une réponse par télégraphe.

Signé : H. H. CLIFFORD.

Du major général Clifford, Pietermaritzburg, au commandant, Dundee, viâ Ladysmith.

Le 3 juin 1879, 6 h. 30 m. après midi.

Donnez-moi avis, le plus tôt possible, par télégramme, du passage à Dundee du corps du Prince en route pour ici.

Major général Clifford, Pietermaritzburg, à commandant Ladysmith.

Le 3 juin 1879, 7 h. 30 m. après midi.

Faites-moi savoir le plus tôt possible, par télégramme, le passage du corps du Prince à Ladysmith. Accusez-moi réception de ce message par télégramme.

Du commandant Ladysmith à major général Clifford à Pietermaritzburg.

Le 4 juin 1879.

Les restes du Prince ont quitté Dundee à 9 heures hier au soir et arriveront ici probablement demain. Il n'y a pas de mules ici. Le capitaine Corbett et ses Rangers accompagnent le corps et retourneront d'ici. Quelle escorte et quel véhicule dois-je me procurer ?

Ladysmith, le 6 juin 1879.

Le fourgon emportant le corps du Prince a quitté Dundee à 10 heures hier au soir.

Du commandant Ladysmith à major général Clifford, Pietermaritzburg.

Le 4 juin 1879.

J'ai été obligé de différer le départ du corps du Prince jusqu'à demain 7 heures parce que l'ambulance a reçu des avaries et les chevaux du Prince sont fatigués. Toute la garnison est en parade et les habitants ont été convoqués.

TÉLÉGRAMME.

Le 4 juin 1879.

Deposé au bureau de Ladysmith à 10 h. 20 du matin. Reçu à 10 h. 30 m. du matin.

De lord Chelmsford à Général Clifford, Pietermaritzburg.

Donnez des ordres pour un cercueil de plomb pouvant en recevoir un d'étain contenant le corps de Son Altesse Impériale le Prince. Mesure prise extérieurement, longueur, six pieds, six pouces et trois quarts; largeur, deux pieds, quatre pouces et un quart; profondeur, un pied, cinq pouces et demi...

M. Fard, qui est en train de faire le cercueil de plomb dit que les dimensions données dans ce télégramme pour la grosseur du cercueil sont hors de proportion avec la taille du corps — beaucoup trop large. Il désire savoir si vous pensez que le cercueil qu'on a envoyé puisse être ouvert ici et le corps placé dans un cercueil plus petit qu'il fera ici.

Signé : H. H. CLIFFORD,
Major général.

Le 4 juin 1879.

Je ne vois aucune raison, ni aucune difficulté qui puisse empêcher de changer le corps du Prince d'un cercueil dans un autre plus convenable en grosseur.

Signé : JAMES L. HOLLOWAG.

Député chirurgien général, département médical de l'armée,

A inspecteur général des L. de C. et B.

Le 4 juin 1879.

M. Fard. — Pour votre information, ayez l'obligeance de revenir.

Signé : H. H. CLIFFORD,

Major général.

Fard frères à général Clifford.

Les cercueils seront prêts à recevoir le corps samedi prochain.

Signé : FARD FRÈRES.

Le commandant de Ladysmith au général de brigade Clifford à Pietermaritzburg.

(Reçu à 11 heures 35 du matin.)

Le 5 juin 1879.

La dépouille du prince est partie ce matin à sept heures. L'escorte funèbre était formée par toute la garnison et par la garde montée de la ville. Les habitants à la suite se joignirent à l'escorte qui avançait lentement en traversant la ville jusqu'à la rivière, où le corps passa par les rangs ouverts et traversa la rivière sous une escorte de cinquante hommes montés. De l'autre côté de la rivière il fut reçu par l'escorte du 58ᵉ sous les ordres du lieutenant Hill. Le corps a été accompagné pendant un demi-mille par l'escorte montée. Elle s'attend à arriver à Pietermaritzburg dimanche, faisant moitié du chemin à pied et moitié en voiture, en faisant environ 30 milles par jour.

Le général de brigade Clifford à Pietermaritzburg, à l'employé du télégraphe, à Estcourt.

Veuillez me télégraphier lorsque le corps du Prince arrivera à Estcourt et lorsqu'il le quittera.

Signé : H. H. CLIFFORD,
général de brigade.

Le télégraphiste d'Estcourt au général de brigade Clifford à Pietermaritzburg.

Le 5 juin 1879.

Un voyageur qui vient d'arriver annonce que le corps du Prince n'arrivera pas avant la matinée. Je vous aviserai lorsqu'il passera.

Le général de brigade Clifford à Pietermaritzburg, au télégraphiste de Colenso.

Veuillez m'aviser à temps de l'arrivée du corps du Prince à Colenso, ainsi que de son départ.

Signé : H. H. CLIFFORD,
général de brigade.

Le colonel Reilly à Estcourt, au général de brigade Clifford à Pietermaritzburg.

Le 5 juin 1879.

On attend le corps du Prince à Colenso à une heure. Puis-je faire quelque chose pour vous ? Il arrivera ici l'après-midi.

Le général de brigade Clifford à Pietermaritzburg, au colonel Reilly à Estcourt.

Comment va votre bras ? Combien de temps faudra-t-il pour que vous puissiez rentrer en campagne ? Vous serait-il possible d'accompagner la dépouille à bord d'un navire de guerre, en Angleterre, quitte à revenir si la campagne continue ? Si vous pouviez faire cela, les nations française et anglaise ainsi que l'Impératrice en éprouveraient une grande satisfaction. Dites à l'officier qui commande le convoi d'Estcourt, de régler la marche comme suit, afin d'arriver ici dimanche à 2 heures de relevée :

Vendredi. — Départ d'Escourt pour Mooi River 18 milles.
Samedi. — Départ de Mooi River pour Howick 29 milles.
Dimanche : — Départ de Howick pour Pietermaritzburg, 14 milles, pour arriver à 2 heures précises de relevée.

Signé : H. H. CLIFFORD.

Colonel Reilly à Estcourt, au général de brigade Clifford à Pietermaritzburg.

Le 6 juin 1879.

Je serai très prochainement à même de reprendre mon service; je ne pourrais donc pas m'absenter. Capitaine Alan Gardner blessé, qui retourne au pays, pourrait convenir. La dépouille du Prince est arrivée ce matin et votre ordre de marche sera observé. S'il arrivait quelque chose qui causât un retard, on vous expédierait un courrier à cheval.

Le major Butler à Durban au général de la brigade Clifford à Pietermaritzburg.

Le 5 juin 1879.

« Orontes » part vendredi matin pour Simon's Bay. Il prendra au Cap le courrier anglais. Un courrier spécial parti de Pietermaritzburg et arrivant ici vendredi à 9 heures du matin, le trouvera ici.

Le général de brigade Clifford à Pietermaritzburg, au major Butler à Durban.

Je ne veux pas écrire par l' « Orontes » parce que je n'ai que très peu de chose d'officiel à dire et je ne veux rien envoyer qui ne soit pas officiel. Lundi je télégraphierai explicitement en Angleterre. Est-ce que le commodore est à Durban? Dites-lui que le commandant de Ladysmith annonce que le corps du Prince a quitté cette station ce matin. On l'attend ici dimanche. Le commandant de Ladysmith dit que le Prince était monté avec doux troupiers seulement ; il a été pris dans le *donga* où les Zoulous l'ont tué. S'ils étaient partis en différentes directions, il aurait probablement échappé.

Les Zoulous étaient cachés dans le donga.

Signé : H. H. CLIFFORD,
général de brigade.

Par courrier spécial.

Le général de brigade Clifford à Pietermaritzburg, au major Butler à Durban.

Comment se porte Pearson ? Sera-t-il obligé de retourner au pays ? Dans ce cas, accompagnera-t-il le corps du Prince en Angleterre, à bord d'un navire de guerre ? Madame P. et sa famille ne pourraient pas l'accompagner. Ne prenez aucune disposition sans m'aviser, mais posez la question.

Major Burtler à Durban au général de brigade Clifford à Pietermaristzbourg.

Le 6 juin 1879.

Pearson ne sera pas encore en état de prendre la mer, d'ici quelques semaines, mais Pemberton du 60ᵉ pourra faire l'affaire. Il se trouve maintenant ici et les médecins disent qu'il devrait retourner au pays le plus tôt possible.

Le général de brigade Clifford à Pietermaritzburg au major Butler à Durban.

Demandez à Pemberton s'il veut partir et, s'il le peut, signifiez-lui l'ordre et adressez-vous au commodore pour le passage.

Le général de brigade Clifford, à Pietermaritzburg, au major Butler à Durban.

8 heures du soir.

Est-ce qu'un navire de guerre a été désigné pour transporter le corps ? Quand sera-t-il prêt ? Le corps arrivera ici dimanche à deux heures de relevée ; il partira probablement lundi et s'arrêtera la nuit à Halfway-house. A quelle heure désirez-vous qu'il arrive à Durban ? Ira-t-il directement à bord ou à la chapelle catholique ? J'espère être à Durban ce jour-là.

Si je peux envoyer un officier militaire supérieur pour accompagner le corps en Angleterre, le commodore lui donnera-t-il passage à bord du navire de guerre ?

Major Butler à Durban, au général Clifford à Pietermaritzburg.

Le commodore a désigné l'« Orontes » pour transporter le corps du prince de Simon's Bay en Angleterre. Le « Shah » ou le « Boadicea » l'emportera d'ici à Simon's Bay. Tous les officiers que vous désignerez auront passage ainsi que le prêtre. Le père Rooney de Simon's Bay, très aimé dans la marine, et l'amiral Mann pourraient partir. Le mieux serait que le corps arrivât dans l'après-midi ou dans la soirée. En tout cas il ira à l'église catholique ici et, après une messe célébrée le matin, il sera mis à bord. Je prends toutes les dispositions ici dans ce sens. Le consul se rendra à Pietermaritzburg samedi.

Dépêche particulière par courrier.

Clifford à Pietermaritzburg au commodore Richards à Durban.

Le 7 juin, minuit et demi.

Ce serait une grande satisfaction si un navire de guerre et non un navire de transport pouvait transporter en Angleterre le corps du prince; peut-être cela n'est pas possible, mais je crois devoir vous le dire, sachant combien l'envoi d'un navire de guerre donnerait satisfaction en France, en Angleterre et ici.

H. H. C.

Le commodore à Durban au général de brigade Clifford à Pietermaritzbourg.

Le 7 juin 1879.

« L'Orontes » est navire de guerre autant que navire de la marine royale. Le « Tenedos » est le seul autre navire de guerre qui pourrait se charger de ce service et il mettrait probablement 60 jours à faire le trajet.

Dépêche particulière par courrier.

Clifford à Pietermaritzburg au commodore à Durban.

Le 7 juin 1879 à 2 heures de relevée.

« Tenedos » n'est pas désirable, si son trajet est si long ; l' « Orontes » ayant des invalides et autres à bord n'est pas aussi respectable qu'un navire spécial pour ce service spécial. Je m'en rapporte entièrement à vous pour prendre une décision. Seulement j'ai cru devoir soumettre le cas à votre réflexion. Lord Chelmsford télégraphie aujourd'hui que » *la cour martiale pour l'enquête sur la mort du Prince s'est réunie le quatre juin.* » Je n'ai pas d'autres nouvelles des avant-postes.

Signé : H. H. C.

Clifford, à Pietermaritzburg, au Haut-Commissaire en chef, Hôtel du Gouvernement, à Cape-Town.

Le 7 juin 1879.

Le corps du regretté Prince doit arriver ici demain, dimanche à 2 heures de relevée ; il restera à la chapelle catholique ici ; le service aura lieu lundi à 8 h. 30 m. après quoi il sera transporté à *Halfway-House* où il arrivera à 6 heures de relevée. Il arrivera à Durban mardi à 2 heures de relevée. J'ai prié le commodore d'envoyer un navire de guerre pour transporter le corps en Angleterre. Il a parlé de l' « Orontes » qui va rapatrier des invalides, etc. Je l'ai prié d'envoyer un navire spécial pour ce service spécial. Il dit que le « Tenedos » serait seul en état et qu'il mettrait six semaines. Je lui dis que je dois m'en rapporter à lui pour la décision, mais je suis toujours d'avis qu'on devrait envoyer un navire spécial.

J'espère aller à Durban pour rendre autant que possible jusqu'au dernier moment un hommage aux restes du pauvre jeune Prince. Lord Chelmsford vient de télégraphier : « La cour d'instruction au sujet de la mort du Prince s'est réunie le quatre juin ». Je n'ai pas d'autres nouvelles des avant-postes. Je vous tiendrai parfaitement au courant de tout.

Signé : H. H. C.

Copie d'un télégramme du Haut-Commissaire à Cape-Town, au général Clifford, à Pietermaritzburg.

Le 7 juin 1879.

Je vous remercie de vos deux télégrammes concernant le Prince Impérial et l'engagement de la colonne. Je pense que, si c'est possible, il serait à désirer d'avoir un navire spécial qui ne mît pas six semaines à faire le voyage, mais le commodore seul peut juger ce qu'on peut faire par rapport aux autres exigences du service. Je serais très heureux de recevoir des nouvelles ultérieures des colonnes.

Clifford, à Pietermaritzburg, au Haut-Commissaire, à Cape-Town.

Le 7 juin 1879.

J'ai dit au commodore que je crois que le « Tenedos » bien que lent, serait plutôt approuvé que l' « Orontes ». Rien d'officiel pour confirmer la dépêche d'une bataille.

Copie d'un télégramme du commodore, à Durban, au général de brigade, à Pietermaritzburg.

Le 7 juin 1879.

Par rappport à votre télégramme, le major Butler propose de débarquer les invalides de l' « Orontes. » Cela peut se faire si vous le désirez et l' « Orontes » sera affecté uniquement à ce service. Le navire « Boadicea » sous mon guidon transporte le corps au Cap. Vous savez que je n'ai pas d'autre navire pouvant se rendre en Angleterre, à l'exception du « Tenedos » qui ferait une très longue traversée ; mais c'est une corvette parfaitement équipée et prête à prendre la mer.

Clifford, à Pietermaritzburg, au commodore, à Durban.

Le 7 juin 1879.

Je me rends parfaitement compte des difficultés, mais je crois que le « Tenedos », bien que plus lent, serait mieux accueilli que l' « Orontes ». Pas de nouvelles.

Signé : H. H. C.

Copie d'un télégramme de Butler, à Durban, au général Clifford, à Pietermaritzburg.

Le 7 juin 1879.

Le commodore dit que le « Shah » ne peut pas servir, son équipage se trouvant en Zululand. Les invalides et autres peuvent être débarqués de l' « Orontes » et le navire ne transporterait alors que le corps du Prince. Dites ce que vous préférez. Envoyez les dimensions exactes du cercueil pour prendre les dispositions nécessaires à bord du navire.

ORDRE SPÉCIAL.

10 juin 1879.

Les restes mortels du Prince Louis-Napoléon seront transportés, demain, à neuf heures et demie du matin, de l'église catholique de Durban au Wharf, à Port-Natal, pour être embarqués sur le vaisseau de Sa Majesté, *Boadicea*, pour l'Angleterre.

En suivant le cercueil qui contient le corps du dernier Prince Impérial de France, et en donnant à ses cendres le dernier tribut de tristesse et d'honneur, les troupes de la garnison se souviendront :

1° Qu'il était le dernier héritier d'un nom puissant et d'une grande renommée militaire ;

2° Qu'il était le fils du plus ferme allié de l'Angleterre dans les jours de danger ;

3° Qu'il était l'unique enfant d'une Impératrice veuve, qui reste maintenant sans trône et sans enfant, en exil, sur les côtes de l'Angleterre.

Pour se pénétrer plus profondément encore (Deepening) de la douleur et du respect que l'on doit à cette mémoire, les troupes se rappelleront aussi que le Prince Impérial de France est tombé en combattant comme un soldat anglais.

W. F. BUTLER

A. A. Général

Base of Opérations

DURBAN NATAL
South Africa

Extrait d'une lettre écrite par un officier qui revient du Cap.

« Ce jeune homme (le Prince) était le plus noble et le plus
« beau caractère du monde, pur et brave comme aucun
« héros dans l'histoire. Il pouvait mourir à n'importe quel
« moment et tous peuvent être certain qu'il est plus heu-
« reux maintenant que lorsqu'il était avec nous, quoique lui-
« même m'ait dit qu'il ne s'était jamais senti aussi heureux
« qu'il l'était alors.

« Cependant le vide terrible que la mort fait ne pourra
« jamais être rempli pour ceux qu'il laisse derrière lui. »

D'une autre lettre d'un officier au Cap.

« J'ai lu avec beaucoup d'intérêt les remarques faites par
« le « Dr Stanley, » dans un sermon à « Wesminster Abbey »
« le dimanche qui a suivi l'arrivée des nouvelles. Je pense
« comme lui que le caractère du Prince restera comme un
« grand exemple pour nous tous qui l'avons connu !... »

Extrait d'une lettre d'un officier venant du Cap :

« Je ne pense pas qu'il y ait, au sujet de la mort du Prince,
« une circonstance plus certaine que le *fait* qu'il se défendit
« très bravement. Le terrain auprès duquel le corps fut trouvé
« portait les traces des talons de ses bottes, montrant d'une
« façon évidente qu'il se défendit avec son épée ! Je me rap-
« pelle aussi, que le Dr Scott me fit observer que le bras
« gauche du Prince portait en plusieurs endroits des bles-

« sures qui indiquaient qu'il avait dû s'en servir pour se
« défendre. Il est tout à fait certain que le Prince tomba,
« en combattant noblement contre un ennemi infiniment
« supérieur..... »

Extrait d'une autre lettre écrite par un officier d'artillerie, en ce moment à Natal.

« Je lui écrivis dans ce sens pendant qu'il était à Maritz-
« burg, et je reçus de lui une réponse des plus affectueuses
« qui se terminait ainsi : « — Adieu mon cher ***, nous com-
« battrons côte-à-côte ! » — Je ne puis supporter la pensée que
« personne n'était à ses côtés pendant que, sans aucun doute,
« avait lieu cette lutte désespérée et acharnée, car il est
« universellement reconnu qu'il s'est défendu pendant quel-
« que temps, et en tous cas, suffisamment pour préserver
« son côté droit des asseguays..... »

Pietermaritzburg, 9 juin.

. . . .

« Les Zoulous ont probablement poursuivi le Prince jus-
« qu'au fossé ; là, il se sera retourné contre ceux qui le pour-
« suivaient. Il ne demanda jamais de secours, mais fit face
« aux sauvages, l'épée à la main. »

TABLE DES MATIÈRES

	Pages.
Chapitre I. — Ma traversée dans l'Atlantique — L'île de Madère.	1
— II. — Colonie de Cap du Bonne-Espérance. — Cape-Town.	17
— III. — Colonie de Natal. — Durban. — La mission catholique française. — Le Révérend Père Sabon	39
— IV. — Le Prince Impérial à Durban. — Mon premier entretien. — Mes premières impressions	48
— V. — Durban. — Les Zoulous de Natal. — Les Français à Durban	59
— VI. — De Durban à Pietermaritzburg. — Halfway-House.	70
— VII. — Pietermaritzburg. — Le Prince à Pietermaritzburg. — Lord Chelmsford. — Mouvements de l'armée anglaise dans les derniers jours d'avril	85
— VIII. — De Maritzburg à Ladysmith. — Les Zoulous dans leurs kraals.	105
— IX. — Mode de transport de la colonie : chevaux, post-cart et wagons. — Ladysmith	121
— X. — Anglais et Cafres. — Quelque aperçus à vol d'oiseau	135
— XI. — Camp de Dundee et de Landsman's-Drift. — La poste militaire. — Le correspondant anglais jugé par lui-même	147
— XII. — Doorn-Berg. — Baldii-Spruit. — Le Prince Impérial à Utrecht. — Une visite à Oham, frère de Ketshwayo.	163

	Pages.
CHAP. XIII. — Quelques volontaires français. — Newcastle. — Appréciation de lord Chelmsford sur le Prince ; — Retour, par Dundée, à Landman's-Drift.	177
— XIV. — Conférence-Hill. — Deux reconnaissances du Prince. — Ma première rencontre avec Carey. — Expédition à Insalwana.	191
— XV. — Une reconnaissance dans le Zululand avec le lieutenant Carey	205
— XVI. — Arrivée de lord Chelmsford et du Prince Impérial à Landman's-Drift. — Doubles reconnaissances de lord Chelmsford et du Prince sur les bords du Blood-River. — Incidents relatifs aux régiments de cavalerie et intervention du général Marschall. — Arrivée de la 2e division à Koppei-Allein	218
— XVII. — La journée du 29 mai dans le Zululand. — Une conversation avec le Prince Impérial	231
— XVIII. — Les 30 et 31 mai. — Une visite à la colonne Wood	249
— XIX. — Les journées des 1er et 2 juin.— Départ de Koppei-Allein du lieutenant Carey et du Prince. — Marche de la colonne. — Annonce de la mort du Prince le soir du 1er juin A la recherche du corps le matin du 2 juin. — Les premières funérailles à Itelezi-Camp	260
— XX. — Comment dut mourir le Prince. — Les responsabilités : Lord Chelmsford, le colonel Harrison et le lieutenant Carey.	282
— XXI. — Le 3 juin. — Retour en Europe par la colonie de Natal, l'Océan Indien et l'Atlantique.	306
CONCLUSION.	324
DOCUMENTS officiels relatifs à la mort du Prince et au transport de son corps en Europe.	327

LIBRAIRIE DE E. DENTU, ÉDITEUR, PALAIS-ROYAL

CHASSES ET VOYAGES

C. D'AMEZEUIL
Les Chasseurs excentriques. 1 vol. gr. in-18 jésus.................... 3 »

LESTRELIN
Les Paysans russes. Usages, mœurs, caractère, religion et superstition. 1 vol. gr. in-18 jésus.................... 3 »

M. DE FOSSEY
Le Mexique, ancien et moderne. 1 vol. in-8.................... 5 »

O. FERÉ
Les Régions inconnues. Aventures de chasse et de pêche dans l'extrême Orient. 1 vol. gr. in-18 jésus.................... 3 »

B. H. RÉVOIL
Bourres de fusil. Souvenirs de chasse. 1 vol. gr. in-18 jésus.................... 3 »

RÉMY
Voyage au pays des Mormons. Relation, géographie, histoire naturelle, théologie, mœurs et coutumes. 2 vol. gr. in-8, gravures et cartes.................... 20 »

UBICINI
Les Serbes de Turquie. Études historiques et statistiques. 1 vol. gr. in-18 jésus.................... 3 50

COMTE RAOUL DU BISSON
Les Femmes, les Eunuques et les Guerriers du Soudan. 1 vol. gr. in-18 jésus.................... 3 50

F. CHASSAING
Mes Chasses aux Lions. 1 vol. gr. in-18 jésus, illustré.................... 3 »

VICOMTE LOUIS DE DAX
Nouveaux souvenirs de chasse et de pêche dans le midi de la France. 1 vol. gr. in-18, illustré.................... 3 50

CHARLES DIGUET
Tablettes d'un Chasseur. 1 vol. gr. in-18 jésus.................... 3 »

DEYEUX
Le vieux Chasseur. Nouvelle édition, préface par Jules Janin. 1 vol. in-32 orné de 50 gravures.................... 1 »

Vte DE LA NEUVILLE
La Chasse au chien d'arrêt. 3e édition illustrée par F. Grenier. 1 vol. gr. in-18 jésus.................... 3 50

OLYMPE AUDOUARD
L'Orient et ses peuplades. 1 vol. gr. in-18 jésus.................... 5 »
L'Égypte et ses mystères dévoilés. 1 vol. gr. in-18 jésus.................... 5 »
À travers l'Amérique. 2 vol. gr. in-18 jésus.................... 7 »

L. DEVILLE
Une aventure sur la mer Rouge. 1 vol. gr. in-18 jésus, illustré.................... 3 50
Une semaine sainte à Jérusalem. 1 vol. gr. in-18 jésus.................... 2 »
Une excursion dans les Cornouailles. 1 vol. gr. in-18 jésus.................... 2 »

DURAND-BRAGER
Deux mois de Campagne en Italie. 1 vol. gr. in-18 jésus.................... 3 »

DUC DE CHARTRES
Souvenirs de voyages. Visite à quelques champs de bataille de la vallée du Rhin. 1 vol. in-18 jésus.................... 3 »

J.-P. FERRIER
Voyages et Aventures en Perse, dans l'Afghanistan, le Beloutchistan et le Turkestan. Nouv. édition. 2 vol. gr. in-18 jésus, avec carte.................... 7 »

J. GÉRARD
Le Mangeur d'Hommes. Récits de chasse dans l'Inde. 1 vol. gr. in-18 jésus, illustré.................... 3 »

GABRYEL
Danube, Nil et Jourdain. 3 vol. gr. in-18 jésus.................... 6 »

GRENIER
La Grèce telle qu'elle est. 1 vol. gr. in-18 jésus.................... 3 »

LOUIS JACOLLIOT
Voyage au pays des Bayadères. 1 vol. gr. in-18 illustré par Riou.................... 4 »
Voyage au pays des Perles. 1 vol. gr. in-18, illustré par E. Yon.................... 4 »
Voyage au pays des Éléphants. 1 vol. gr. in-18 jésus illustré.................... 4 »
Voyage aux Ruines de Golconde et à la Cité des Morts. 1 vol. in-18.................... 4 »

Mme LOUIS JACOLLIOT
Trois mois sur le Gange et le Brahmapoutre. 1 vol. gr. in-18 orné de gravures.................... 4 »

G. DE MOLINARI
Lettres sur la Russie. 1 vol. gr. in-18.................... 3 »

JULES PATOUILLET
Trois ans en Nouvelle-Calédonie. 1 vol. gr. in-18, avec carte et gravures.................... 3 »

A. TOUSSENEL
Le Monde des Oiseaux, ornithologie passionnelle. 3 vol. in-8, orné de figures.................... 21 »
Tristia. Histoire des misères et des fléaux de la chasse en France. 1 vol. gr. in-18.................... »

www.ingramcontent.com/pod-product-compliance
Lightning Source LLC
Chambersburg PA
CBHW070449170426
43201CB00010B/1265